主编：辛建荣　毕华　陈扬乐

旅游文化概论

陈水雄　周义龙　卢　洪　编著

哈尔滨工程大学出版社
Harbin Engineering University Press

图书在版编目（CIP）数据

旅游文化概论 / 陈水雄，周义龙，卢洪编著. —哈尔滨：哈尔滨工程大学出版社，2011.10
ISBN 978-7-5661-0141-9

Ⅰ. 旅… Ⅱ. ①陈… ②周… ③卢… Ⅲ. 旅游文化—高等学校—教材 Ⅳ. F590

中国版本图书馆 CIP 数据核字(2011)第 206986 号

出版发行 哈尔滨工程大学出版社
地　　址 哈尔滨市南岗区东大直街 124 号
邮政编码 150001
发行电话 0451-82519328
022-60266518
传　　真 0451-82519699
022-60266517
经　　销 新华书店
印　　刷 北京市文林印务有限公司印刷
开　　本 787 mm × 1 092 mm　1/16
印　　张 15.25
字　　数 282 千字
版　　次 2012 年 1 月第 1 版
印　　次 2012 年 1 月第 1 次印刷
定　　价 30.00 元
http://press.hrbeu.edu.cn
E-mail: heupress@hrbeu.edu.cn

序　言

有许多人，包括我和我的同仁，总想对旅游说点什么——对旅游的认识、感悟、理解，总想为旅游做点什么——探索旅游学科体系的建设、完善和科学化。旅游已经成为人类生活密不可分的一部分，是社会、经济发展的必然产物，是社会生产力发展的新的需求方式，即现代人类社会、经济、文化发展到一定历史阶段的特定生活现象。

旅游是“行万里路，读万卷书”。我们把自然、人生、社会作为万卷百科全书，通过旅游真正认识、了解博大精深的天、地、生、人。

旅游活动在经历了漫长的历史演进后，直到近代旅游的兴起，人们才真正对旅游开展学术性的研究，所以她是年轻的。由此为旅游业和旅游学科的发展提供了平台和空间。尤其是现代旅游活动与旅游业的发展，其参与的广泛和发展的迅速是空前的，这说明旅游活动已经成为人类社会不可或缺的生活方式。

旅游学是一门不成熟的学科，关于旅游学科的许多概念、内涵和学科体系的建设等，不同的学者有着不同的见地，由此带来了争论和发展的契机。现代旅游的兴起与快速发展，促使更多的学者探索旅游学科的内涵。旅游界学者们各自从不同的视角、视野发表观点，大有“百家争鸣、百花齐放”之势。

旅游学科还需要在未来的发展中进一步深化认识，因为旅游活动关联到人类社会的方方面面，几乎涉猎我们周围的整个世界和人类文化。但是作为旅游科学，我们要从中理出自己的一套严谨的、完善的学科体系，这不是一件容易的事情，而是一项巨大而浩繁的系统工程。

参与旅游活动是人类的爱好，发展旅游产业是企业家的追求，探索旅游学科的建设与发展是从事旅游研究者的使命。有志于旅游学科的研究者凭借自己的睿智，使旅游学科更加臻于完善，趋于完美，最终达到成熟，这是我们永恒的职责，也是我们编写新概念旅游教材的初衷。

新概念旅游教材问世了，首先必须说明，我们的工作仅仅是一种探索和尝试，旅游学科毕竟是一株稚嫩的幼苗，还需要精心浇灌、护理，使其茁壮成长，枝繁叶茂；其次，在学科的认识方面若与其他学者的观点不完全相同，请告诉我们，我们会谦虚谨慎，真诚与您商榷；同时，著书期间必然要查阅和采用大量的著作成果与资料，在这里我们真诚地向相关作者表示衷心的感谢，若有遗漏和不到之处，恳请谅解。

我们总是有一种满足，那就是与旅游活动结缘；我们总是有一种责任，那就是更加透彻地探索旅游的科学内涵；我们总是有一种欣慰，那就是在旅游学科建设方面能够徜徉于旅游的海洋里享受其中的愉悦和美感。

真诚祝愿我们这支年轻的团队能够通过共同努力，在旅游科学的大潮中，留下一点闪光的纪念。

辛建荣

2011 年 6 月

前　言

旅游的本质属性是文化。旅游文化的内涵十分丰富，研究范围既涉及旅游者自身的文化素质、兴趣爱好、行为方式、思想信仰等旅游主体文化领域，也涉及人文景观文化和自然景观文化的旅游客体文化领域，还涉及旅游业的企业、管理、景区、产品、商品、政策法规等旅游介体文化，可谓内容庞杂，涉及领域广泛。而旅游文化概论又不能取代其他旅游学科的专门教材，或是像其他旅游学科专门教材那样深入展开论述，因此旅游文化教材的编写较为困难。

本课程作为与专业主课相关联的旅游专业基础课，在整个专业教育中具有特殊的意义。教师通过教学，使学生理解旅游文化的概念、研究对象与研究方法；了解旅游文化的内涵、特征及旅游者的旅游行为特性；了解旅游客体文化的基本范畴；了解旅游企业文化和社会环境文化建设的重要性，为从事旅游相关专业工作及学好后续专业课程打好基础。这无论是提高学生自身的文化修养、专业素养和鉴赏识别能力，还是提高旅游业的管理水平、促进旅游业的发展都有十分重要的意义。

本教材首先定位准确，既适用于普通院校的本科生，也适用于高职高专学生使用。其次特色突出，一是理论简明、有新意，其框架科学合理；二是整套教材有创新意识，尽量与国际国内的新观念、新资料接轨，同时符合教材使用的特点。据此，《旅游文化概论》在简要介绍旅游文化基础知识和基本理论的基础上，着重阐述旅游资源文化、旅游审美文化、旅游饮食文化、旅游住行文化、旅游娱乐文化、旅游休闲文化、旅游养生文化、旅游生态文化、旅游制度文化，以及旅游文化建设的相关概念、文化内涵、主要特征、具体内容、表现形式、与西方相应旅游文化的差异等。其中旅游住行文化、旅游娱乐文化、旅游休闲文化、旅游养生文化、旅游生态文化等章在以往的教材中较为少见。全书力求结构体系清晰、内容丰富、视野开阔，既注重理论逻辑分析，又加强实际应用研究。为便于读者学习、理解和掌握，每章还配有复习与思考题，充分体现了应用性高校教材新颖、生动、灵活、实用的特色。

本书共分为 11 章，各章撰稿者分别为第一章周义龙、陈水雄；第二章至第四章、第十章、第十一章陈水雄、卢洪；第五章蔡瑞、周义龙；第六章钟晟；第七章至第九章周义龙。最后由陈水雄、周义龙统稿。

本书在编著过程中，参考了大量的文献资料，并得到丛书主编辛建荣教授和不少专家学者的大力支持，在此深表谢意。

编著者

2011 年 6 月

目　　录

第一章　旅游文化概述

【学习目标】

- 理解旅游文化的概念
- 掌握旅游文化的分类系统
- 了解旅游文化的特征、功能及意义

【知识要点】

- 旅游文化的概念
- 旅游文化的分类系统
- 旅游文化的特征、功能及意义
- 中国传统旅游文化的特点

第一节　旅游文化的概念

任何一种新的文化形态的产生、发展和完善，都是社会生产力水平和文化发展到一定阶段的产物。旅游文化是随着人类社会生产力的发展和旅游业的兴起而逐渐形成和发展起来的。文化的本质在于创新，旅游义化不是旅游和文化的简单相加，它是传统文化和旅游科学相结合而产生的一种全新的文化形态。

一、旅游与文化的概念

（一）旅游的概念

要探讨旅游文化，不能不先探究旅游的定义。旅游，顾名思义，包括旅行和游览。由于旅游外延丰富，涉及甚广，所以有关旅游的概念也很多，迄今为止至少有上百种，见仁见智，莫衷一是。

1. 目前三个国际上较权威的定义

（1）艾斯特（AIEST）定义　由瑞士学者汉泽克尔和克拉普夫提出的定义，

该定义于20世纪70年代被“旅游科学专家国际联合会”（AIEST）采用，故又称为“艾斯特”定义：“旅游是非定居者的旅行和暂时居留而引起的现象和关系的总和。这些人不会长期定居，并且不从事赚钱的活动。”

（2）WTO（世界旅游组织）的定义 1991年6月举行的“旅游统计国际大会”对旅游基本概念重新作了定义：“旅游是指一个人旅行到他通常环境以外的地方，时间少于一段指定的时段，主要目的不是为了在所访问的地区获得经济效益的活动。”

（3）AIGTO（官方旅行机构国际联合会）的定义 旅游是到一个国家访问，停留超过24小时的短期旅客，其旅游目的属于以下两项之一：①悠逸（包括娱乐、度假、保健、研究、宗教、体育运动）；②业务、出使、开会等。

2. 中国学者的几种定义

（1）唐友波等人在《旅游文化学发展》中提出：“旅游是人们为了寻求文化差异所进行的一种暂时性文化空间跨越的行为和过程，以及由此引起的社会行为、关系和影响的总和。”

（2）黄辉实主编的《旅游经济学》提出：“旅游是一定社会经济条件下的一种人类社会经济活动，它表现为人们以寻求新的感受为主要目的离开常住地的一种综合性的物质文化活动。”

（3）于光远在《旅游是现代人的特殊生活方式》中提出：“旅游是现代社会中居民的一种短期性的特殊生活方式，这种生活方式的特点是异地性、业余性和享受性。”

我们认为，旅游一词在具体使用中常有广义和狭义之别。狭义的旅游，只指旅游者的活动行为，比如到哪里旅游了一次；广义的旅游，则指旅游主体、客体、介体及其相互作用的社会综合现象。本教材所说的“旅游”是指人们为了追求精神的愉悦，离开惯常居住地，进行非盈利性、非定居性旅行以及在游览过程中所发生的一切现象和关系的总和。而不管何种定义的旅游，都应该具备四大特征：享乐性、异地性、短暂性和非盈利性。正如先秦思想家墨子所说：“食必常饱，然后求美；衣必常暖，然后求丽；居必常安，然后求乐。”随着社会经济的飞速发展，旅游逐渐成为人们生活的新时尚。自第二次世界大战结束以来，直到今天，人类的旅游活动进入了历史上发展规模最大、速度最快、范围最广、形式最多的时期。旅游业被誉为世界上最大的朝阳产业和发展最快的新经济增长点，有力地促进了全球社会、经济和文化的发展，极大地提高了人类的物质文明和精神文明。预计未来旅游与文化将会更加紧密地结合在一起，并且文化在旅游中的作用和影响将会越来越突出，越来越明显。

（二）文化的概念

“文化”是一个古已有之但又纷繁复杂的概念，涵盖整个人文科学和社会科学，因此要给“文化”下一个严格、精确的定义是一件非常困难的事情。据统计，自20世纪初以来，有关“文化”的各种不同的定义至少有200多种。

1．中国的文化定义

“文化”是个古老的词汇，很早就见诸于中国的文化典籍之中。在中国的汉语系统中，“文化”是“文”与“化”的复合。“文”为各色混杂交错的纹理，意指文德教化，“化”为变易、生成、造化，而“文化”的本义是指以文教化，它表示对人性情的陶冶，品德的教养，素质的提升。“文”与“化”并联使用，较早见之于战国末年。西汉以后，“文”与“化”组合成一个整词。“文化”一词在我国最早见于《易经·贲卦》：“观乎天文，以察时变；观乎人文，以化成天下。”“天文”指自然运行规律，“人文”指人伦社会规范。所谓“观乎人文，以化成天下”，意指文化出于自然而又能驾驭自然。近代之前，我国的“文化”（civilization）含义一直指向宗法社会的文治教化和人伦规范，并不具备现代意义的“文化”（culture）内涵。

2．西方的文化定义

在西方，许多社会学家和人类学家都从不同的视角给文化下过定义。人类学的鼻祖泰勒是现代第一个界定文化定义的学者，1871年，他在《原始文化》一书中指出：文化是包括知识、信仰、艺术、道德、法律、习俗和任何人作为一名社会成员而获得的能力和习惯在内的复杂整体。

克鲁伯等人曾把1871～1951年出现的160多种文化定义归纳为以下五类。

（1）描述性的定义　这种定义把文化看作一个复杂的、包罗万象的整体，逐一列举各种文化现象，但这种方法只罗列了什么是文化而没有回答文化是什么，未能深入揭示文化的本质。上述泰勒的定义就是代表。

（2）历史性的定义　如林顿认为：“文化是一种社会性的遗产。”这种方法把文化解释为在社会中一代代流传下来的社会遗产。它不仅要考虑物质性的文化产品，而且要考虑文化生成、来源以及存在和流传的因素。

（3）规范性的定义　索洛金等人认为：“文化是生活方式的整体……包括意识、价值、规范这三者的互动和关联。”这种方法把文化所具有的准则性、调整行动的特征作为研究重点来定义文化，注重反映每个人行为方式的价值观念和行为准则。

（4）心理性的定义　如福德认为：“文化是一种学习过程，学习对象包括传统的谋生方式和反映方式，以其有效性而为社会成员所普遍接受。”这种方法认为文化是为解决问题而进行的一种特殊调节模式，强调对某些文化习惯的学习。

（5）结构性的定义　这种定义主要针对“文化的模式或组织”，其特点是把文化现象进行高度的抽象，从而具有广泛的内涵。如克鲁伯的定义：“文化是概括各种外显或内隐行为模式的概念。文化通过符号学习和传授，其基本内核来自传统，而以价值观念最为重要。文化既是人类的创作产物，又是制约、限制人类活动的重要因素。”

近几十年来，随着各种学科的发展，人们对文化的多样性、复杂性、丰富性有了越来越深的理解。如法国《迈尔百科辞典》（1971 年）认为“文化最初指土地的开垦及植物的栽培；以后指对人类的身体、特别是艺术和道德能力和天赋的培养，亦指人类社会在征服自然和自我发展中所创造的物质和思想财富”，这里把文化的起源和内涵定义得十分清楚。《英国大百科全书》（1974 年）认为文化是“总体的人类社会遗产”，“是一种渊源于历史的生活结构的体系，这种体系往往为集团的成员所共有……它包括这一集团的语言、传统、习惯和制度，包括激励作用的思想、信仰和价值以及它们在物质工具的制造中的体现”。西班牙《世界大百科全书》（1978 年）认为“文化就是在某一社会里人们共有的由后天获得的各种观念、价值的有机整体，也就是非先天遗传的人类精神财富的总和”，指出了文化的社会性、传承性和综合性。

中国现代、当代的一些学者也对文化下过定义。如胡适说：“第一，文明是一个民族应付他的环境的总成绩；第二，文化是文明所形成的生活的方式。”余秋雨认为要为文化做“减法”，“文化是价值系统和生活方式”。

综上所述，“文化”的概念纷繁复杂，尽管相互之间有差异，但学者们普遍认为文化是人类社会历史的精神和物质的复合整体。在我们看来，文化有广义和狭义之分。广义的文化是指人类在社会历史实践过程中所创造的物质财富和精神财富的总和。狭义的文化是指人类所创造的一切精神财富，包括意识形态、宗教信仰、风俗习惯、理想信念、社会规范、行为方式、价值观念、道德情操、学术思想、文学艺术、科学技术、制度法规等。

二、旅游与文化的关系

旅游是文化的载体，文化因为旅游而展现；文化是旅游的灵魂，旅游因为文化而灵动。旅游与文化水乳交融，相互依存，密不可分。文化底蕴是一个地区旅游业长盛不衰的关键。

（一）旅游是文化的载体

1．旅游是文化展示的平台

从旅游者的出游目的、游览对象到旅游过程中所涉及的各种要素，都打上了文化的深刻烙印，文化展示贯穿始终，构成了旅游文化的本质属性。从旅游吸引物角度看，人文旅游资源本身就包含着社会政治、经济、历史、宗教、艺术和民俗风情等社会文化因素，历史遗迹、文化遗产记录历史、传承文明，本身就是人类智慧的结晶和社会文明的瑰宝。而自然旅游资源一经开发包装，也总会打上某种社会文化印记。从旅游业角度看，旅游设施和服务融入了地域文化的沉淀和历史遗产的渗透，体现出鲜明的地域特色和民族个性，如民俗文化、建筑文化、服饰文化、饮食文化、礼仪文化等。

2．旅游是文化交流的渠道

人类的旅游活动与文化有着密不可分的关系，旅游本身就是一种文化交流活动，而文化本身就是旅游的重要资源和吸引因素。文化扩充旅游产业的内涵，促进旅游产业的发展，旅游活动又对文化产生深刻的影响。一方面，游客不断地汲取旅游地的文化；另一方面，同时也把自己生活地的文化带的目的地，促进了地区间的文化发生交流与融合。发展旅游业的过程也就是一个不断挖掘传统文化、弘扬先进文化、传播先进文化的过程。

（二）文化是旅游的灵魂

旅游是一种经济活动，更是一种文化活动。一次难忘的旅游，必定是一次文化之旅、精神之旅。不同民族、不同国家、不同地区的文化传统和文化样式，各具特色、丰富多彩，体现了世界文明的多样性，为发展各自的旅游文化提供了独特资源。越是民族的，越是世界的；越具特色的，越有吸引力。文化是旅游的魂，是旅游产品的生命力所在。文化的品味决定旅游产品的品质，文化特殊性决定旅游产品的个性，旅游产品的个性或者说特色决定对游客的吸引力。

1．文化需求是旅游的根本动因

旅游过程实际上是文化的体验和享受。出行旅游有物质需求，但更深层的是精神文化需求。能不能在旅游产品和服务中体现出更多文化内涵，直接决定着旅游业的品质和前景。提升旅游的层次，增强旅游业的竞争力，关键是走内涵式发展道路，提高旅游的文化含量。旅游的文化品位是全方位的，体现在食住行、游购娱等各个环节、各个方面。在旅游活动中，人们参观历史古迹、游览名山大川、体察风土人情，时刻都在触摸文化脉搏、感知文化神韵、汲取文化营养。人们到北京登长城、看故宫，就是在品味中华文化的悠久与醇厚。人们来海南，畅游天涯海角，领略椰岛风光，最令人回味的是天人合一的心灵感悟和独具特色的民俗风情。旅游机构做过调查，旅游者出行最大的动机，是为了获得审美的情趣和精神的愉悦。旅游作为一种综合性、高品位的文化活动，其文化意义不言而喻。

2. 文化资源是旅游的核心资源

旅游的潜力很大程度上取决于文化的魅力和吸引力。旅游资源多种多样，但决定其品质的是文化。有了文化的内涵和底蕴，旅游就会平添无限魅力。体现文化特色，需要把握自己文化的内核所在、特质所在，以现代形式、大众方式来诠释和表达。没有深厚的文化内涵，旅游就失去了生命和活力，更不可能实现飞跃发展。中国有句古话："山不在高，有仙则名；水不在深，有龙则灵。"说的就是文化对自然的辉映和升华，文化赋予自然以生机和灵气。从旅游业的发展看，文化资源已经成为现代旅游的第一资源，凡是旅游吸引力、竞争力强的地方，都是有独特文化品格和文化魅力的地方。

3. 文化环境是旅游的基础条件

旅游品质的提升需要文明素养的支撑和保障。旅游是人与人、人与社会、人与自然的互动，人的文明素养、社会文明程度，直接影响旅游者的感受，关系旅游目的地的声誉。文化环境、社会秩序、服务质量，给人留下的印象有时比秀丽的风光还深刻。很难想象，一个环境脏乱、治安混乱的地方，能成为吸引人的旅游目的地。建设良好的文化环境，提高人们的文明素养，已成为提升旅游品质的基本条件，成为一个地方增强吸引力、提高竞争力的关键因素。

4. 文化交流是旅游的重要功能

旅游的发展必然促进不同文明、不同文化的沟通和交流。旅游是跨时空的交往，是跨文化的交流。自古以来，旅游就与文化的传播相生相伴。每一个旅游者，实际上是文化的传播者，是促进沟通交流的文化使者。随着现代交通条件的改善，旅游在更大规模、更广范围展开，必然促使各种文化的互相融通，展示人类文明的多姿多彩，为世界文化发展带来新的营养、增添新的活力，为各国人民加深了解、增进共识提供广阔的平台、架起友谊的桥梁。

当今世界，经济结构正在经历深刻变化，旅游业也进入一个大调整、大发展的时期，旅游与文化呈现出深度融合、同生共进的发展趋势。旅游业和文化产业的关联度越来越高、协同性越来越强，旅游中的文化因素日益凸显。旅游品牌与文化品牌有机融合，越来越成为吸引人们旅游的动力；旅游消费与文化消费有机融合，越来越成为拓宽旅游市场的重要引擎；旅游创新与文化创新有机融合，越来越成为推动产业升级、提升竞争力的战略支点；旅游产业与文化产业有机融合，越来越成为提升经济效益、创造社会价值的重要源泉。可以说，旅游与文化深度融合与一体化发展趋势，是转变旅游发展方式的必然要求和根本途径，是推动可持续发展的重要选择和必由之路。

三、旅游文化的概念

尽管旅游与文化的密切关系早为人知，但“旅游文化”这个词直到1977年在美国学者罗伯特·麦金托什等人编著的《旅游学——要素·实践·基本原理》一书中方才出现。书中指出旅游文化是“在吸引和接待游客与来访者的过程中，游客、旅游设施、东道国政府和接待团体的相互影响所产生的现象和关系的总和”。对于旅游文化的定义，学术界讨论由来已久，不少学者在自己的文章和论著中试图对旅游文化的定义进行解说。但是旅游文化的定义至今仍然存在较为严重的分歧，中国学术界见仁见智，众说纷纭，尚未出现一个能够为大众所共同接受的解说标准。

如晏亚仙指出：“旅游文化是根据发展旅游事业的规划和旅游基地的建设，以自然景观（名山、名水、名城、名景）和文化设施为依托，以包括历史文化、革命文化和社会主义精神文明为内容，以文学、艺术、游乐、展览和科研等多种活动形式为手段，为国内外广大旅游者服务的一种特定的综合性事业。”陈辽主张:“旅游文化是人类过去和现在所创造的与旅游有关的物质财富和精神财富的总和。”喻学才在其《中国旅游文化传统》中指出：“所谓旅游文化是指旅游主体和旅游客体之间各种关系的总和。旅游文化具有以下三个特征：①地域性；②新奇性；③继承性。”王德刚提出：“旅游文化是以旅游活动为核心而形成的文化现象和文化关系的总和。”谢春山提出：“旅游文化是传统文化和旅游科学相结合而产生的一种全新的文化形态。”刘卫英、王立则认为：“旅游文化是人类创造的有关旅游不同形态特质所构成的复合体。”

根据上述文化的定义来界定，旅游文化的概念是十分宽泛的，凡是人类在旅游活动中所创造形成的一切文化现象都是旅游文化。我们认为，任何一种新的文化形态的产生、发展和完善，都是社会生产力和社会文化发展到相当水平的结果。随着旅游业在经济领域中地位的不断提高，它对社会文化发展的需求和依赖也愈加明显。旅游行为的综合性、时间空间的延伸性、景观意态的趣味性、旅游内容的启示性，以及满足游客文化需求多样性的客观规定性，促使旅游业必须具有适合自身发展需要的文化形态，这就是旅游文化。

旅游文化作为一种特定的文化形态有其特定的内涵和适当的外延。广义地理解，旅游文化是人类过去和现在所创造的与旅游有关的物质财富和精神财富的总和。它是以一般文化的内在价值因素为依据，以旅游诸要素为依托，作用于旅游全过程中的一种特殊文化形态。作为一种新的文化形态，旅游文化的理论基础，是那些鲜明地反映着旅游经济和旅游活动特殊需要的部分，如旅游学、旅游经济学、旅游心理学、旅游教育学、旅游社会学、旅游文学、旅游美学、旅游营销学、旅游管理学、旅游资源学、旅游发展史、旅游服务艺术、导游艺术以及各种符合旅游特点的娱乐形式等。旅游文化除理论基础之外，还有更广泛的外延成分。它涉及到文学、艺术、哲学、博物学、考古学、民俗学、宗教学、体育学、饮食学、建筑学、生态学、园艺学、色彩学、公共关系学等学科中与旅游相关的部分；它更体现在旅行浏览、旅游娱乐、旅游食宿、旅游服务、旅游购物、旅游环境，以及旅游专业队伍建设等具体的旅游形态中，即旅游文化渗透在与旅游有关的食、住、行、游、购、娱及相关的服务等各个方面。

综上所述并结合自身的研究，我们认为，旅游文化是以文化的核心价值为灵魂，以旅游活动为中心，以旅游要素为依托，以旅游社会环境为背景，以旅游主体、旅游客体、旅游介体之间的相互关系为基础，在旅游活动和经营服务过程中形成的文化现象和文化关系的总和。旅游文化是随着旅游业发展起来的文化，是旅游的核心内容，是吸引旅游者的重要因素，它不是旅游与文化简单地糅合在一起，而是旅游与文化的一种深层次的结合，其内涵十分丰富，外延也相当宽泛。

第二节　旅游文化的分类系统

旅游文化作为一种独立的文化形态，它既是一种文化现象，也是一种文化关系。旅游文化作为文化的一个重要分支，寓于一般文化之中，具有一般文化形态的共同属性，但作为文化的一种特殊形态，它又有着自己与众不同的特殊性质。旅游文化学科十分重视旅游文化的构成系统及其特征，并将这种系统作为自己主要的研究框架和学术体系。

一、目前学界关于旅游文化结构分类的几种观点

旅游文化是综合性的文化现象，它是由不同形态文化构成的一个复杂的系统。目前学术界关于旅游文化的结构分类主要有以下几种观点。

（一）“三层文化结构”说

持这一观点的学者认为，根据旅游文化的科学定义，旅游文化是由旅游主

体文化、旅游客体文化和旅游介体文化三大领域（有人也称为三大要素）构成的旅游门类文化形态。从旅游文化学的角度来看，其中的每一要素都受到不同民族的不同文化心理和不同文化风格的影响和制约。因此可以将作为有机整体的旅游文化解析为旅游主体文化、旅游客体文化和旅游介体文化等几个相互联系又相互区别的部分进行系统研究。旅游文化的三大领域，应该说就是旅游文化的结构体系。

（二）“三体文化结构”说

持这一观点的学者认为，旅游文化的结构分类可借鉴文化结构层次的划分办法，将旅游文化分为物质、制度与行为、观念三个层次，即最外层的旅游文化物质层面、中间层的旅游文化制度与行为层面和最内层的旅游文化观念层面。

（三）“内容结构”说

持这一观点的学者认为，旅游文化结构可归结为“吃、住、行、游、购、娱”等文化内容。按照此观点，旅游文化结构的内容又可分为旅游饮食文化、旅游住宿文化、旅游出行文化、旅游娱乐文化等。

（四）“线性文化结构”说

有的学者提出按照旅游活动的三大要素和过程，把旅游文化结构归结为旅游客源地（出发地）社会文化环境、旅游主体文化、旅游介体文化、旅游客体文化以及和旅游目的地社会环境文化。

（五）“两个主体结构”说

持这一观点的学者认为，旅游文化的结构应分为旅游消费文化和旅游经营文化，并认为旅游消费文化是以旅游者为主体的文化，旅游经营文化是以旅游经营者（旅游从业人员）为主体的文化，故又认为旅游文化结构是两个“主体结构”的文化。

由于旅游文化是一门刚诞生的学科，对它的研究也处于不断的发展和完善过程中，所以上述几种结构体系和分类都各有优劣：或失之过宽，把本不属于旅游文化范畴的内容也包括了进去；或失之过窄，漏掉了本属于旅游文化的内容；或在所分各类中出现交叉重复现象。

我们认为，旅游文化的结构分类和旅游文化的分类是不一样的。结构是指事物各个组成部分的搭配和排列形态。讨论旅游文化的结构分类，当然只能限于结构方面。但旅游文化除了从结构方面进行分类外，还可以从多个角度、多个方面进行分析和分类。比较而言，我们倾向于按旅游文化基本构成要素并借鉴文化结构层次划分办法对旅游文化进行分类。

二、按旅游文化的基本构成要素分类

从旅游文化体系的横向构成要素来看，它应包括旅游主体文化、旅游客体文化、旅游介体文化以及旅游社会环境文化，四者之间相互影响、相互作用，共同构成旅游文化的整体。

（一）旅游主体文化

旅游主体是旅游文化的载体。旅游主体是旅游文化的承载者、享受者，也是旅游文化的传播者。旅游主体文化在旅游文化中具有核心地位，主要包括旅游者的价值观念、行为模式、思维方式、心理特征、宗教信仰、审美情趣、旅游者的文化素质和职业、心理、性格、兴趣以及旅游者的生活方式等。旅游者的旅游行为是一种高层次的文化消费行为，其外出旅游的动机和目的在于获得精神上的享受和心理上的满足，是旅游者对文化的诉求，文化成为旅游者的出发点和落脚点。

（二）旅游客体文化

旅游客体文化是作为旅游活动对象的文化事物与现象，包括旅游历史文化、旅游建筑文化、旅游园林文化、旅游宗教文化、旅游民俗文化、旅游娱乐文化、旅游文学艺术、人文文化的自然景观以及社会人文景观等。旅游客体本身反映着人的智慧和力量，有相当多的文化因素成分，它是人们内心的价值观、审美观等精神因素的外在表现，其本身也是旅游文化不可或缺的组成部分。无论是自然旅游资源还是人文旅游资源，要吸引和激发旅游者的旅游动机，就必须具有魅力无穷、独具特色的民族、地方文化内涵，满足人们对科学、史学、文学、艺术和社会学等方面的不同需求。

（三）旅游介体文化

旅游介体文化是指在旅游活动中联系旅游主体与旅游客体，起着中介体作用的文化，主要包括旅游餐饮文化、旅游出行文化、旅游住宿文化、旅游商品文化、旅游产品文化、旅游管理文化、旅游制度文化等。对旅游者来说，旅行游览、食宿、交通、服务等方面的文化氛围直接影响着他们的旅游活动。无论是从旅游资源的开发、旅游设施的修建、旅游产品的提供，还是从旅游管理的人性化、旅游服务的个性化，无不体现出开发者、管理者和服务者的价值观念、道德素质、思想观念、文化修养、审美情趣，体现出文化背景的深刻影响，反映出旅游消费文化和旅游经营文化的对立统一。

（四）旅游社会环境文化

旅游活动总是发生在一定的社会环境背景之中，也总是受到周围社会环境文化的影响。旅游社会环境文化可以分为旅游客源地社会环境文化、旅游经过地社会环境文化和旅游目的地社会环境文化。

旅游客源地社会环境文化是对旅游者最先塑造的社会文化形态。旅游者定居在一个社会环境和文化背景相同或类似的现实社会中，共同的风俗习惯、语言文化，塑造了他们大致相同的思维特征和行为方式，也直接导致他们旅游活动过程中审美理解方式的类似或相同。

旅游经过地社会环境文化因为旅游者的简单经历和肤浅体验而作用相对微弱，但这种作用依然存在，某些富有特色的社会文化有时会给旅游者打上深刻的烙印。

旅游目的地社会环境文化是吸引旅游者的重要因素，也是最容易与旅游者本地社会环境文化产生交融和冲突的主要文化形态。旅游者的到来一方面体验、享受着旅游目的地的社会文化，另一方面又把旅游客源地社会文化带来，与当地的社会文化不断地进行着交融和冲突，冲击和影响着当地人们的传统文化观念和社会风俗习惯。

随着旅游业的飞速发展，旅游主体文化将趋于个性化和文明化，旅游客体文化将凸显出科学化和经济化，介体文化将显现出多元化和规范化，旅游社会环境文化将变得更加和谐、有序。

旅游文化是旅游主体在客体和介体的参与下，在一定的社会环境中"人文化"的过程和结果，也就是摆脱人的自然属性、发展文化人格并追求人性自由和个性解放的过程和成果。旅游文化系统各个环节之间既相互促进又相互制约。旅游主体是旅游客体的主宰，作为自然山川的旅游客体在旅游主体产生以前早已存在。旅游主体的出现，尤其是主体审美意识的产生，使得旅游客体成为旅游文化系统中的一环。旅游客体在旅游主体追求自由和完善的过程中，促进了旅游主体审美的发生，并参与主体文化人格的塑造。然而旅游主体与客体之间又存在着相互制约的关系，主体总是想征服和欣赏客体，而客体又总是抗拒着主体。旅游主体与旅游客体在旅游文化系统中构成了一对矛盾统一体，也构成我们分析旅游文化的两个最重要的因素。而旅游介体是旅游主体的自由追求与限制自由的客观条件之间发生矛盾的必然结果。

旅游文化系统内部各要素之间既相互依存又相互矛盾，使该系统得以保持一种动态的平衡和稳定，加深了它们之间的内在联系。

三、按文化层次的划分办法分类

旅游文化的分类也可借鉴文化结构层次的划分办法，将旅游文化分为物质、制度与行为、精神三个层次，即最外层的旅游文化物质层面、中间层的旅游文化制度与行为层面和最内层的的旅游文化精神层面。

（一）旅游物质文化

物质文化是指文化的物质实体层面，它包括各种生产工具、生活用具以及其他各种物质产品等。物质文化处于旅游文化的最外层。旅游物质文化是有形的，能被人们的感觉器官所感知，如蕴涵丰富文化意义的自然景观和人文景观及附加其上的必要游乐设施，以及为旅游文化主体服务的交通工具、饭店、餐馆和其他设备设施。

（二）旅游制度文化与行为文化

制度文化和行为文化是文化的行为方式层面，它包括行为规范、风俗习惯、生活制度以及各种社会制度和社会规范等。旅游制度文化和行为文化位于旅游文化的中层。旅游制度文化是旅游活动参与者处理各种社会关系的产物，包括旅游活动参与者应遵守的法律、规章、制度以及职业道德等约束机制，主要由政府、企业或其他组织等运用强制手段制订和实施。旅游行为文化是旅游观念文化在人们旅游活动中的体现，主要指旅游活动参与者在旅游活动中的约定俗成的习惯定势和行为方式，如礼仪礼节、民风民俗、行为举止和服务方式等。

（三）旅游精神文化

旅游文化的核心层是旅游精神文化，它是旅游活动参与者的文化心态及其在观念形态上的具体表现，包括社会心理和社会意识形态，由思维方式、思想观点、价值观念、审美情趣、道德情感、民族性格等主体因素构成。例如儒家“中和为美”、道家“自然为美”、佛家“空灵为美”的审美观念对旅游者思维的指引。

旅游文化的物质、制度和行为、精神三大层面要素，并不是各自独立的，而是交织连结在一起，水乳交融，相互依存，对立统一于整个旅游文化之中。其中旅游精神文化是旅游文化的精髓，居于核心地位，是旅游文化发展的动因，起着支配制约作用，同时它又寄寓于旅游物质文化、制度文化和行为文化之上，并借助它们得以展示。旅游物质文化是旅游精神文化通过人们的实践活动在物质产品上的体现，是旅游文化的外在显现，能够直接为人所感知，易于模仿和创造。旅游制度文化和旅游行为文化是旅游精神文化在人们旅游活动中的体现。旅游制度文化和行为文化是由物态到心态的中间性的过渡环节，具有承上启下的不可替代的作用。

对于旅游文化结构的物质层面、制度与行为层面和精神层面的划分只是理论上的论述。事实上在许多情况下，这三者的划分界限并不是那么明显，你中有我，我中有你，整个结构层次显得不够明确。如行为层面包括旅游主体的食住行游娱购等体验行为和旅游介体的旅游服务、景观开发、旅游规范等文化行为。旅游文化行为层面是旅游文化心理层面的外化，属于旅游文化的中层结构。旅游文化行为除了取决于旅游文化心理外，还深受外部环境的影响，有时外部环境对旅游行为也有决定作用。

鉴于以上分析，我们对旅游主体和旅游客体内容要素涉及的文化内容再作如下分类：旅游资源文化、旅游审美文化、旅游饮食文化、旅游住行文化、旅游购物文化、旅游娱乐文化等。近年来，有学者提出旅游除了食、住、行、游、购、娱等要素外，还具有“颐、交、学”等多种功能。“颐”为颐养、休闲；“交”为交往、交流；“学”为学习，求知，如中国古代就有“行万里路，读万卷书”之说。可以说旅游是集审美、娱乐、休闲、求知、交往于一体的综合性文化活动。就旅游体验来说，除了旅游审美体验外，还包括旅游养生体验、旅游休闲体验、旅游求知体验、旅游交往体验等。因此如果按旅游的体验功能进行分类，旅游文化还可以分为旅游养生文化、旅游休闲文化、旅游求知文化、旅游交往文化等。以上分类既有一定的理论依据，又充分吸收了一些专家的研究成果，同时也能自圆其说。

第三节 旅游文化的特征、功能及意义

一、旅游文化的特征

旅游文化作为文化的一种表现形式，既具有一般文化的共同属性，又具有自身鲜明的特征，主要表现在以下几个方面。

（一）综合性

旅游文化是一种融合文化。作为一种独特的文化形态，旅游文化是文化与旅游的有机结合，它广泛地渗透到旅游活动领域的各个方面，与各种旅游参与因素相融合，形成了旅游主体文化、旅游客体文化、旅游介体文化以及旅游社会环境文化；与旅游六大要素相结合，又形成旅游饮食文化、旅游住宿文化、旅游出行文化、旅游观赏文化、旅游购物文化以及旅游娱乐文化。旅游文化既是由传统旅游文化和现代旅游文化相互交融，旅游主体文化、旅游客体文化以及旅游介体文化相互作用而产生的一种独特的文化形态，又是由客源地文化、

目的地文化和经营服务文化的交流、融合而形成的一种独立的文化形态。传统旅游文化和现代旅游文化，旅游主体文化、旅游客体文化以及旅游介体文化，旅游客源地文化、目的地文化以及经营服务文化在旅游活动或旅游服务过程中发生交流和融合，从而促使了旅游文化的形成。因此无论是从旅游文化的内容，还是从旅游文化的形成过程来看，它都具有综合性的特征。

（二）冲突性

旅游文化是在客源地文化、目的地文化和经营服务文化的交流和碰撞过程中产生的，具有鲜明的冲突性。旅游者来自不同的地区和民族，其思想观念、生活习俗和行为习惯等都必然带有本地区和本民族的特色。在旅游过程中，他们虽然可以在一定程度上接受目的地的某些社会习俗和行为规范，但从根本上说他们不可能真正完全脱离自己的传统文化习惯，这样就容易导致与当地传统文化习惯产生冲突。古今中外，由于各地文化发展的不均衡，文化之间的冲突从未中断过，在冲突中交融，在交融中冲突，从而推动着旅游文化不断地发展演进。

（三）多样性

人类在与大自然的斗争过程中，由于其特定地域条件的影响与制约，经过漫长的演化，形成了独具特色的文化内涵。每个民族都生活在特定的环境中，不同的环境造就了不同的生产生活方式，形成了不同的语言文字、思维方式、行为模式、审美情趣、道德情操、风俗习惯，构成了不同的民族文化。旅游活动具有鲜明的异地性和暂时性，这使得旅游文化表现出地域的差异性和民族的差异性，不同区域和民族其主体的旅游文化观念和行为模式有着不同的表现和特征，所谓“十里不同风，百里不同俗”。例如中国大多数的旅游者比较内敛稳健，而西方大多数的旅游者则比较外向和具有冒险精神；中国人旅游注重内心世界的感受，而西方人则注重对外部世界的观察与探究；中国人比较看中旅游的道德功效，且富有人文情怀，而西方人则更看重知识的价值，富有科学精神。

另外，同一社会中不同社会阶层的旅游者，有着不同的经济收入、教育程度、职业性质、居住环境、旅游工具和闲暇时间，随之形成了不同的旅游爱好、旅游性格和旅游观念。

美国学者爱尔伍德在《文化进化论》一书中提出自然环境说理论。其核心思想是，人类的文化像树上的果实一样，依照气候和其他地理条件而产生。不同旅游客源地、旅游目的地、旅游主体、旅游客体、旅游中介体的文化表象和内涵是不同的，表现出巨大的差异，正是这种文化的地域性、民族性构成了旅游吸引物的魅力，从而促进了国际旅游的发展。

（四）沿袭性

在不同的历史发展阶段，文化的内容和功能是不同的。依其不同的时代特征，可以划分出许多类型。一种文化一旦形成，便会在特定群体中代代相传。一定的文化不仅是对过往文化的承袭，具有继承性；也与一定的时代相联系，具有一定的时代性。继承下来的文化既包括物质的、有形的，如陕北黄土高原的窑洞，内蒙古草原上的蒙古包；也包括精神的、无形的，如价值观念、思维习惯、行为方式、民族性格，通过潜移默化的内化过程沉淀于人类内心深处。旅游文化的时代性指不同时代旅游主体的旅游文化观念和行为方式、不同时代旅游客体的旅游资源特色和文化内涵以及不同时代旅游介体经营服务理念和管理模式具有显著的差异，具有鲜明的时代烙印。

（五）服务性

旅游行业是服务行业，而文化又是旅游的灵魂，这就决定着旅游文化是直接针对旅游服务的，具有鲜明的服务性。旅游客体和旅游介体通过服务使旅游主体享受服务，旅游活动的一切要素包括旅游文化的发掘都是紧紧围绕旅游服务而展开的，为的是旅游主体在接受服务的同时，能够获得一种独特的文化感染、熏陶和享受，从而增强旅游服务的吸引力和美誉度。

（六）享乐性

旅游活动从某种意义上来说就是一种审美活动。旅游主体在对旅游资源、旅游服务的审美活动过程中，追求的是一种审美情趣和精神愉悦。缺乏审美特征的旅游资源和旅游服务难以满足旅游主体的需要。只有具有一定审美价值的文化才能成为旅游文化，旅游文化的本质要求是必须具有一定的美学价值，从而具有鲜明的享乐性特征。

（七）变易性

旅游文化是不断进行继承创新、推陈出新的动态开放系统，具有延续性和变易性的特征。旅游文化总是寄宿于社会现实的土壤之中，总是伴随着社会现实的变化而发生相应的变化。由于人们的旅游活动，包括旅游消费活动、旅游经营活动和旅游管理活动总是不断地随着社会时代、人们的消费观念、消费环境以及随着社会生产方式和生活方式的变化而发生变化，因此不同时代的旅游文化都具有自己所处那个时代的鲜明烙印，具有鲜明的时代特征。现代旅游业由观光旅游向休闲度假旅游方式的转型也说明了旅游文化的变易性。

二、旅游文化的功能

旅游文化作为文化的一个子系统，除了具有文化的一般功能外，还具有自身的特殊功能。旅游文化的功能主要体现在以下六个方面。

（一）吸引功能

旅游文化是旅游地极具吸引力和感染力的一种旅游资源，是旅游地在漫长的历史发展中的一种特殊文化积淀。旅游主体的旅游动机是文化驱使的结果。旅游从某种意义上来说，其实就是一种文化需求满足的途径。现代旅游本质上是一种高层次的精神需求和审美享受，是旅游者对文化的诉求。文化是旅游的灵魂，独特的旅游文化是旅游目的地吸引游客的动力源泉，是增进旅游景点的知名度和美誉度的重要因素。没有独特旅游文化的旅游产品也就缺乏吸引游客的制胜法宝。

（二）指导功能

旅游文化指导着旅游资源的开发。旅游资源的开发不仅要以市场为导向，充分满足旅游者的精神需求和文化享受，更重要的是要坚持旅游文化的指导作用，开发那些富有民族风情和本地特色，深蕴文化内涵和凸显文化品位的旅游产品，只有这样的旅游产品才有充足的知名度和吸引力。缺乏旅游文化指导的旅游规划和开发，容易造成旅游地资源品位和格调的下降，以及旅游产品特色的泯灭，难以引起旅游者的兴趣。因此旅游文化的指导功能不容小觑。

（三）交流功能

旅游具有鲜明的异地性，表现为人的空间流动，其实质体现着各种文化的交流、融合与碰撞，旅游成为文化交流的载体和传播途径。旅游文化交流可以增强旅游地人民的爱国主义情感和民族自豪感，加强各国人民的相互了解、友好往来，交流思想感情，消除由于长期隔绝而造成的偏见和误解，有力地促进各国之间的文化交流。同时也能够促进民族文化的保护和发展，维持社会的繁荣与稳定。

现代旅游非常强调参与性，旅游者已不满足于走马观花式的一般观赏，而是要深入到当地的旅游社会环境中，亲身感受文化的魅力，体验文化的真谛。旅游目的地的旅游资源文化吸引着来自四面八方的人们，旅游文化推动着文化的交流。各地旅游人群之间的往来，促进了各地人们之间的相互了解，有利于消除分歧，避免隔阂，增进了解，加深友谊，从而加强各地之间的文化交流。

（四）传承功能

任何一个国家和民族文化的延续和发展，都是在已有文化传统基础上进行的文化传承、变革与创新；离开传统，割断血脉，就会迷失自我、丧失根本。旅游文化作为吸引游客前往的重要资源，具有一定的科学、文化和历史价值，往往会引起当地政府和有关部门的高度重视和认真保护。可以说，保护当地旅游文化就是保护当地的优良文化传统。正是这样，才能使得各地的传统文化因为显著的经济和社会效益而得以保护和传承。因此我们说，旅游文化具有很强的传承功能，是继承和弘扬传统文化的重要渠道。

（五）美育功能

旅游主体具有追求自由和美的本质要求，他能将广袤的大自然不断纳入自己的审美视野。旅游是一种享受，是身体的放松，是精神的洗礼，是情操的陶冶，是心灵的释放，是思绪的腾飞，具有很强的美育功能。旅游者外出旅游，纵情于山水之间，徜徉在松石之间，留恋于亭楼之际。山水之间，是盛衰荣枯，是流转无常；亭台之处，是千年烟云，百朝纷争。睁开眼睛，视野所及是祖国的大好河山；闭上眼睛，鼻下耳边是鸟语花香。登上泰山山顶，一种一览众山小的高阔情怀油然而生；走到长江岸边，一种浪花淘尽英雄的豪迈气概不由滋长……旅游文化具有增长人们的文化知识，提高人们的文化层次和文化修养的教化功能。

（六）启智功能

弗兰西斯·培根说过："游历对年轻人来说是教育的一部分，对成年人来说是经验的一部分。"在我国也有"行万里路，读万卷书"之说。登泰山而赞叹其雄伟，游三峡而赞美其神奇，越大漠而惊叹其旷莽，临沧海而感受其壮阔。通过领略壮丽清绮的山川景色，寻找悠久璀璨的历史文化和丰富多彩的民情民俗，能增长知识，开阔眼界，提高各种应变能力，古往今来一直受人重视和推崇，旅游文化的启智功能显而易见。司马迁通过读万卷书，行万里路，写出了《史记》；李白、杜甫在吸收前人文化成果的基础上，创作了名扬千古的诗篇；王羲之、怀柔、张旭、张择端也是在吸收前辈书法、绘画的基础上，成为名垂青史的书法大师和绘画大师。由此可见，旅游文化不仅具有美育功能，而且还具有启智功能，能启发人的思维、启发人的智力，有助于人类的不断创新。

三、旅游文化的意义

（一）旅游文化是旅游业的灵魂和支柱

旅游是文化的载体，文化是旅游的灵魂。旅游就是特色经济，特色是旅游之魂，而文化则是特色的基础，没有旅游文化就没有旅游业。文化是旅游者的出发点和归结点，是旅游景观吸引力的渊薮。进入21世纪以来，文化因素已成为经久不衰的旅游资源，从而成为旅游业的内核和本质、灵魂和支柱。旅游文化的民族特色和地方特色构成旅游地特殊的文化背景和文化传统。实践证明，没有文化底蕴的旅游，是没有灵魂的旅游，也是没有生命力的旅游。

旅游文化是一个国家或地方旅游业保持自身特色的决定因素。旅游的本质特征是文化，现代旅游业竞争的核心是文化内涵的竞争。因此旅游的文化本质特征必然要求在发展旅游业的过程中高度重视和优先发展旅游文化。一个国家的旅游业若缺少了本民族传统文化的底蕴，便失去了特色，不能反映出本民族独有的精神内涵，也便失去了强大的吸引力。实践表明，举凡旅游业昌盛之国，莫不以旅游文化取胜。文化已成为旅游休闲之根、之魂，文化与旅旅融合，地域文化契合现代生活，传统与现代交相辉映，这些构成旅游地的绝妙风景，成为引领新一轮经济转型升级的重要引擎。

（二）旅游文化是旅游资源开发的重要内容

随着物质文化的丰富、社会竞争的激烈、科学技术的发展，旅游者在未来的旅游活动中将更趋于精神满足和文化享受，对旅游文化品位和格调的要求将会越来越高。缺少文化内涵，任何一种旅游产品都无法拥有巨大的市场感召力和强大的生命力。开发丰富多彩的旅游文化资源，使旅游文化渗透于旅游活动全过程中，是提高旅游竞争力的必然要求。在具体的旅游开发实践中，旅游文化最大的功用是在旅游景观及旅游产品的开发、规划、设计中提高其品位。

旅游文化指导着旅游资源的开发。在旅游开发中，旅游文化是首先要考虑的因素。旅游活动的过程是从经济中进去，从文化中出来的过程，旅游开发的价值最终体现文化的经济价值。旅游资源的开发一方面要以市场为导向，充分探求旅游者的现实需求，从而开发出适销对路的旅游产品提供给旅游者消费；还要坚持以旅游文化为指导，开发那些蕴涵丰富文化元素的旅游产品来吸引游客的到来。那种不以旅游文化为指导，一味迎合旅游者的消费需求，只会带来旅游资源开发的庸俗化倾向，致使旅游地的文化特色消失，旅游业的发展难以继续。

（三）旅游文化是旅游业可持续发展的源泉

旅游文化内涵和品位已成为旅游活动和旅游管理的最高界定标准，是推动旅游业发展的原动力，在整个旅游业中处于主导地位，它是提高旅游经济效益、社会效益和环境效益的重要因素。

旅游业的可持续发展要求生态文化作为理论根据和发展支撑，旅游文化的可持续特性成为旅游业可持续发展的坚实基础。旅游文化是旅游活动的内涵，旅游文化的载体是旅游资源，而旅游资源又是可持续发展的基础，因此可以说旅游文化是实现旅游业可持续发展的源泉。

旅游业的可持续发展，必须大力促进文化与旅游的交融、继承、弘扬和创新旅游文化。旅游文化的价值取向引导旅游业朝着健康的方向发展，追求经济效益、社会效益和生态环境效益的协调平衡。加强旅游文化建设是提升旅游产业品位、提高旅游行业素质、规范市场竞争秩序、促进旅游经济可持续发展的有效途径。

（四）旅游文化是旅游业发展新的经济增长点

旅游是经济性很强的文化事业，又是文化性很强的经济事业。旅游业被称为“无烟工业”和“朝阳产业”，辐射面大、关联度高、带动性强，发展旅游经济符合转变经济发展方式的内在要求，对于调整产业结构、增加就业、保护环境、提升地区影响力都具有重要意义，正在逐渐成为国民经济新的增长点。

文化是明天的经济。在旅游产业发展过程中，旅游文化由于其在旅游中的重要作用和地位，在现代旅游发展中愈发显示其独特的魅力和强大的功能。旅游业的竞争归根到底是文化的竞争，旅游地文化内涵和品位的现实状况直接关系到旅游地的资源特色和竞争实力，也直接关系到旅游业发展的兴衰成败。

旅游作为人类特有的一种生活方式，主要是满足旅游者高层次的精神需求和文化享受，因此在旅游业的发展过程中只有提高旅游地和旅游资源的文化内涵和品位，才会对旅游者产生持久的吸引力，才能实现旅游业的持续、健康、快速发展。因此在旅游业发展过程中，旅游文化扮演着至关重要的角色，正日益成为旅游业发展的新的经济增长点。

（五）旅游文化是弘扬和保护传统文化的重要渠道

作为传统文化的有机组成部分，旅游文化一方面依赖于传统文化而生存，另一方面，又推动着传统文化在现代社会的继承和弘扬。在丰厚的经济利益面前，各地兴起用传统文化包装现代旅游的开发热潮，许多独特的而富有内涵的传统文化遗产得到发掘和保护。随着游客源源不断地涌入，对当地民族传统文化的需求显著提升，使得各地许多濒临失传的传统精神文化和物质文化在旅游大潮的触动下纷纷得到保护、挖掘和利用，并融入旅游市场。传统文化伴随着旅游业的发展而迎来了复兴的契机。

传统文化不仅丰富了现代旅游业的内容，同时在旅游发展中也得到广泛的弘扬与传播。尽管在一些地方，在开发旅游资源的过程也产生了一些糟蹋旅游资源、破坏生态环境的不和谐音符，在发展旅游过程中，本地的特色文化和民族风情遭到外地文化的侵袭和渗透，逐渐丧失其本真和特色。但不容置疑的是，绝大多数地方的传统文化得以弘扬和发掘，已经成为当地发展旅游业的重要依托。各地在发展旅游文化的过程中，一方面大力发掘和利用本地的传统文化，另一方面又在不断地推陈出新，创造出各种各样的新的文化形式，以满足旅游者日益增长的物质文化需求。这样传统文化借助于旅游文化的经济功能得以留存和弘扬，而旅游文化因为传统文化的重新重视而不断地发展壮大，正日益成为未来各地旅游业竞争的源泉。

（六）旅游文化是增进世界相互了解与和平共处的重要工具

游客和当地居民之间的文化交流也有利于促进和平往来。人们因为旅游活动，离开自己惯常居住的熟悉环境，来到一个陌生的地方，接触到新鲜的人和事物，生活在一个与以往截然不同的新环境中，以新的文化和环境扩大人们的视野并增长人们的见识。同时也增加了人们对自己旅游所在地的了解和掌握，有助于相互之间避免误会、消除隔阂、增进了解、加深友谊，让外面世界的游客走进旅游地，也让旅游地走向外面的世界，从而达到相互之间的交流和理解、同情和友谊。正是因为人们坚信旅游可以推动世界各国之间能够相互交流与和平发展，1986 年旅游促进和平国际协会（IIPT）成立，并且于 2000 年 11 月发表了著名的安曼宣言（Amman Declaration），提出了基本目标并确定了加盟国家。安曼宣言得到了来自 60 个国家的 450 多名代表的认可，其中包括 22 个大型国际旅游公司的首席执行官。安曼宣言是一项具有深远意义的文件，它努力把世界各国或各地区的社会文化、环境和经济目标统一在一个共同的组织之中，共同为了促进相互之间的交流与合作而努力，致力于世界的和平与发展。

第四节　中国传统旅游文化

在中国传统社会中，旅游文化思想源远流长，博大精深，异彩纷呈。其中儒道两家的旅游思想文化对后世影响较大。

一、儒家旅游文化

两千多年来，儒家的旅游思想对于中华民族广大民众的旅游娱乐活动产生了广泛而深远的影响。主要体现在以下两方面。

（一）近游观念

中国古代最早提出近游理论的是先秦时期的儒家。儒家以孝悌为本，旅游行为必须符合忠孝节义、礼乐教化等礼仪规范。在孔子仁学思想体系中，孝悌是为仁之本，注重人们具有孝悌的品德，要求做儿子的做到“父母在，不远游，游必有方”，“父母全而生之，子全而归之，可谓孝矣；不亏其体，不辱其身，可谓全矣。故君子……一举足而不敢忘父母……道而不径，舟而不游，不敢以先父母之遗体形殆。”提出了重居家轻出游的旅游观念和倡近游反远游的出游方式。儒家提倡近游，目的就是通过强调“孝子不登高，不临危”，减少非正常死亡和伤残现象，从而实现其“老者安之，少者怀之”和“斑白者不负戴于道路”的仁政思想。父母在世之日，儿子久游不归，一则令父母担忧，因此做儿子的出门前必须制订好游览计划，把游览路线、时间、何时归来这类情况告诉父母，使父母心中有数；二则儿子难以对父母尽关心赡养的孝心。而父母死后，作为子女的应该守丧三年，因此“三年之丧练，不群立，不旅行”。

（二）比德思想

旅游是审美、向善和求真的综合性活动。与西方偏重于“求真”相比，中国古代的旅游活动更倾向于“向善”，也就是通过旅游活动来塑造旅游者的道德品性，来满足旅游者的道德要求。儒家思想积极入世的人生态度深深地影响了中国的传统旅游文化。孔子开创了儒家人本主义的“比德说”旅游观。所谓“君子比德”，其基本含义是：自然物的性质特征与人的品格道德有相似之处，人对自然物的爱赏与赞美，归因于自然物的某些特征能够比拟、象征人的某种美德。将客观的自然山水人文化、人格化、伦理化。因此它具有与仁人君子相似的道德属性，从而使自然之美与伦理之善联系起来。孔子通过对山水的观察、体验和思考，或从社会、历史的层面，或从哲学思辩的角度，或从立身教化的观念出发，来阐发对山水的深刻理解和认识，进而以此来把握、认识人生、社会和自然世界的规律。在孔子看来，凡是人具有的美德，都可以赋予山水，而且可以通过游览山水达到娱乐、长寿的目的。孔子经常以山之高峻来比拟理想中的古代圣明君王的仁爱美德，并把山当作他所崇拜的“仁者”的伟岸形象。孔子有句名言：“智者乐水，仁者乐山。”在这里，孔子赋 “山”、“水”予“仁”、“智”的德性品格，将山水与人的思想修养、气质特点、个性品格紧密联系起来，使山水人格化、气质化。士人君子再从山水中学习或“仁”或“智”的道德规范，使人性得到陶铸和张扬。“智者”之所以“乐水”是因为水具有轻盈灵动、川流不息的“动”的特点；“仁者”之所以“乐山”是因为长育万物的山具有宽厚阔大、巍然不动的“静”的特点。不论是波平浪静还是汹涌澎湃，不论是涓涓细流还是浩荡江河，不论是清水一泓还是烟波浩淼，都能让孔子这样的智者流连忘返，赏心悦目。同时水还能洗掉人们身体和心灵的污垢，让人的身心保持一种净洁清明的状态。而且更为重要的是“智者达于事理而周流无滞，有似于水，故乐水”（朱熹《四书集注》）。孟子的“盈科而后进”山水观，借取之不尽、用之不竭的水性而充分地表达了锲而不舍、努力躬行的完善道德人格。《荀子·宥坐》记载了孔子答弟子子贡问水的一段对话：“孔子观于东流之水。子贡问于孔子曰：君子之所以见大水必观焉者，是何？孔子曰：夫水，偏与诸生而无为也，似德。其流也埤下，裾拘必循其理，似义。其洸洸乎不屈尽，似道。若有决行之，其应佚若声响，其赴百仞之谷不惧，似勇。主量必平，似法，盈不求概，似正。淖约微达，似察。以出以入，以就鲜洁，似善化。其万折也必东，似志。是故君子见大水必观焉。”然而对水除了赋予一种高尚的德操和做人的气度外，水还代表一种气节，一种民族团结和奋发向上的自强不息的顽强精神。董仲舒的《山川颂》中的山水观，从道德哲学的角度赞美了山水：高峻、宽厚的山具有滋养万物的特点；“物皆困于火，而水独胜之，既似武者”的特点。

“君子比德”说，一方面肯定了游观山水能给仁人君子以审美的艺术享受，更主要的是道德熏陶和精神升华。但是“以德观物”把人的道德人格与山水的自然特征经过一种人为简单地糅合和比附而成，并没有在纯粹意义上达到山水审美的超然境界，从本质上讲还不是以纯粹的审美心态来观照自然，而只是以道德目的论建立起来的山水观照来获取精神的满足和愉悦，因此带有强烈的道德功用论色彩，从而奠定了儒家自然审美观和功利主义旅游观的思想基础。

二、道家旅游文化

在中国的旅游史上，道家是旅游思想的最早建立者、旅游活动的最早实践者、旅游理论的最早建设者之一。他们的旅游思想曾经影响了中国古代很长一段时间的旅游活动。道家的旅游娱乐观建立在道家、道教文化背景和审美观念基础上，是道家、道教旅游文化的重要组成部分。

道家认为自然状态是和谐而有规律的，并蕴含着内在美的状态，主张顺应自然，回归自然，反对人化。因此在旅游方面道家提出了“逍遥游”的思想理论和自然审美。逍遥游注重的是精神上的愉悦，而不是感官上的满足。道家认为人类的“有为”、“妄为”破坏了大自然，扭曲了人的自然本性，这就造成了人与天的矛盾与对立。道家尊奉天人合一理念，崇尚自然，反对束缚，恢复人的自然本性，主张自由自在无羁无绊的旅游，即无己、无功、无名的超功利性旅游。与儒家将自然人化相反，道家主张人自然化，忘掉人性，完全融入大自然，达到“神与物游”，天人合一的崇高境界。

在道家看来，以寄意自然达到人与自然的沟通为旅游最高境界，以产生虚静的心境和超脱物外的解脱之感为旅游最终目标，以能聆听风壑万籁之声，体验四时变化之景等为最佳旅游环境，时时处处都体现了道家崇尚虚静的旅游方式和旅游思想。

三、佛家旅游文化

面对儒家“父母在，不远游”的伦理规范以及中庸平和的思想维度，佛教徒以宗教特有的决绝予以超越：“削发辞亲”的无义行为挣脱孝道束缚，“灭欲求知”的寻真倾向冲破中庸制约。僧人们一方面于山川溪水处修寺建院，赋自然以人文色彩；另一方面云游四海、广涉万物，甚至跨越国界、远涉重洋。他们的西行求法、游方问道、朝礼名山胜迹的活动，促进了民间旅游活动的成长和发展。

（一）“弘法利生”的修行实践

游方问道在佛教界有着悠久的传统。“一钵千家饭，孤僧万里游。”出家人云水一身，无牵无挂，以参访知识、弘扬佛法、化导众生为务。因此长期以来，僧人行万里路，参礼名师和圣迹，一直是受到重视和推许的。“弘法利生”（弘扬佛法、普度众生）是大乘佛教僧侣毕生修行的志向。

中国僧侣游方问道是受佛陀“游行教化”传教方式的启发而形成的。早在东汉中叶，中印佛教徒就开始了交往。汉明帝时期“白马驮经”佛教东来的历史记载，生动地反映了伴随佛教传播而兴起的旅游活动。自那以后，不断有古印度和西域的高僧大德来我国译经传教。如安世高、安玄、支娄迦谶、支曜、竺佛朔、佛图澄、鸠摩罗什、佛驮跋陀罗、菩提达摩、真谛、善无畏、金刚智、不空等等。他们博学多识，孤身远游，在传播佛法的同时，还带来了异国他邦丰富多彩的文化艺术。

（二）“依正不二”的生态观念

佛家认为无性缘生，缘生无性者也。《楞严经》说六度（布施、持戒、忍辱、精进、禅定、般若）以战胜贪、嗔、痴，去除对我、法的执著，达到心气平静，这些是自我和谐的佛教思想。佛教处理人与自然关系的基本思想是“天人合一”、“依正不二”，是指人与自然休戚相关，生命主体（正报）与其所依赖的生存环境客体（依报）本为一体，人与自然和谐共生。

（三）“境由心造”的审美思想

旅游审美过程心境保持如何，直接影响到人们对旅游审美对象的评价。佛家认为境由心造，即境不离心。人类对一切现象的感觉，都来自于我们的认识，其中既有社会的影响，也有属于个人的经验。我们说这个茶杯好看或不好看，其实茶杯本身并不存在美丑，不过是仁者见仁，智者见智罢了。世界上一切现象的美丑和价值，都是我们从自己的需要出发来规定的：一只古碗，鉴赏家看到的是它的历史，收藏家看到的是它的价值，外行却只看到它的破旧。天上的月亮，在不同观赏者的眼中会产生不一样的作用：有人觉得赏心悦目，而有人却会因此伤怀哀叹；同样是秋天，有人觉得“果然秋日胜春朝”而欢欣鼓舞，有人却觉得“秋风萧瑟天气凉”而不胜悲戚。境本是同样的境，不同的心却造出不同的境，所以说：“风月无今古，情怀自浅深。”同样的事物，以各人不同的角度来看待，会有不同的发现，就是我们自己，在不同的心境中也会有不同的感觉，“境由心造”说的正是这个道理。因此人们在旅游过程中，怀着什么样的心境去观赏山水自然和人文风情直接影响到人们对其的理解和评价。

【案例】

中国的士人漫游兴盛于魏晋南北朝时期。当时国内动荡不安，道教、佛教盛行，一些士大夫产生了消极循世思想，他们寄情于山水之间，谈玄说虚，往往竟日不归。稽康、阮籍、陶渊明、谢灵运是其代表。谢灵运出身东晋官宦之家，20多岁时担任军队中的文职官员，随军游遍江苏、安徽、江西、湖北等地，后来担任秘书监、太守时，也不问政事，常常在各地游山玩水，最后干脆辞官隐居，完全寄情于山水之间。

18世纪中叶，在欧洲第一次出现了有明确目标和自我意识的自然观光旅游活动。当时正值资本主义社会初期，自然观光蔚然成风。卢梭、歌德、海涅等浪漫主义代表提倡“回归自然”，瑞士、阿尔卑斯山等自然风景一时成为旅游胜地。越来越多的人把观赏壮丽的自然景色视为发展民族文化的源泉。这种酷爱自然、崇尚自然、回归自然的浪漫主义时代精神，成为近代旅游发展的思想基础。1802年，伦敦有2万人乘帆船去马盖特高原观光旅游；1830年，伦敦有10万人乘汽船去马盖特高原旅游。

（**资料来源**：石强. 旅游概论[M]. 北京：机械工业出版社，2005.）

【分析】

1. 上述材料涉及影响旅游文化的因素有哪些？
2. 根据材料的提示，你认为哪些影响因素是根本的？

【思考题】

1. 简要阐述旅游文化的概念。
2. 与其他类型的文化相比，旅游文化有哪些显著特征？
3. 谈谈旅游文化的分类体系。
4. 简要论述中国传统旅游文化的特征。

第二章　旅游资源文化

【学习目标】

● 掌握旅游资源及旅游资源文化的概念
● 掌握旅游资源文化的特征
● 掌握自然旅游资源和人文旅游资源的文化内涵及其特征

【知识要点】

● 旅游资源及旅游资源文化
● 旅游资源文化的特征
● 自然旅游资源的文化内涵及其特征
● 人文旅游资源的文化内涵及其特征

第一节　旅游资源文化概述

一、旅游资源文化

（一）旅游资源

旅游资源是旅游业发展的前提，是旅游业的基础。所谓旅游资源是指：自然界和人类社会，凡能对旅游者有吸引力、能激发旅游者的旅游动机，具备一定旅游功能和价值，可以为旅游业开发利用，并能产生经济效益、社会效益和环境效益的事物和因素。

旅游资源主要包括自然风景旅游资源和人文景观旅游资源。自然风景旅游资源包括高山、峡谷、森林、火山、江河、湖泊、海滩、温泉、野生动植物、气候等，可归纳为地貌、水文、气候、生物四大类。人文景观旅游资源包括历史文化古迹、古建筑、民族风情、现代建设新成就、饮食、购物、文化艺术和体育娱乐等，可归纳为人文景物、文化传统、民情风俗、体育娱乐四大类。

（二）旅游资源文化

旅游资源由于其特有的物质组成，体现出不同的美学价值，这种美学价值即旅游资源的文化内涵，简称旅游资源文化，它是吸引旅游者的最基本条件。

王德刚指出旅游资源文化给人以美的享受，使人产生美感、快感和愉悦感。无论是人文的、还是自然的资源，它们之所以能够成为旅游资源、成为人们旅游的对象，其最根本的原因就在于它们能够使游人获得知识和美感，从而在精神上得到享受与愉悦。

马锐认为一切以人文动态和物质资源为基础的旅游活动都可以纳入发展的物质基础和条件，是旅游产品和旅游活动的基本要素之一，没有旅游资源就构成不了现代旅游活动。

综上所述，所谓旅游资源的文化，是指旅游资源所包含的思维方式、审美情趣、宗教情绪、民族性格、历史背景、时代特征等无形的精神文化和作为物质文化载体的文物古迹、民族服饰、生产工具、建筑、饮食、节庆活动、风俗习惯等有形的物质文化。

二、旅游资源文化的特征

（一）旅游资源文化的空间特征

1. 广泛性

旅游资源的客观存在极为广泛。由于旅游者社会组成和心理特点的多样性以及由此决定的旅游需求的多样性，旅游资源的组成要素也比较多。如《中国旅游资源普查规范》中对旅游资源的划分共有 74 种，中科院地理研究所作的“中国旅游资源普查分类表”将旅游资源分为 8 个大类，108 个小类。这样种类繁多、内容丰富的旅游资源在空间存在上极为广泛。可以说地球上的任何地域都存在相对意义上的旅游资源，只是必须把它放在一定时间、空间和条件下来分析。故此从本质上讲，地球上各区域不存在有没有旅游资源的问题，而只存在旅游资源的时空分布结构问题。

2. 区域性

从旅游资源的分布来看，具有明显的区域性特征，即不同的旅游资源具有其存在的特殊条件和相应的地理环境。区域性也是旅游资源文化最本质的特征，因为它决定了旅游资源本身的存在和旅游流的存在：正是由于不同区域的旅游资源之间存在差异性，才形成了旅游者的空间流动。也正是由于不同地方的自然景物或人文风情具有吸引异地旅游者的功能，这些自然景物或人文风情也才成为旅游资源。

3. 组合性

旅游资源文化的组合性特征是指孤立的景物要素很难形成具吸引力的旅游资源，在特定的地域中，总是复杂多样、相互联系、相互依存的各个要素共同形成资源体。例如一条河流要形成一条风景走廊，是其两岸的远山近木、水势峰情、民风民俗、飞桥高阁共同作用的结果。长江作为我国的一条“黄金旅游线”，不仅是由于其具有江涛滚滚、银光闪闪的水色美，更由于游人泛舟江上，可以领略惊险、雄伟而秀丽的峡谷景观，可以探访巴、楚古代遗址、古建筑、古战场，可以游览河网稠密、湖荡棋布的水乡泽国、鱼米之乡，可以体验葛洲坝水利工程之雄伟壮观，犹如在一条自然景观和人文景观都极其丰富的风景走廊和知识宝库里漫游。旅游资源的组合形式是多样的。

4. 地域固定性

资源经过开发，或以其自身、或以其产品，输往各地以供利用，即多数情况下是资源趋向消费者。旅游资源文化在地域上则是相对固定的，多数情况下对旅游者来说，将某项旅游资源迁移也会改变它的某些固有特性，因为旅游资源组合性的特点，一项旅游资源的存在必须依赖其他资源和环境要素的底衬和协调，例如微缩景观公园显然不可和原物相比，而且它已变成了一项新的资源种类。民族歌舞可以在大都市上演，但是缺少其故乡的浓郁风情。不过旅游资源的地域固定性并不等于不可以根据旅游者的需求去移植或创造资源，只是在这样的情况下必须充分考虑资源存在的环境条件。

（二）旅游资源文化的时间特性

1. 季节变化性

旅游资源的季节变化性指景物有随季节变化的特征，并且影响到旅游活动和旅游流的季节变化。旅游资源的季节变化性主要是由自然地理条件，特别是气候的季节性变化决定的，同时受人为因素的影响。

首先，有些自然景色只在特定的季节和时间里出现。例如吉林的雾凇只能在入冬时才能产生；洛阳的牡丹花会 4 月中旬观赏最好；黄山的云海和瀑布只在夏季多雨的时候才有。其次，同样的景物在不同季节里表现出不同的特征，例如同样一座山，春夏秋冬四时之景不同。实际上，许多景物的命名就包含了一定的气候变化景象，如西湖十一景中的苏堤春晓、曲院风荷、平湖秋月、断桥残雪等。

此外，由于人的社会活动的节律性决定了人们出外旅游被允许的时间，故对旅游资源的季节性有一定影响。因旅游资源的季节性而形成了旅游明显的“淡季”、“旺季”和“平季”，如东部季风地区的城市多在一年内出现春、秋两个高峰期；西北干旱地区，如乌鲁木齐和呼和浩特全年只有八月份一个高峰期；而哈尔滨的冰灯、潍坊的风筝会、洛阳的牡丹花会都会引起突发的旅游高峰。同时游客的心理感受以及旅游活动的内容和效果也深受旅游资源季节性的影响。

2. 时代性和变易性

在不同的历史时期、不同的社会经济条件下，旅游资源的含义是不同的。现代旅游业向多样化、个性化方向发展，旅游资源文化的含义也越来越丰富，原来不是旅游资源文化的事物和因素，今天也可以成为旅游资源文化。因此旅游资源文化具有时代性的特征。随着时间的推移，由于人类旅游活动对环境的影响，以及人们旅游需求的变化，原有的旅游资源会对游客失去吸引力，也同样会由于自然的和社会文化的原因而形成新的旅游资源。

三、旅游资源文化的类型

由于旅游文化资源的广泛性和多样性，人们对旅游资源文化的认识角度和侧重程度不同，对旅游资源的分类方法也不尽相同。

（一）资源的性质和成因

（1）自然旅游资源文化（山水、气象气候、动植物等）。

（2）人文旅游资源文化（文物古迹、文化艺术等）。

（二）利用方式和效果

（1）游览鉴赏型（优美的自然风光、著名的古建筑及园林等）。

（2）知识型（文物古迹、博物展览、自然奇观等）。

（3）体验型（民风民俗、节庆活动、宗教仪式等）。

（4）康乐型（度假疗养、康复保健、人造乐园等）。

（三）开发利用的变化特征

（1）原生性　指那些在成因、分布上具有相对稳定和不变特点的自然、人文景观和因素（山川风光、生物景观、气候资源、文物古迹、传统民族习俗和风情、传统风味特产）。

（2）萌生性　指成因、分布上具有变化特征的自然、人文景象和因素（现代建筑风貌、现代体育文化科技的吸引及有趣之处、社会新貌与民族新风尚、博物馆与展览馆、名优特新产品及美食购物场所、自然力新作用遗迹、人工改造大自然景观）。

（四）旅游动机的不同

（1）心理方面的（宗教圣地、重大历史事件、探亲等）。

（2）精神方面的（科学知识、消遣娱乐、艺术欣赏等）。

（3）健身方面的（沙疗、温泉疗、各项运动等）。

（4）经济方面的（各地土特产等）。

（5）政治方面的（国家政体状况、各种法律等）。

（五）旅游资源的结构

（1）旅游景观资源（自然景观资源、人文景观资源、社会民俗资源）。

（2）旅游经营资源（旅游用品工业资源、旅游食品资源、旅游人才资源等）。

（六）旅游资源动态

（1）稳定类旅游资源　长久稳定型（宗教圣地、古建筑、山岳、江湖等），相对稳定型（小型造型地貌、瀑布、冰川等）。

（2）可变类旅游资源　规律变化型（泉水、候鸟、云雾等），不规则变化型（海市蜃楼、现代建筑风貌等）。

1992 年，由国家旅游局资源开发司和中国科学院地理研究所主编的《中国旅游资源普查规范》（试行稿），提出了旅游资源普查分类结构。旅游资源由“类”和“基本类型”组成，全部基本类型共有 74 种，归为 6 类：地文景观类、水域风光类、生物景观类、古迹与建筑类、消闲求知健身类、购物类。

上述各种分类系统，都有其各自的特点和功能。例如旅游资源的动态分类，把旅游资源从固定不变的形象转变为生动活泼、可以变化、可以改造的事物形象，增加了旅游资源给人的活力感，把旅游资源与旅游者的心理活动、与开发者和经营者有机地联系起来。此外，还有其他许多种类的划分方法，如 1979 年美国的布赖弗等人将旅游资源划分为原始地区、近原始地区、乡村地区、人类利用集中的地区、城市化地区 5 大类。

按旅游资源基本性质和成因将旅游资源文化划分为自然旅游资源文化和人文旅游资源文化，是当前最为普遍的分类方法。

自然旅游资源文化就是以自然因素为主构成的旅游资源文化。如以地貌因素为主构成的中国的云南石林、安徽黄山，美国的大峡谷，日本的富士山，欧洲的阿尔卑斯山；以水文因素为主构成的中国的长江三峡、西湖，美国和加拿大边境的尼亚加拉大瀑布，俄罗斯的贝加尔湖；以气候因素为主构成的西班牙大西洋之滨的“阳光海岸”安达卢西亚，挪威的“半夜太阳”（永昼期），中国的黄山云海；以生物因素为主构成的动植物园、狩猎场、水族馆等。

人文旅游资源文化是指以人文因素为主构成的旅游资源文化。如以历史古迹为主构成的中国的秦始皇兵马俑，埃及的金字塔，巴黎的凡尔赛宫，印度的泰姬陵；以民俗传统为主构成的中国傣族的泼水节、慕尼黑的啤酒节，反映各民族风俗的民俗村；以文体娱乐为主构成的电影城（村）、迪斯尼乐园，纽约的百老汇剧院，还有各种大型体育赛会，供体育爱好者使用的体育设施，如滑雪场、高尔夫球场，各种文化节庆，如电影节、戏剧节；以宗教活动为主构成的朝圣活动、庙会、法会等；以饮食为主构成丰富的地方风味、美食佳肴等。

按照旅游资源文化的基本属性为旅游资源文化分类，虽然被普遍采用，但这种分类方法只是给旅游资源文化的类型做个大体的划分，使人们在认识旅游资源文化时，能够有所把握。在现实中，往往某些旅游资源文化的构成因素中，自然因素和人文因素相互交融，甚至难解难分，就很难说清是自然旅游资源文化还是人文旅游资源文化。例如一些文化名山，如峨嵋山，既是具有自然美的典型的山岳景观，又是佛教艺术非常丰富的、集中的文化景观，自然美与人文美融为一体，相得益彰，是典型的旅游资源文化。

第二节　自然旅游资源的文化内涵

一、自然旅游资源及其基本特征

（一）自然旅游资源

自然旅游资源又称自然风景旅游资源，指凡能使人们产生美感或兴趣的、由各种地理环境或生物构成的自然景观。它们通常是在某种主导因素的作用和其他因素的参与下，经长期的发育演变而形成。虽然在历史时期由于人类活动的影响，出现了一些人工构景物体，并带有特定时期历史文化的某些特征，但就构景的主体来看，依然具有自然景观的基本特点，所有人工构物仅起着衬托和点缀作用。就旅游建设而言，自然景观不宜有较多的加工改造，一切人工建筑都不得改变其原有景观的基本属性。

根据《中国旅游资源普查规范》，自然旅游资源分为四大类，即地貌景观类、水域风光类、天气气象类和生物景观类。

自然旅游资源按其形态特征和成因归纳为以下七类。①地貌景观旅游资源，如山地景观、喀斯特景观、丹霞景观、砂岩峰林景观、风成地貌景观、火山景观、冰川景观、海岸景观等。②水体景观旅游资源，包括海洋、河流、湖泊、瀑布和各类泉水。③生物景观旅游资源，包括森林、草原和各种野生动植物、海洋生物。④自然地带性景观旅游资源，如热带景观等。⑤气候旅游资源，如避暑、避寒胜地和四季宜人的温带与副热带游览地。⑥天气气象类，如极光、云海等。⑦其他自然旅游资源，如特殊自然现象等。在众多的自然风景旅游资源中，那些以水光山色、奇石异洞、流泉飞瀑、阳光海滩、宜人气候和珍禽异兽、琼花瑶草为特色的景象组合，往往形成不同风格的著名风景区，成为人们观光揽胜、避暑消夏、度假疗养和开展各种体育活动的旅游胜地。

（二）自然旅游资源的特征

自然旅游资源由于受自然地理环境的制约，具有如下特征。

1．物质实体性

自然旅游资源往往是有形的物质客体，或高山飞瀑、或林海雪原、或鱼虫鸟兽、或细沙白浪，都存在于自然界的岩石圈、水圈，大气圈、生物圈之中，旅游者的旅游活动直接作用于水、岩石、大气、生物这些实实在在的自然地理要素。这和许多人文旅游资源，如社会风俗、宗教、历史、语言、民族风情、传说典故等存在形式的相对不具体化形成对比。

2．地带性

由于构成自然旅游资源的物质要素为地质、地貌、水文、气象气候、植物动物等自然地理要素，因此必然受地球景观地带性分异规律的制约。地球上太阳辐射以及由此决定的热量条件在纬向上的分异形成纬度地带性；由于海洋和大陆的存在及由它所引起的海陆环流形成自然地理环境各组成部分和整个自然综合体从沿海向内陆按经度方向发生有规律的更替，即经度省性；由于大地地势起伏，山地气候条件（水热及其对比关系）随高度发生垂直变化，形成自然地理综合体和它的组成部分大致沿等高线方向延伸，随山势高度发生带状更替，即垂直带性。

由自然地理综合体和它的组成部分的纬度地带性、经度省性、垂直带性决定了自然旅游资源也具有地带性的特点。以河川风景为例，地处热带湿润气候下的河川，如南美洲的亚马逊河、非洲刚果河等，由于受热带气候和自然景观带的影响，一般水量大，大部分河段河面开阔、水质澄碧，两岸密林森蔚，河汊复杂，巨流漫漫，犹如林中“长海”；位于亚热带湿润气候下的河川，则四季分明，水色秀美，水量浩大，与周围的亚热带常绿阔叶林相映成趣；位于暖湿带季风气候下的河流，流量四季变化很大，枯水期、汛期水量、水色相差悬殊，游人可以利用不同季节观览不同的江河风光；中温带至北温带的河流，受寒凉湿润气候的影响，水量丰沛，江水泥沙大减，水色变白，两岸以针阔混交林为主的森林密布，夏季一片葱绿，冬季白雪茫茫，呈现一派北国林海雪原风光；位于寒带的河川，则是一番寒带和极地风光，暖季河水漫漫，冷季银冰成带，两岸配以泰加林和极地沼泽景观，给游人以原始、粗犷之感。

3. 时间变化性

许多自然旅游资源要素随时间变化而表现出不同的组合关系。气象要素在一日之内往往发生很大变化。如早晨日出景、傍晚日落景。山区往往一日之内由山脚至山顶可见到阳光灿烂的山景和烟雨蒙蒙的山景。园林中一日之内的风景也是不同的：清晨露珠滚落，夜晚明月当空，花影、树影婆娑。有些造型地貌一日之内由于光影变化也会呈现不同形态，如雁荡山的合掌峰，到了夜幕降临时又成了夫妻峰。由于气候条件的变化及植被的季相变化所决定，自然旅游资源也表现出季相变化的特点。如我国亚热带以北的山地，春季往往山花烂漫、夏季浓荫滴翠、秋季色彩斑斓、冬季满目萧条。自然界中许多景物变化还有随机的特点，如佛光、蜃景等。

4. 生态性

自然旅游资源和其他自然资源一样是地球客观物质环境的组成部分，要遵循自然界客观性、整体性、运动性的规律。即自然界是客观存在的物质世界，人类活动以及人类的主观能动性离不开自然界提供的舞台；自然界的各个组成要素相互联系、相互依存、相互制约形成一个整体系统，而其中一环发生了变化，都会引起其他要素以及整个系统的变化；自然界各个组成要素都是在不断运动变化着的，只能形成一种动态的平衡。因此对自然旅游资源的开发利用如果违背了生态规律，只会造成对资源乃至整个生态环境的破坏，旅游资源也将荡然无存。如旅游洞穴具有丰富的可供人观赏和科学研究的各种堆积物、沉积物、地下水景、洞穴形态、生物种群、古人的艺术品、人类活动遗迹、古人类和古生物化石等，是一项重要的旅游资源，但洞穴景观一经破坏，就很难恢复。

5. 不可再造性和不可移置性

自然旅游资源是大自然的杰作，它们都是在一定自然地理条件下形成的，无论其形态特征、生态环境或旅游功能都是独有的、不可复制和不可移置的。所谓泰山雄、黄山奇、华山险、雁荡秀、青城幽给人们的总体感受是不可以仿造的。匹练垂空的瀑布、汹涌澎湃的江河、潺潺流转的溪涧、汩汩喷涌的山泉，以及流云飘烟、雾霓蒸腾、飞翠流丹、鱼游碧潭所带来的生气和活力更是绝对的天然自成。青海湖粗犷、富饶的景象展现在广阔的青藏高原草场上；纳木错湖海拔 4 718 米，是世界上海拔最高的大湖，湖滨水草丰茂，是藏北的天然牧场，野牦牛、黄羊、狼、野兔等野生草原动物很多，是良好的狩猎场所。察尔汗盐湖湖面被白色结晶盐覆盖，耀眼夺目，青藏铁路及与铁路平行的公路横跨盐湖，形成“万丈盐桥”。“八月湖太平，涵虚混太清，气蒸云梦泽，波撼岳阳城”是唐代诗人孟浩然笔下的洞庭美色。滇池被群山环抱，登西山龙门瞰滇池，堤岬岛屿若隐若现，万顷波光，风帆点点，气象万千。这些湖泊的资源特色如何可以移置呢？因此主体自然旅游的这种不可移置特性，保障了其在旅游业发展中的绝对垄断地位。

二、自然旅游资源文化的类型

一个地区的自然地理环境是由各个自然要素组成的，它们相互制约，相互影响，共同形成一个自然综合体，从而造成该地区特有的自然景观和人类文化内涵。一般来说，在这些自然要素中，总有一个或几个要素起主导性作用，因而人类文化的内涵也体现了其不同特色，根据这种主导性原则，自然旅游资源文化可分为以下四种类型。

（一）地貌

地貌即地表形态。由于人类对于不同的地貌自然形态会形成不同的审美或体验感受，因此不同的地貌类型有着不同的旅游文化价值。

1. 山地

山地是自然景观的主体骨架，由于山地地势高、体积大、范围广，往往可独立成为旅游区。山地因垂直高度的变化，气候多样，景色丰富，给人以探胜、寻幽、避暑，攀登和滑雪之利。在不同的时间、不同的天气里，山会给人以不同的感受，正所谓“春见山容，夏见山气，秋见山情，冬见山骨”、“晓山高，夜山低，晴山近，雨山远”。山地的旅游文化价值即人们对山地的体验，主要取决于以下五个方面。

（1）相对高度大　山体的雄伟是山地相对高度大的直接反映，如我国的泰山海拔仅 1 545 米，相对高度却达到 1 300 米，耸立在华北平原之上，傲视群山，有“会当凌绝顶，一览众山小”之势，被称为“岱宗”。

（2）坡度陡　坡度陡的山体，有平地拔起之势，能增加险峻感。险景观赏价值大，很吸引游人。华山素有“天下险”之称，因为它是由花岗岩岩株形成的断块山，受构造控制，在新构造运动中上升量大，挺拔于秦岭诸峰之中，犹如一方石柱，四壁直立，山背狭窄，两侧是千米绝壁，险景颇多。

（3）轮廓线曲折、多变　使游人在一定部位看去，其总体外观和侧景像人们日常生活中所熟悉的某种事物或人物，更增加了文化的内涵。山体特有的造型称为造形地貌，复杂多样的造型景物，会增加游人的兴趣和意境。

（4）山顶保持规模不等的夷平面　各名山在山顶部一般都不同程度地保持着上升着的夷平面。夷平面面积的大小、平坦程度决定于上升的高度和流水切割的深度。例如泰山的南天门、庐山的牯岭、峨嵋山的金顶、黄山的天海、五台山的台内等，这些山顶由于地势较平坦，神秘气氛十分突出。

（5）山的层次感　山之脉，在于蜿蜒起伏，使人有余音袅袅不尽之感；层次能使山峦重叠，景观丰富。我国东南丘陵地区由于高温多雨，流水作用和风化作用强烈，切割深度大，山的脉胳沿构造线方向延展明显、层次多，有“横看成岭侧成峰，远近高低各不同”之态，因而多风景名山。

总之，山地丰富的旅游文化内涵在于山的有势、有险、有态、有脉、有层次。有势才显得雄伟，有险才显得峻峭，有态才变得奇特，有脉和层次才变得秀丽和妩媚。

2. 石景

石景不同于山地，多为中小尺度地貌，由石峰、石柱、石墩、岩壁和石蛋组成。它的形态极为丰富，多造型地貌和变幻造型地貌。变幻造型地貌是指人们从不同角度，在不同时刻看到的岩体外形呈现着宽窄、崖面、裂隙和多种造型的变化。例如阳朔的东朗山，为石灰岩组成的石峰，远望如人骑兽漫游：从右侧看，好似一位端庄娴静的少女；从正面看，则又变成一个身材魁伟的武生，耐人寻味，富有魅力。

3. 岩洞

岩洞以其神密、幽奇的景观成为引人注目的自然旅游资源，从成因上说，岩洞主要分为以下四种类型。

（1）石灰石溶洞　这是岩洞中最主要、数量最多的一种类型，它是由于地下水的化学溶蚀作用而形成的。往往沿断层、节理一组方向发展形成通道，在两组以上断层、节理的交会处形成宽敞的大厅。通道与大厅相结合组成洞穴。洞内的石钟乳、石笋、石柱、石幔、石花等微地貌能形成多姿多态的景物。

（2）火山熔洞　是由于岩浆活动而形成的洞穴，当熔岩覆盖沟谷地带，表层逐渐冷却凝固时，下面未凝固的部分仍然顺着自然坡度流空，最终形成了熔岩洞穴。一些火山熔洞极富旅游特色，规模也很大，如镜泊湖地下森林处的熔岩隧道，长500多米，钟孔呈缸釉色，金壁辉煌，犹如故宫的九龙壁。

（3）花岗岩和变质岩崩塌洞　此类岩洞是受构造控制，沿节理或断层裂缝发生崩塌而形成。其特点是洞直而平整，常有擦痕，洞底多碎石堆积。如云台山的水帘洞，黄山的仙灯洞，杭州的紫云洞、黄龙洞等。

（4）砂页岩风化洞　砂页岩受到风化作用而形成的洞穴。如庐山的仙人洞，虽然洞景简单，但它同周围的“乱云飞渡”、“蟾蜍奇石”、“古曲劲松”结合一起便形成了著名的旅游景点。

（二）水文

水是自然界分布最广的要素之一，其光、影、声、色、味等均为生动的风景素材。由于人是一种陆地生命形式，因此对于水，特别是能够成为人们审美体验的水文形式，就成了自然旅游文化资源中最具价值的一种。这就是古人所说的“山得水而活，水得山而媚”。

1. 海滨

海是大洋的边缘部分，它浩翰无际，巨浪汹涌，海天一色，能激发人的情感，使人视野开阔，胸怀宽广，令人奋发向上。海滨地带成为旅游热点的原因：一是海水、海滩、阳光和其他景物构成的综合景观，适宜消暑度假、休息疗养和游览；二是现代城市生活，使人们希望脱离嘈杂环境，去领略大海风光，呼吸新鲜空气，充分享受大自然的情趣，消除身心疲劳。目前世界许多海滨地带，特别是中低纬度海滨多为旅游度假的热点。

2. 湖泊

湖泊是在洼地中积蓄的水体，它明净、清澈，有调节精神的作用，不仅给人以畅旷、幽静的美感，同时也可以开展游泳、泛舟、垂钓等多种水上活动。自然风光秀美的湖泊历来受到人们的重视，故周围积累了大量的名胜古迹和景点建筑，使自然美和艺术美紧密结合。

3. 江河

江河为沿地表的线形低凹部分集中的经常性或周期性水流。其特点是河道迂回曲折，两岸奇峰罗列，山水比例适宜，山光水影，景物成双，富有意境美。

4. 瀑布

瀑布是从河床纵断面陡坎或悬崖处倾泻下来的水流，是自然界瑰丽而壮观的景象。它雄壮、力度强、水速急、粗犷而又有确定方向，观赏视线有凝聚力，以奇称绝，具有声、色、形之美。瀑布的成因不同，旅游文化特色方面也各有差异。瀑布作为一种自然景观，不论规模的大小，也不论形式怎样，其旅游文化价值都是很大的。俗话所说的“九水不如一瀑”，讲的就是这层意思。在自然山水中，瀑布犹如画“龙”后的“点睛”，具有重要的文化意义。

5. 泉

泉为地下水在地壳压力下的喷流活动。由于泉是一种与人们常见的自然水形式（如河流、湖泊或井水等）不同的水文形式，因此它不仅可供人饮用和矿泉疗养，而且具有观赏价值。它或喷流向上，或甘冽甜美，给人以清新的美感。我国济南的趵突泉，杭州的虎跑泉，冰岛的间歇泉、热泉等，都是游人喜爱的旅游景点。

（三）生物

生物包括动物和植物，是自然环境中最为活跃的旅游文化资源要素。它们彼此联系，地方特色强，并能形成独特的活动景观。人们讲的“青山绿水，鸟语花香”，就是山、水与花、草、动物组成的优美景色。

植物的旅游文化价值主要体现在以下三个方面：一是色彩美，植物的花、果、叶、干均有色彩之美；二是形态美，主要指由树的根、干、枝和树冠组成的造形美，它能使人产生联想，增加游兴，如松柏树生命力强，耐寒和恶劣环境，四季常青，树形奇特，是最著名的“风景树”；三是风韵美，又称内容美，指人们对植物某种共同感知的象征意义。

动物是自然界生命力的象征，是大自然中最为活跃的因素，同时也是人类旅游活动的一种对象。作为旅游资源，过去人们对于动物采取的方式是猎杀或围捕，那时人与动物之间的关系是一种捕猎和被捕猎的关系，因此当时的狩猎或捕捉性质的旅游活动充满了血腥味。如今人类已经认识到自己的错误，因而能以观赏的态度来对待自然界和各类动物。

（四）天气和气候

适宜的温度、湿度和洁净的空气，固然是旅游者乐于生活的条件。但天气的变化，产生动景、变景和朦胧景，给人以虚幻、神秘、飘渺和变化莫测的感觉，就使得气候和天气也能成为人们旅游观光的对象。冬季到北方看冰雪，夏季去极地赏极光，登黄山，望云海……到不同的地方，观赏不同的气候也是今天人们旅游活动的一个组成部分。

第三节　人文旅游资源的文化内涵

一、人文旅游资源及其基本特征

（一）人文旅游资源

人文旅游资源又称人文景观旅游资源，指由各种社会环境、人民生活、历史文物、文化艺术、民族风情和物质生产构成的人文景观，由于各具传统特色，而成为旅游者游览观赏的对象。它们是人类历史文化的结晶，是民族风貌的集中反映，既含有人类历史长河中遗留的精神与物质财富，也包括当今人类社会的各个侧面。与自然风景旅游资源不同，人文景观旅游资源可被人们有意识地创造出来，可通过建造博物馆、美术馆、游乐园、文化宫、体育运动中心，以及组织文化节、戏剧节、电影节、音乐节和各种民间喜庆活动等别具特色的文化活动来丰富旅游内容，招徕远方游客，形成充满现代气息的人文旅游资源。

人文旅游资源大致分为以下四类。①人文景物，包括古代建筑、历史文化名城、历史遗迹和遗址、名人墓葬、博物馆、现代建筑和近代纪念地与纪念物。②文化传统，包括民族节日、民族艺术、手工艺、风土人情、语言、宗教、政治和科学技术。③体育与娱乐，包括以运动健身为目的的旅行、参加或观看体育比赛、游览主题公园和游乐园、参加世界性文化活动以及以康复保健为目的的疗养旅游。④饮食与购物。

（二）人文旅游资源的基本特征

1. 精神文化性

相对自然旅游资源都具有一定物质实体形态而言，人文旅游资源在相当大程度上包含着精神文化的内容，这些精神文化内容可以以一定物质实体为载体，如古建筑、宗教寺观、壁画、民居、服饰、风物特产、陵墓、园林等，也可以是一些纯粹的人类精神文化的东西，如历史事件、传说典故、文学人物、诗词书画，民族风情等，有形的载体和无形的精神文化内容相互依赖、相互渗透，共同形成独具吸引力的资源。井岗山成为风景名胜区不仅是由于其风景如画，更因为它是中国革命的第一个农村根据地，留有许多革命斗争故事和革命家的斗争遗迹。孟姜女哭长城的故事家喻户晓，使一座普通的姜女庙在旅游旺季人山人海。从秦始皇封泰山开始有摩崖题刻的做法，以后相沿而成习尚。题刻的作者多为帝王、名流、高僧、文人、墨客，不少题刻已成为传颂一时的篇章、书法艺术的珍品。《岳阳楼记》《滕王阁序》《登黄鹤楼》使这些名楼名阁流传千古，即所谓“文因景名”、“景借文传”。

2. 可创造性

人文旅游资源是人类创造的精神和物质财富，因此它不同于自然旅游资源，是可以不断创造、形成及改造其存在形式的。随着人类社会的发展和对旅游需求的扩大以及旅游需求的多样化，必将会出现更多的可以满足各类人多种多样需求的人文旅游资源以及和自然旅游资源相互融合的多样化的资源。所以相对于自然旅游资源的不可移置性而言，某些人文旅游资源可以移置或复制。例如被称为“万园之园”的圆明园实际上浓缩了江南园林和北方园林的各种风格；美国于1955年在洛杉矶市建造了“迪斯尼乐园”，现在世界许多国家的城市都修建了类似“迪斯尼乐园”的游乐园。人文旅游资源的可创造性并不等于可以随便任意地照搬异地的景观资源，再造民族的、历史的事物，在某种程度上，迁移或是复制的景观仍有别于原物，更不用说不顾实际情况的生搬硬套了。

3. 历史社会性

人类固然可以创造更多的人文旅游资源，但真正对游客产生强烈而永久吸引力的仍然是那些悠久的历史文化和浓郁的异域文化。一般说来，人文旅游资源的历史越悠久，所蕴含的文化内涵越丰富，旅游价值就越大。外国游人到中国旅游，最渴望了解的还是中国的历史文化。目前在各风景名胜区最具吸引力的还是其中的历史文化资源。我国的万里长城、秦始皇兵马俑，古埃及的金字塔都是永存的宝贵的历史文化资源。“长城之旅”、“黄河之旅”、“长江三峡游”、“丝绸之路游”、“佛教名山朝圣游”等这些蕴含了丰富的历史文化内涵的旅游线路，都是我国在国际市场上最具吸引力的专项旅游线。同时人文旅游资源又具有鲜明的社会时代性。不同社会形态和不同时代下，人们对人文旅游资源的审美要求是不同的，这种审美要求的差异可以表现在不同时代、不同地域、不同社会形态下人们审美思想、志趣两个方面。人文旅游资源鲜明的社会性决定了不同社会时代人文旅游资源的含义和开发利用程度、方式、特点的不同。

二、人文旅游资源的文化分析

（一）人文旅游资源的文化内涵

人文旅游资源的文化内涵，是指在人类社会历史上文化发展过程中所创造的与旅游活动紧密相关的物质财富与精神财富，它是一个民族、一个国家文化风貌和文化特色的集中反映，能给人以知识、教育、启迪和乐趣。

人文旅游资源文化的特点，不同于自然旅游资源文化。自然旅游资源文化主要包括那些带有浓厚文化意蕴的、天然的景观文化，如名山大川、独特的气候条件、自然动植物保护区等，虽然在历史文明衍变过程中，它们以自身丰富多彩的特色参与人类的文化活动，并被赋予特定的文化内涵，有的还经过人工的整治、修饰和美化，但从本质属性上来说，它们是自然形成的，其文化意味是被后人附加上去的。而人文旅游资源文化则不是天赋的，它是古今劳动人民在长期的历史发展过程中开发创造出来的，受到古今人类活动的深刻影响，具有明显的历史特点和民族特色，体现了一种特有的文化精神。这种文化精神包容着不同民族、国家的价值观念和由这种价值观念所构成的文化模式及精神品格。如万里长城是中华民族的象征；古埃及金字塔昭示着法老权威的尊严与力量；巍然屹立的爱资哈尔清真寺，则永远使人感悟着宗教文化的神秘与超拔。这些人文旅游资源文化是一个民族、国家的宝贵文化遗产，是一个民族、国家值得骄傲和自豪的历史见证。人文旅游资源文化的构成，涉及范围相当广泛，包括政治、经济、科技、社会、历史、文化艺术等诸多领域，通常，人文旅游资源文化主要包括以下七个方面。

（1）古人类遗址文化　它是人文资源中年代最古老的景观形态表现，也是旅游资源文化系列的重要组成部分。

（2）历史文物古迹　如古城遗址、古代园林、古代建筑以及流传至今的宗教庙宇和寺院等。世界上著名旅游城市的都市景观往往都与它们有关。

（3）民族文化及有关场所　主要指民族历史、民族艺术、民族传统节目，特殊的工艺品和烹调技艺，节日庆典、婚丧、祭祠等民族习俗，以及集中反映和表现这些民族文化的场所，如博物馆、纪念馆、民俗展、表演馆、藏书馆、美术馆及民族工艺品生产场所等。

（4）有影响的文化、体育盛事　如音乐节、电影节、世界锦标赛、亚运会、国际奥运会等。承办国的民族文化传统、审美习惯和审美标准都能在设计和组织过程中充分表现出来。

（5）富有特色并具备一定规模的文化娱乐场所和微缩景观公园等现代人造旅游文化资源　如美国迪斯尼乐园，深圳“锦绣中华”微缩景观公园，各著名旅游地富有中外文化特色的现代建筑与美术等。

(6)现代经济发展和建设成就　体现在现代都市的整体建设布局和风貌上。

（7）社会文明程度与旅游服务质量　它既包括在旅游活动中体现出来的整个社会的人民素质、文明风气、社会秩序等因素；又包括旅游服务行业在旅游服务各环节中所表现出来的文化素质、精神面貌、工作质量。

（二）人文旅游资源文化的分类及内容

人文旅游资源文化的类型构成比较复杂，根据通常的做法，一般将其划分为有形的人文旅游资源文化和无形的人文旅游资源文化两大类。

1. 有形的人文旅游资源文化

有形的人文旅游资源文化主要是指那些在人文旅游资源文化范畴中，以具体实物方式存在的、能够直接被旅游者观赏和参与的人文景观文化。它又可区分为历史文化遗产和当代人造旅游资源文化。有形的人文旅游资源文化是人文旅游资源文化的重要组成部分，也是最能体现和代表人文旅游文化资源特点的重要因素。具体地讲，它包括古人类文化遗址、历史文物古迹、民族文化及其有关场所，有影响的文化、体育盛事，富有特色并具备一定规模的文化娱乐场所和微缩景观公园等现代人造旅游文化资源，以及部分以实物方式存在的现代经济发展和建设成就等。其中古人类文化遗址和历史文物古迹往往是一个国家或民族历史发展的物证，在设计和建筑风格上具有迥异于其他国家或民族的独特之处，为文化旅游及文化学研究提供了生动真实的资料，因而是有形的人文旅游文化资源中最宝贵的组成部分。

有形的人文旅游资源文化具有特殊的使用价值。一方面，那些举世无双的人文景观，如中国的长城、故宫、秦始皇陵兵马俑，埃及的金字塔，希腊的宙斯神庙等，因其独特的历史、文化地位而具有不可替代的旅游价值，是旅游资源中最宝贵的财富。另一方面，随着物质文明和精神文明的不断发展，一些人造的人文旅游文化资源还可以随着客观世界的变化而相应更新，甚至可以在世界不同地区创建相同的旅游文化景观，丰富文化生活，发展旅游事业。如美国的迪斯尼乐园驰名世界，而今在法国、日本也建有同样的迪斯尼乐园；中国深圳的“锦绣中华”微缩景观名扬世界，现在已被成功地“搬建”到美国佛罗里达州，成为当地吸引旅游者的一个主要景点。

2. 无形的人文旅游资源文化

无形的人文旅游资源文化主要是指一个民族、国家的社会文明程度及旅游者本人的文化素质、人生阅历和审美感受能力。这些因素潜在地影响和制约着旅游文化事业的发展，其功能作用已日益受到越来越多国家的重视。

如果再具体地划分，一个民族、国家的社会文明程度又包括两类：一类是整体的国民素质、社会秩序、人伦关系与社会文明风气；另一类是旅游服务行业在各环节工作中所表现出来的文化素质、精神面貌、文明程度。旅游作为一种集观赏、娱乐、文化探寻于一体的活动，不仅直接同旅游服务行业发生关系，而且也受到社会整体文明程度的影响。安定和平的社会秩序、友好亲善的人伦关系、文明礼貌的国民素质、纯朴自然的民风与生活方式等，本身就构成了一种极具吸引力的旅游资源文化。尤其是在现代高科技、快节奏的生活程式中，心理的焦虑、精神的空虚、情感的冷淡、生活的孤寂所造成的人性异化与扭曲现象，使疲惫的现代人更加渴望理想社会与完美人性的实现。社会文明程度无形中成了左右旅游动机的一个重要因素。许多材料已经表明，中国社会传统的“尊老爱幼”、“乐于助人”、“拾金不昧”等道德情操对外国游客具有相当的魅力，并在客观上构成了一种特殊的以欣赏社会美为导向的旅游审美动机。

另一方面，旅游服务行业作为民族文化的载体，其成员的文化素质、精神面貌、工作质量会直接影响旅游者对旅游地国家社会文明程度的评价。旅游工作者语言优美、举止文雅、仪表从容、态度亲切、知识广博，使旅游者在同他们的接触中，既获得美的享受，又得到知识的收益。这种人文资源能给旅游事业带来良好的影响，对旅游者有无形的吸引力。

旅游者个人的文化素质、生活阅历、审美意识及审美个性，可以一定程度地影响旅游事业的发展趋势、文化内涵，因而是人文旅游文化资源中不应忽视的一个方面。旅游服务部门可以根据旅游者的兴趣爱好、审美理想创建和开设新的旅游景点，如我国举办的《西游记》《三国演义》专题旅游，金婚、银婚专项旅游等，都因把握了旅游者的兴趣热点，挖掘了文化传统意蕴而获得很大成功。当然在我们社会主义中国，对部分旅游者违背社会主义伦理、法规的嗜好和欲求，也不能无原则地迁就、满足。例如赌博活动和色情娱乐是一些国家和地区的旅游吸引力，而这些不健康的文化情趣在我国是绝对禁止的。

【案例】

由桂林市雁山区委统战部主办的“五嵅一家”雁山写生展，于9月5日在桂林市伴壁江山艺术会馆结束。该画展是雁山区结合桂林市委、市政府提出的“文化立市”的战略部署，挖掘辖区古村落文化资源，推进文化统战工作的一项重大活动。

自2008年底，雁山区委统战部就联合宣传部、文体局在该区范围内开展了“雁山人写雁山、画雁山、拍（摄）雁山”活动，意在挖掘雁山本地文化旅游资源，激发辖区民众的爱国情怀。为鼓励各方面人士参与活动的热情，雁山区区委常委、统战部部长周收亲自带头深入辖区的黎家、暗嵅、虾嵅、烈嵅等古村落进行创作，先后撰写了《古老的山村：抵挡不住的诱惑》《画过奇绝处，不负有平生》《黎家古道》《扶竹》等多篇文化散文在当地媒体发表。2009年初，为深入推进活动开展，该区又组织辖区5位在全市乃至自治区有影响的中青画家，深入虾嵅、暗嵅、肖家嵅、寿嵅、烈嵅和黎家（简称“五嵅一家”）开展古村落写生，历时半年，创作作品50余幅用于展出。

（**资料来源**：隆振葵，陈晓菊. 桂林市雁山区掀起挖掘文化旅游资源热潮[N]. 广西日报，2009-9-8.）

【分析】

1. 根据上述材料，分析挖掘旅游资源文化内涵对旅游的重要性。
2. 根据材料，谈谈如何挖掘自身周边旅游资源的文化内涵。

【思考题】

1. 阐述旅游资源及旅游资源文化的概念。
2. 旅游资源文化有哪些基本特征？
3. 按资源性质来分，旅游资源文化分为哪两大类，其文化内涵是什么？
4. 简要阐述自然旅游资源和人文旅游资源的特征，并分析两者的不同处。

第三章　旅游审美文化

【学习目标】

- 了解旅游审美文化的主体和客体
- 熟悉旅游审美主体和客体与旅游审美的关系
- 掌握旅游审美文化的时空差异

【知识要点】

- 旅游审美文化的内涵
- 旅游审美主体和客体与旅游审美的关系
- 旅游审美文化的时空差异

旅游，从本质上讲是一种审美活动，离开了审美，就说不上什么旅游。无论哪一种旅游，都是在旅游活动中寻求美的享受，以愉悦身心，陶冶性情，增添生活的乐趣。著名美学家叶朗先生曾经指出："旅游涉及审美的一切领域和审美的一切形态。"对于旅游审美活动，既需要从审美心理学的角度加以分析，也需要从审美文化学的角度予以探讨。

第一节　旅游审美主题与旅游审美关系

一、美的概念和本质

"美"是美学中最基本、最核心的概念。"美"的定义是什么？这个看似简单的问题其实并不简单，长期以来一直是美学研究中的一个重大疑难问题。我们不妨来看看古今中外的名家们是如何谈论"美"的。最早发现和表述自然美的人当数中国的庄子。庄子有言："天地有大美而不言。"孔子说："里仁为美。"孟子说："充实之谓美。"荀子说："不全不粹不足以谓美。"《诗・关雎序》说：

"美，谓服饰之盛也。"《管子·五行》说："人与天调，然后天地之美生。"《说文》说："美，甘也。从羊大。"柏拉图说："好的东西就是美的东西。"海森堡说："美是真理的光辉，是自由的可能形式。"歌德说："建筑是凝固的音乐。"尼采说："艺术比真理更有价值。"康德把美定义为认识能力的游戏。黑格尔提出美就是理念的感性显现。康德说："崇高使人感动，优美使人迷恋。"狄德罗说："美在关系。"塞尚说："艺术之美基本上存在于我们眼睛的思维里。"马克思说："人类依照美的规律来造型。"海德格尔说："那交织在艺术作品中的光芒便是美，美是真理根本上作为敞开物被呈现的途径。"车尔尼雪夫斯基说："美是生活；任何事物，我们在那里看得见，依照我们的理解应当如此的生活，那就是美的；任何东西，凡是显示出生活或使我们想起生活的，那就是美的。"王国维说："一切之美皆为形式之美。"朱光潜说："美是客观方面的某些事物、性质和形态适合主观方面的意识形态，可以交融在一起而成为一个完整形象的那种特质。"李泽厚说："人的主观意识、愿望、想象、情感、意志的对象化，来作为象征、符号、艺术作品，亦即主客观的统一，就产生美。"他强调的是客观性和社会性的统一。王一川说："美就是孔子在泰山之巅瞥见的茫茫云雾中的天下，就是梅杜萨木筏上人们在天边的苦海中遥望到的远方若隐若现的航船，就是陈子昂在幽州台上为之'涕下'的'悠悠天地'，就是浮士德一生不懈追求的终极目的，就是孔子在《韶》乐沉醉中体验到的尽善尽美的仁爱世界，就是李商隐朝思暮想的永恒的美人幻想。"雨果说："美向四面流泻着欢乐，放射出幸福的火花，在黑暗里发出光明，在命运中绣上金线，是雅致、和谐、仁爱的总汇。美岂不是在为人造福吗？美，因为是美，就使我们受益不浅。"还说，"理想是逻辑的最高峰，而美是真的顶端。艺术的民族同时也是彻底的民族，爱美就是要求先行。"罗丹说："在艺术中，有'性格'的作品才算是美的……那些没有性格的，就是说毫不显示外部的和内在的真实的作品，才是丑的。在自然中越是丑的，在艺术中越是美。"

综上所述，关于"美"的定义堪称百花齐放，百家争鸣。正因为人们对"美"的定义众说纷纭，说明了"美"是复杂的、深刻的，"美"又是丰富多彩的。但尽管如此，有人还是把美学家对"美"的本质的探索大致分为"主观派"、"客观派"、"主客观统派"和"实践美学"四派。

"主观派"认为"美"不在物，而在心，在精神，是人的主观感受，是由审美意识所创造的。要从人的精神世界和心理功能上去寻求"美"的根源。英国唯心主义哲学家休谟（1711—1776）说过："诗的美，恰当的说并不在这首诗里面，而在于读者的情感和审美情趣。"强调感性经验是一切知识的根源。

“客观派”认为“美”在物体本身、自然和社会本身，是纯客观的，人们的审美快感不过是客观存在的对“美”直接、被动的反映。客观存在是美感的唯一来源。凡是大小得体、比例适当，能体现出“秩序、匀称、明确”的形式就是“美”的。

“主客观统派”力图从主体、客体的关系上来解释“美”，认为“美”是客观对象和主观意识相统一的产物，是主客观的统一。朱光潜说：“美是客观方面某些事物、性质和形态适合主观方面意识形态，可以交融在一起而成为一个完整形象的那种性质。”因此“主客观统派”并不否认，甚至明确肯定“美”不能离开作为其物质载体的对象及其形式，认为对象之所以美的决定因素和根源是人的心灵，是人的情感、想象“移入”。

“实践美学”从马克思主义唯物辩证法的原理出发，认为“美”是基于生成的创造活动，这种创造活动是通过实践来实现的，认为应从人类实践对现实的能动作用中来探讨“美”的本质，使自然人化，自然才美，并具有客观社会性，“美”是人的实践产物。人通过实践使人成为审美的主体，形成审美意识，并随着实践的发展而具有特定的社会历史内容，美的本质就在于关系的和谐。李泽厚认为“美”的根源就是“自然的人化”，即实践。所谓“自然的人化”是物质化，是物质生产劳动实践。“美”的本质（即自由的形式）是“人类和个体通过长期实践所自己建立起来的客观力量和活动。”

我们认为“美”是一种价值，是事物的属性。“美”是指具有感染力，能引起人们产生美感的社会人文客观事物本质属性的展现。“美”是一种和谐，是一种事物特性对审美主体缺失的补偿，或者是对审美主体自身和谐程度的认定。也就是说审美主体具有不完美的地方，需要环境事物对其不完善的地方进行修正。这种修正过程，可以是对审美主体进行某些物质量的补充，也可以是对其进行一些类型的作用。只要对主体事物具有修正的作用，那么这些事物或者作用对象就对审美主体具有美的功能。相对于审美主体而言也必将是美的。而人对自身的欠缺程度的审定认识，也决定了审定自身美的基础，欠缺程度越大，人自身的系统也越不和谐，距离“美”也就越远。

“美”的形态千姿百态，任何形式和内容的美，都可以成为审美主体的审美对象。按存在领域，一般可分为自然美、社会美、艺术美、科学美、心灵美等。按表现形态，一般可分为优美、崇高、和谐、悲壮、愉悦、高兴等。

二、旅游审美的构成及其基本特征

所谓旅游审美，就是围绕旅游和通过旅游来进行美的创造和美的欣赏，由旅游审美主体、旅游审美客体、旅游审美关系三大要素构成。

（一）旅游审美主体

1. 旅游审美主体的概念

旅游审美主体是指旅游审美行为的承担者，具体地讲是指有着内在审美需要、审美追求，并与旅游资源（或旅游产品）构成一定审美关系的旅游者。

旅游产品的吸引力一方面与旅游产品本身的特质有关，另一方面与旅游者自身的文化素质和审美情趣、审美能力有关。如果旅游者不具备一定的文化素质和审美情趣、审美能力，旅游产品的吸引价值就会大大下降，甚至消失。

2. 旅游审美主体的特点

（1）精神活动的主体　旅游审美活动是一种以主体内在的审美需求为根据和动因的活动，审美需求在审美活动中具体化为主体特有的欲望、兴趣、情感与意识上不同层次的需求。在旅游审美活动中，旅游者追求的主要是精神享受，物质享受是次要的。

（2）情感活动的主体　旅游者在旅游审美活动中主要处于一种情感状态，否则就不可能进入审美境界获得旅游真正的乐趣。在旅游审美活动中，旅游者追求的是一种情感活动与情感交流的愉悦。

（3）自由的、生命活动的主体　旅游审美同其他审美活动一样，是摆脱了生理需要支配的活动，是脱离了对“物”的绝对依赖性的活动。旅游审美主体不是粗陋的物质需要者，也不是低级的实用主义者，而是能对审美对象凝神观赏，不涉及日常功利，不为物质欲望所纠缠的享有高度生命自由的人。例如真正欣赏黄山奇松的游客，绝不会产生此木可烧炭或打家具的念头。在旅游审美活动中，旅游者追求的是一种精神的放飞和生命的自由。

3. 旅游审美主体的审美尺度

旅游审美主体的审美尺度（即审美标准）有两种：一是形式韵律尺度，通常称为形式美尺度，根源于人的心理结构和作为自然生命体的活动规律，如均衡、对称、比例、韵律等；二是形式意蕴尺度，根源于人的社会文化心理和活动规律，与社会的理性观念相联系。如东方人偏爱静美与伦理美、理想美，西方人偏爱动美与科学美、现实美；我国北方人偏爱阳刚之美，南方人偏爱阴柔之美。

（二）旅游审美客体

1. 旅游审美客体的概念

旅游审美客体是指旅游审美行为所及的客体。具体地说，就是具有审美价值属性（即符合“美的法则”）与主体结成一定审美关系的旅游资源和旅游产品。

2. 旅游审美客体的特点

（1）规模性　指旅游审美客体一般是包括一个区域的风光，旅游审美主体可置身于风景之中进行欣赏，达到景随步移、步移景换的审美快感。这与欣赏一件艺术品不一样，因为艺术品只能从外部观赏。

（2）广泛性　指旅游审美客体的丰富多样性，融自然、社会、艺术、生活于一炉，包罗万象。

（3）协调性　特指风景体现了人与自然之间的协调关系，即自然景观美与人文景观美的有机融合。

（4）变化性　即风景的时间变化性，风景在一定程度上受季节变换的支配。

（三）旅游审美关系

旅游审美关系，是指旅游审美主体为了实现其审美需要，在审美实践活动过程中，与旅游审美客体之间的认识和被认识的关系，以及旅游审美客体的审美价值的认识与被认识的关系。这种认识关系，表现为作为外在物理世界的旅游审美客体，与作为内在心理世界的旅游审美主体的知觉感受和审美愉悦。而这种认识关系，是审美主体在其对自然审美客体的审美实践活动过程中，使自然审美客体成为“人化”认同的自然，才建立起来的。而对社会人文审美客体，是不需要“人化”认同的。

旅游审美主体对审美客体在审美实践活动中所构成的认识和被认识关系，又是建立在对审美客体具有审美价值和意义的认识基础之上的。审美客体的审美价值越得到充分展现，审美主体的认识就越深刻，其获得的美感就越加深。

第二节　旅游审美文化的类型与特征

旅游审美文化，是指旅游主体（审美主体）为了追求美的享受，对旅游客体（审美客体）或审美对象的美，在其开展旅游审美活动过程中，所展现的精神文化、行为文化、制度文化和物质文化的总和。

旅游审美领域大体可分为自然领域、艺术领域和社会活动领域，在展开的过程中历史地形成了自然审美文化、艺术审美文化和社会审美文化三种类型。

一、自然审美文化

自然审美文化，是指审美主体以大自然为审美对象开展审美活动，所展现的一种审美文化形态，也可谓之物态审美文化。因为大自然本来就是一种“物态”客体。对旅游主体来说，它也是直接的审美对象，而且是现在旅游审美活动中最重要的审美对象。

人类审美在自然领域的展开相对较晚（因自然审美观受人与自然关系的制约，远古时代人类与自然之间存在敌对、疏远的关系），随着社会生产力的进步，随着人类心智的开化，人类逐渐将自然由实用对象转化为审美对象。这种转变在中国大体始于先秦（如《诗经》中对山水风景的描写、庄子的“天地有大美”的观点），成于魏晋南北朝时期（此时期人的精神世界大大地得到自由解放，因而便有谢灵运、陶渊明一类“倾耳听波澜”、“性本爱丘山”的文人涌现，以及山水诗文的勃兴）。在西方，对自然客体的审美是很晚的，他们对山的秀美，缺少认识，直到19世纪，才开始有肯定的态度，山被描绘成“令人尊敬的”、“壮观的”、“高雅的”和“自然美的精髓”。他们对大海的向往，也是在19世纪的事。直到“二战”以后，自然审美文化，才有了快速的发展。

就当今时代来看，自然界在现代旅游审美活动中的地位仍非常高，这是因为在工业化、城市化的进程中，越来越多的人渴望获得“久在樊笼里，复得返自然”的乐趣。

二、艺术审美文化

旅游活动中的艺术审美文化，是指旅游者与作为旅游审美客体的各种艺术作品发生“同构”关系而产生的文化形态。艺术作品具有鲜明的主体性特点，它决定了旅游活动中艺术审美文化的特点。

一是这种审美文化具有主导性、强制性，从而使得导游人员介入旅游者审美过程具有重要意义（如雕塑的鉴赏）。

二是艺术品的审美价值主要在于它的内在意蕴，这种内在意蕴是社会文化的历史积淀，欣赏艺术作品必须具备一定的艺术修养。

三是艺术审美对旅游者的反馈影响独特而深刻。艺术审美不仅具有娱乐作用，还具有审美认识和审美教育作用，使人受到真、善、美的熏陶，思想上受到启迪，引导人们正确地认识生活，树立正确的人生观和世界观。

三、社会审美文化

社会审美文化，是指审美主体以人类历史的物质文化和精神文化及其相关事象为审美对象，开展审美活动所形成的一种文化形态。也就是以人类的物质成果、精神成果、生存状态、社会交往活动、生产活动，以及社会的政治、经济、宗教信仰、伦理道德、风俗礼教等社会系统事象为审美对象，开展审美活动而产生的文化形态。

旅游者所到之处，必然会以审美的态度观察、体验这些美，由此形成一种社会审美文化形态。我国有关部门曾对一批美国游客做过旅华目的调查，结果显示，美国游客对中国人民的生活方式、习俗和伦理道德感兴趣的占一半多，远远超过以游山玩水为主要目的的人数比例。

从旅游接待地的角度看，需要重视三个问题。一是要有意识地拓宽社会审美的领域，有目的地开发一些具有典型性的社会劳动、生活场景的旅游产品（如宜昌车溪的农家博物馆）。二是要意识到接待地的良好社会风尚的养成，特别是对旅游接待地居民亲切、热情待客态度的培养，是增强旅游吸引力的重要途径（热情好客的民风也是重要的旅游资源，如夏威夷、成都等地）。三是要加强旅游服务人员的职业道德教育（旅游服务人员良好的职业道德，无形中会强化旅游者的审美感受和道德体验）。

上述三类旅游审美文化对于旅游审美主体来讲，常常是水乳交融、合为一体的，因此在旅游业的实际工作中，必须对旅游审美文化加以综合分析和灵活运用。

第三节　旅游审美文化的时空差异

由于文化具有地域性、民族性、时代性、变易性等特点，旅游审美也就具有时空上的差异，从而形成旅游审美文化的时空类型差异。

一、旅游审美文化的时间差异

审美文化的形成必然受制于时代的社会经济状况，必须与该时代人们的世界观、生活方式、思维方式相适应。随着社会时代的发展变化，人的审美意识、审美文化也在不断地演进。不同的时代，具有不同的审美观，旅游审美文化也是一样，同样具有时间差异。

审美文化的时代差异首先体现在环境取向方面，不同时代，人们对于风景所做的美学判断有很大的区别。如在城市化时代，过去被不屑一顾的荒野的自然美慢慢进入到人们的视野之中，这就是神农架、大宁河小三峡、张家界、九寨沟、喀纳斯湖等旅游地游客云集的原因。

不同文化和不同历史时期的人对自然大致有三种取向。

第一种是人屈从于自然。这主要是在生产力低下的社会，与旅游审美文化关系不大。

第二种是人凌驾于自然之上。原因与西方社会的犹太教、基督教传统文化观念和过去 200 多年的科学技术迅速发展和工业革命有一定关系，在人类中心主义这种取向的指引下，人们倾向于在征服自然、改造自然的过程中发现美，于是工业化城市等大规模的人造环境得到人们的青睐。

第三种是人设法与自然和谐相处。它以“天人合一”为最高目标，如在工业化高度发达的今天，人们越来越渴望摆脱城市的喧嚣和功利困扰，投入大自然的怀抱，体验和追求人与自然的和谐统一。

当代旅游审美文化的变迁，还表现在多样化、世界化、超功利化等方面，这些变化同样应当引起旅游界的高度重视。面对上述变化与挑战，旅游开发者理应进行深层次的思考，与时俱进地开发、经营旅游产品。

二、旅游审美文化的空间差异

不同文化中的人对同一现象的情感体验可能大不相同，如笛卡儿所说：“同一件事情可以使这批人高兴的要跳舞，却使另一批人伤心的要流泪。”同理，中西旅游者对同一景观产生的审美体验肯定也是大不相同的。中西旅游审美文化差异很大，主要体现在以下三方面。

（一）中国人特别关注山水景观所附载的人文美；而西方则关注山水景观本身的自然美

中国曾有一句话：“文因景成，景借文传”。可以说在我国，大多数有名的山水景观都是因为有名人贤士与之发生关系，而得到永久的称颂，如江南三大名楼。岳阳楼的出名很大程度上是由于北宋著名文学家范仲淹写了一篇不朽的散文《岳阳楼记》。据说当时巴陵郡守藤子京是很有才华的人，在楼落成之时，凭楼远眺，不禁诗兴大发。范仲淹应藤子京之请，为岳阳楼作记，写得更好。文情并茂、感人肺腑，很多警句已成为后人待人处世的格言：“先天下之忧而忧，后天下之乐而乐”两句，更为世人所传诵。黄鹤楼的成名与崔灏的《黄鹤楼》密不可分。唐代诗人崔灏一首“昔人已乘黄鹤去，此地空余黄鹤楼。黄鹤一去不复返，白云千载空悠悠。”成为千古绝唱，也使黄鹤楼名声大噪。历代的名人如李白、白居易、贾岛、陆游等都曾先后到黄鹤楼游览，吟诗、作赋，更为它添色不少。滕王阁因王勃的《滕王阁序》而名扬四海，上元二年（653年），洪州都督阎伯屿在此大宴宾客，王勃席间所作《滕王阁序》成为传诵千古的名篇。

“落霞与孤鹜齐飞，秋水共长天一色。”这是王勃盛赞滕王阁的名句，今人登上滕王阁，心头浮上的仍少不了这两句。而西方游客则关注山水景观本身的自然美。如车尔尼雪夫斯基这样来描写水：“水由于它的形状而显现出美，辽阔的、一平如镜的宁静的水在我们的心里产生宏伟的形象。奔腾的瀑布，它的气势是令人震惊的，它奇怪特殊的形象令人神往。水，由于它的灿烂透明，它的淡青色光辉而令人迷恋，水把四周的一切如画地反映出来，把这一切屈曲地摇曳着，我们看到的水是第一流的写生画家。”由此可见，西方人欣赏水的美，在于它的形状、气势，它的灿烂透明，它的淡青色光辉。水由于它本身的美而美，而不是所附载的其他东西。

（二）中国人的旅游审美集中于抒情的印象重现；西方人的旅游审美则集中于风景的对象描写

艺术家林风眠先生提出：东西风景画表现方法的不同，实则就是东西风景审美的不同。为了看出两者的差异，我们无妨拿中国的风景画——水墨画，和西方的风景画——油画作比较。中国的风景画“尺幅之间见深远”，不讲究比例尺寸，更接近于概括与含蓄的真实。“图外有画，咫尺千里，余味无穷”、“只见片断，不逞全形”，以表现情绪为主，各家皆饱览山色而在情绪浓厚时抒发其胸中之所积，所画皆是一种印象，很少对着实景作画。而西方的风景画则是对象的描写，以模仿自然为能事。中国国画采取非科学的“散点透视”方法，不重阴影明暗，不讲层次，立体感不强，虚实也不明晰，但却气韵生动，其内在精神与韵致得到充分表达，是谓神似。西方油画借助焦点透视法，重远近层次、阴影明暗，把模仿的逼真性(形似)作为衡量艺术成败的主要尺度。这一差异是怎样造成的呢？中国崇尚“天人合一”，注重人的主体精神，认为艺术不在模仿自然，而在表达受自然感动之“心”；不在再现外物，而在抒情言志。西方“天人分离”，把风景作为独立的对象来研究，把审美客体放在首位。西方传统文化以天人相分、主客二分为根基，在人与自然的关系上，表现为人作为认识和实践主体，处在自然、世界之外、之对面，观察、思考、研究它，并进而改造、征服它。强调通过逻辑思维，借助光学、化学等自然科学的成果对客体的外在形式进行精确地观察把握。

（三）中国人的风景审美目的在于舒适精神、怡悦性情；西方人的目的在于追求形式美的享受以及光感、色彩、空间感的真实性

中国南朝诗人陶弘景曾作诗：“山中何所有，岭上多白云。只可自怡悦，不堪持赠君。”据说当时的皇帝几次邀请陶弘景下山做官，都遭到拒绝，陶弘景以此诗说明了其中的原委。苏轼游赤壁，在赤壁那一望无垠的江面上感悟到：“浩浩乎如冯虚御风，而不知其所止；飘飘乎如遗世独立，羽化而登仙。”忘记一切烦恼，只感到自己长了翅膀，就要成仙了。还有陶渊明的“久在樊笼里，复得返自然。”“采菊东篱下，悠然见南山。山气日夕佳，飞鸟相与还，此中有真意，欲辨已忘言。”等都让人感觉到中国古人的审美情趣所在。由此可见，中国人在旅游审美中以“自适、畅神”为宗旨，体现出重视人性自由的审美情调。自适、畅神是一种精神上的自我观照，是面对风景所产生的超功利的人性自由，是一种沉入意境的心灵状态。而西方因为深受自古希腊以来的形式主义美学思想的影响，十分看重物体的形式美。西方人认为“美”是一定数量关系的差异与统一所达到的和谐。比如雕刻艺术，西方人曾概括出人体雕刻美的三个原则：①头与全身比例为1:7；②重心在一只脚上；③动作与肌肉要柔化。总之，身体各部分都应按一定比例来造型。所绘物象，立体、逼真，虚实分明，如可触摸。西方很多名著都是按照这些“美”的原则铸造的。如达芬奇的名画“最后的晚餐”，其总体设计为几何图形，以数学的对称为基础，一条长桌，后面三扇窗子，光线从中间射入照在耶稣身上，耶稣两边各有六个弟子，且分为三人小组，每人的动作在构图上形成匀称和平衡。由此可见，色彩的对比、光线的明暗、凸凹的立体感等形式美是西方人所追求的。

综上所述，中西旅游审美是有很大差异的，如果说中国人的审美是一种玄境的话；西方人的审美则是一种真境。中西旅游审美文化的差异亦即重人和重物思想的差异。中国人偏于抒情，西方人偏于写实；中国人偏于对理想美的寄托，西方人偏于对现实美的享受。当然，随着中西文化的不断交流和融合，这种差异有可能逐渐缩小或者发生某些变化，但那必将是一个相当漫长的过程，而且旧的地域差异缩小或消失了，新的地域差异又会产生和出现，世界永远是丰富多彩的！

探讨中西审美文化的差异具有现实意义，准确地把握这些差异，有助于组织对路的旅游产品，提供恰如其分的服务，从而有利于我国旅游业的健康发展。

【案例】

游历山川，寻访胜迹，可以陶冶情操，增长知识。然而会看的看门道，不会看的看热闹。由于审美主体的修养不同，得到的审美享受也大相径庭。

“龙眼识珠，凤眼识宝，牛眼识青草。”为什么同一审美客体，会随着旅游者不同的修养，而变得“一景千面”呢？这是因为知识和修养不同，而仁者见仁，智者见智。因此遨游于美的长河，必须努力学习，有意识、有目的地加强知识修养和艺术修养，提高自身的审美能力。法国艺术家罗丹说：“对于我们的眼睛，不是缺少美，而是缺少对美的发现。”要发现美，光靠直觉而无一定的审美修养和相关知识是难以奏效的。有了知识和艺术修养，还需要有健康的审美趣味。审美趣味是多样化的，有高低之分，也有健康与病态之分。每个人的审美情趣都有个性差异，这种差异除了先天高级神经活动的类型不同之外，更重要的是取决于后天的环境和教育。因此要提高旅游审美能力，就必须端正观点，培养健康的情趣，此外旅游活动还需要良好的审美心境，一个人心情的好坏，能影响他的五官感受能力，心境开朗，就会感觉敏锐，登山则情满青山，临海则意溢于海；反之，心境抑郁，感受就会迟钝，而心境愁闷，则可能失去审美兴趣。

中华民族历来有着旅游审美，寓美于游的传统意识。比如孔夫子的“智者乐水，仁者乐山”；陶渊明的“少无适俗韵，性本爱丘山”；谢灵运的“山水有清晖，清晖能娱人”等等。至于近代、现代的仁人志士流连景观，披奇抉奥，从探索自然、人文之美者更是不在少数，方志敏烈士说：“雄伟的峨嵋，妩媚的西湖，幽雅的雁荡，与夫秀丽天下的桂林山水，可以一世，令人称羡……这好像我们的母亲，她身上的每一部分，都是令人羡慕之美。”至今仍感人至深，发人深省，这就是我们中华民族旅游审美的优良传统，无疑应当弘扬光大。

（**资料来源**：谢中．浅谈旅游审美[J/OL]．(2007-12-15) http：//www.xtgsxxw.com/Navigation/ Detail_592.aspx.）

【分析】

1. 根据材料，谈谈如何提高自身的旅游审美能力。
2. 根据材料，谈谈如何弘扬中华民族审美的优良传统。

【思考题】

1. 美的概念和内涵是什么？
2. 何谓旅游审美主体、旅游审美客体？
3. 旅游审美文化有哪些类型？
4. 为什么要研究旅游审美文化的空间差异？

第四章　旅游饮食文化

【学习目标】

- 了解饮食文化和饮食文化旅游的概念
- 熟悉中国菜肴文化特色、中国八大菜系，及东西方食文化的差异
- 熟悉茶文化内涵、特征及与旅游之间关系
- 熟悉酒文化内涵及特征
- 东西方饮食文化的差异

【知识要点】

- 饮食文化和饮食文化旅游的概念
- 中国菜肴文化特色
- 中国茶文化内涵、特征及与旅游之间的关系
- 中国酒文化内涵及特征
- 东西方饮食文化的差异

第一节　饮食文化概述

一、饮食文化

饮食文化是人们在长期饮食生产和消费过程中创造和引发的一切物质、行为和精神的现象及其关系的总和，指的是人们在日常生活中的饮食行为和习惯，主要包括食物本身的属性，制作过程和仪式，用餐的器具、环境、礼仪及风俗等。

饮食文化包括食源的开拓，食物原料的选择、运输、储存，取食和造食工具的创造，能源的开发利用，食品加工技术的形成与提高，美食的创造，食器的改进等；还包括饮食知识经验的总结与积累，以及食医、食疗的发展，食经、

食谱的记录整理，食礼和食俗的制定和遵守，饮食哲学观点的升华等；还有关于饮食的文化活动，它涉及到材料（生物、农业）、工艺（物理、化学）、卫生（生理、营养）、品位（心理、美学）、社会（信仰、礼俗）、精神成果（哲学、文学）等众多学科。

二、饮食文化旅游

饮食是旅游的六大要素之一，不少游客把品尝异地风味饮食作为重要的旅游动机，饮食往往可以成为一个地方文化的窗口。

所谓饮食文化旅游，就是指将饮食文化与旅游活动相结合，以品尝美食、了解饮食文化为主要内容，以游览所在地的自然景观与人文景观为辅助内容的特色旅游。它是一种以独具特色的各色食物、饮食程序、方式、规则等为旅游外在吸引物，使旅游者在参与制作、品尝各色食物的同时，得到审美的旅游活动。

饮食文化是文化的重要组成部分，对于满足旅游者日益提高的旅游需求品位、促进旅游业的发展，发挥重要的作用。它不仅仅只是简单的饮食特色旅游，更是一种高层次的饮食文化旅游，饮食文化与旅游活动相结合，对于提升民族文化经济价值，促进旅游业和餐饮业的发展，无疑有着积极的意义，并将形成旅游业的又一个开发热潮。

第二节　异彩纷呈的食文化

中国菜肴文化历史悠久，烹调技艺精湛，闻名寰宇，在世界上素有“饮食王国”之美誉。

中国人讲吃，不仅仅是一日三餐，解渴充饥，中国的饮食文化往往蕴含着中国人认识事物、理解事物的哲理，从表面上看是一种生理满足，但实际上“醉翁之意不在酒”，是借吃这种形式表达了一种丰富的心理内涵。食文化已经超越了“吃”本身，获得了更为深刻的社会意义，体现人们热爱生活、彰显自我、追求高雅、注重体验、丰富情趣的文化载体和符号，是一项包含着丰富社会意义的重要文化活动。

一、中国菜肴文化

（一）中国菜肴文化特色

中国是文明古国，其悠久的饮食文化在漫长的历史发展过程中形成了极为鲜明的民族特色，中国菜肴文化有以下五个特点。

（1）风味多样　由于我国幅员辽阔，地大物博，各地气候、物产、风俗习惯都存在着差异，长期以来，在饮食上也就形成了许多风味。我国一直就有“南米北面”的说法，口味上有“南甜北咸东酸西辣”之分，主要有巴蜀、齐鲁、淮扬、粤闽四大风味。

（2）四季有别　一年四季，按季节而吃，是中国烹饪又一大特征。自古以来，我国一直按季节变化来调味、配菜，冬天味醇浓厚，夏天清淡凉爽；冬天多炖焖煨，夏天多凉拌冷冻。

（3）讲究美感　中国的烹饪，不仅技术精湛，而且有讲究菜肴美感的传统，注意食物的色、香、味、形、器的协调一致。对菜肴美感的表现是多方面的，无论是一个红萝卜，还是一个白菜心，都可以雕出各种造型，独树一帜，达到色、香、味、形、美的和谐统一，给人以精神和物质高度统一的特殊享受。

（4）注重情趣　我国烹饪很早就注重品味情趣，不仅对饭菜点心的色、香、味有严格要求，而且对它们的命名、品味的方式、进餐时的节奏、娱乐的穿插等都有一定的要求。中国菜肴的名称可以说出神入化、雅俗共赏。菜肴名称既有根据主、辅、调料及烹调方法的写实命名，也有根据历史典故、神话传说、名人食趣、菜肴形象来命名的，如“全家福”、“将军过桥”、“狮子头”、“叫化鸡”、“龙凤呈祥”、“鸿门宴”、“东坡肉”……

（5）食医结合　我国的烹饪技术与医疗保健有密切的联系，在几千年前有“医食同源”和“药膳同功”的说法，利用食物原料的药用价值，做成各种美味佳肴，达到对某些疾病防治的目的。

（二）著名菜系及其名品

我国的菜系，是指在一定区域内，由于气候、地理、历史、物产及饮食风俗的不同，经过漫长历史演变而形成的一整套自成体系的烹饪技艺和风味，并被全国各地所承认的地方菜肴。菜肴在烹饪中有许多流派，鲁、川、苏、粤四大菜系形成历史较早，后来，浙、闽、湘、徽等地方菜也逐渐出名，渐渐形成了我国的“八大菜系”。

1. 鲁菜

山东地处我国胶东半岛，依山傍海，物产丰富。山东历史悠久，是我国古代齐鲁文化的发源地。鲁菜早在春秋时期已负盛名，是我国北方菜的代表。到了元朝，鲁菜的风格更加鲜明，制作更加精湛，在华北、东北、北京、天津等地广为流传。此时山东菜还传进宫廷，成为御膳的主体。传统鲁菜擅长烹调海鲜与禽兽，讲究清鲜。自鲁菜进入京城后，久为官场享用，所以选料十分精细，多用当地特色的原料和新鲜的海产品，采用多种烹调方法精心制作。其特点是清香、鲜嫩、味纯，既讲究真材实料，又讲究丰满实惠。鲁菜至今仍有大鱼大肉、大盘大碗的特点，请客宴会以丰满实惠著称。鲁菜的代表菜如葱烧海参、糖醋鲤鱼、德州扒鸡、清汤燕菜等皆给人留下了清香鲜美、酥脆质嫩的美好回味。在鲁菜在发展过程中，也广泛地吸收了全国各地菜系之所长，成为我国影响最大的菜系之一。

2. 川菜

四川是天府之国，物产富饶。川菜渊源流长，历史悠久。其烹调技法博大精深，调味品纷繁而富有特色，故菜肴的口味丰富而独特，素有“一菜一格，百菜百味”之美誉。由于四川气候潮湿，因此四川人吃辣椒是出名的，吃辣椒能祛寒除湿。在所有的川菜中，无论是炒菜、凉菜，还是在汤里都要放辣椒。著名的重庆火锅其最大的特点就是味浓香辣。四川人吃辣的方式多样，有单用辣椒的吃法，但更多的是辣椒与花椒并用的麻辣味。川菜善于因时因地制宜，灵活掌握味道的浓与淡、麻与辣，使味道浓淡有别、清鲜醇浓。川菜的用料比较大众化，一般的禽畜鱼蔬鲜都可。但烹调方式十分多样，且精工细做，对刀工切配、色味火候都有独特的要求。川菜是由地道的四川家常菜发展而成，虽然也有名贵的燕窝鱼翅做成的豪华菜式，但其中给人回味至深的代表菜却是麻婆豆腐、鱼香肉丝、水煮牛肉、河水豆花、花肚火锅一类的家常菜。由此可见，川菜具有典型的大众性，是中国民间食文化的基础，深受广大民众的欢迎。

3. 苏菜

江苏位于我国东南沿海，长江的下游。这里气候温和，土地肥沃，盛产稻、麦、棉、蚕、鱼等土特产，素有“鱼米之乡”的美誉。“春有刀鲚夏有鲥，秋有肥鸭冬有蔬”一年四季各种禽蛋、瓜果蔬菜、水产、土产不断上市，这为苏菜的形成与发展提供了有利条件。经过长期的演变与发展，江苏的食文化积累了丰富的烹饪经验，烹调技术日臻完善，逐步形成了以淮扬、南京、苏锡三种地方菜为主体的江苏菜系。苏菜的主要特点是选料以鲜活、鲜嫩为佳，制作精细，注重刀工火候，四季有别。如“淮扬狮子头”这一名菜随季节变化而用不同原料烹制，春秋宜清炖、冬季宜烩焖，春季做河鲜芽笋狮子头、秋季做蟹粉狮子头、冬季做芽菜风鸡狮子头等，因时而异。苏菜在调味上讲究清淡入味，追求清香四溢、淡香扑鼻，注重色泽鲜艳、清爽悦目。苏菜是我国主要的传统菜系之一，在国内外享有较高声誉。

4. 粤菜

广东人以吃闻名，是中国食文化的开拓者和实践者。广东地处亚热带，地形多变，物产丰饶。同时广东又处在中外交流的枢纽，天南海北的游客、商人云集，使广东的食文化丰富多彩，“食在广东”已名扬海内外。粤菜包括广州、潮州、东江等地方菜。粤菜风味独特，用料广泛。各种奇珍异食无所不吃，“野味香”之名，脍炙人口，令人回味。其原料有来自深山密林中的猴子、果子狸等走兽，也有鹧鸪、山鸡、禾花雀等飞禽；既有钻地打洞的穿山甲，也有树上跳跃的松鼠；既有叫声令人惊悸的猎头鹰，也有草中长蛇，水上野鸭；既有水里游的鱿鱼、鳞虾，也有四脚爬行的乌龟、甲鱼；既有鱼翅、燕窝、海参等珍品，也有家中猫、野地老鼠等动物……这些野生动物大多其貌不扬，名声不佳，然而经过广东高明的厨师加工烹调后，便成了味道鲜美、营养丰富的桌上佳馔，口中奇珍。丰富多彩、营养上乘的广东菜、广东小吃和食品使广东人大饱口福，但广东人对“吃”的要求也越来越高，广东人的食文化吃出了情调，吃出了享受。

5. 浙菜

浙江气候温和，土地肥沃。境内有平原、山区、丘陵绵延、河流纵横、湖泊水库星罗棋布，自然条件非常优越。浙江人心灵手巧，善于动脑，加上浙江文化发达、历史悠久，因此浙菜有其独到之处。浙菜的特点是选料时鲜、制作精细、色彩鲜艳、味道鲜美。浙菜魅力巨大，正如诗人白居易所赞“清明土步鱼初美，重九团脐蟹正肥，莫怪白公抛不得，便论食品亦忘归。”经过长时期的演变发展，以杭州、宁波、绍兴等三个地区为代表的浙江菜系以其独特的风味誉满中外。

6. 闽菜

福建位于我国东南沿海，境内山岭耸峙，丘陵起伏，河谷与盆地错落，素有“八山一水一分田”之称。这里气候温暖湿润，盛产热带作物，特产丰富，水产发达。福建历史悠久，是“海上丝绸之路”的起始驿站，也是我国海洋文化的发源地。闽菜起源历史早，由福州、泉州、厦门等地方菜组成，擅长烹调海鲜及当地土特产。其特点是色彩绚丽、味鲜而清淡、咸中略带酸甜。驰名的闽菜有佛跳墙、雪花鸡、八宝鲟饭、太极明虾等。闽菜继承了我国烹饪技艺的优良传统，以其浓厚的地方色彩和独特的福建风味而香飘中外。

7. 湘菜

湖南地处我国长江中游，洞庭湖以南，境内水系纵横，气候潮湿。湖南奇山秀水，物产富饶。湘菜由湘江流域、洞庭湖区和湘西地方风味构成，其特点是制作精细，用料广泛，讲究原料的入味。口味偏重咸、辣、酸、香，以辣为特色。湘人食辣成瘾，无论男女老幼皆嗜辣成癖，一顿没有辣椒便会菜饭不香，正所谓“无辣不成味”。著名的湘菜有麻辣子鸡、红煨鱼翅、火方银鱼、油辣冬笋尖等。

8. 徽菜

安徽位于华东的西北部，兼跨长江、淮河流域，区内平原、丘陵、山地俱全，河流湖泊交错，物产丰盛。徽菜分南北两大菜系，即皖南徽菜与江淮徽菜。徽菜是我国八大菜系之一，起源较早，取材于本地区的土特产，又以当地传统的烹调方法烧制，形成了独特的地方风味。徽菜以烹制山珍野味而著称，如传统风味“火腿炖甲鱼”和“红烧果子狸”就是选用皖南地区特产沙地马蹄鳖、雪天牛尾狸做主料。其特点是量大油重，朴素实惠，善于保持原汁原味。徽菜虽取料朴素，但色、香、味俱全，可谓物美价廉。安徽淮南人能凭借豆腐征战全国，实在不易。如有机会品尝几道传统的徽菜，定有“日啖徽菜一二道，不辞长作徽州人”之感。

除以上介绍的中国八大菜系之外，我国还有许多其他的地方菜系和品种繁多的地方风味。我国的食文化始终贯穿于人类文明的发展史中，随着社会进步，中国的饮食文化定会更加繁荣兴旺。

二、东西方食文化的差异

不同的民族和国家存在着各具特色的食文化，其丰富性和多样性也正是不同民族创造性的体现。中国与英美等西方国家对于食文化的观点和态度、内容及特点等方面都存在着显著的差异。揭示这些差异以及内在的原因，有助于从理论和实践两个方面深化跨文化交际研究。

（一）观念态度上的差异

1. “泛食主义”对比“食（实）用主义”

在中国，饮食已上升到了一种几乎超越其他一切物质形态和精神形态的举足轻重的层面，这也反映在人们日常生活中的各个方面。其中最为常见的要算是中国人之间相互询问的那句“你吃了吗?”。中国人每天要做的第一件事，也往往是吃，或为吃做准备。《礼记·礼运》中说 “夫礼之初，始诸饮食”，这种礼的精神贯穿在饮食活动的过程中，也构成了中国食文化的逻辑起点。有许多学者将中国人的这种特有的“民以食为天”的观念称之为“泛食主义”的文化倾向。在中国文化中，不管是物质的还是精神的，似乎都可以吃，甚至连看不见、摸不着的风也可以吃，如人们常说的“喝西北风”等。

而在英、美等西方国家，饮食往往只作为一种生存的必要手段和交际方式。美国心理学家亚伯拉罕·马斯洛在著名的需求定律中将人的需求由低级到高级划分为五个层次，饮食则被划分在第一层，即作为人类的最低级的需求。在此之上还有安全需求、情感需求、尊重需求及自我实现需求。就交际手段而言，《美国礼仪事典》一书中讲到宴请的目的时作了如下总结：“向提供服务者表示感谢；对刚刚达成的一笔交易表示庆祝；为了赢得客户或新客户的信任；请人帮忙；引见他人；建议或讨论某些想法……”从中不难看出，“吃”虽然重要，但是从文化的意义上看，在西方国家只是停留在简单的交流、交际的层面上，并没有像在中国那样被赋予更多、更为重要的“使命”，更谈不上是“众礼之源”。

2. “讲排场”对比“简单、随意”

中国与英、美等西方国家在宴会观念上存在着根本区别。中国人请客吃饭重视饭菜本身，讲究排场，酒菜要丰盛，一般的正式宴请至少要上七八道菜，这还不包括开始上的冷盘、小吃，中间上的甜点以及最后上的主食（面条、米饭等）。菜肴越丰富、越珍贵就越能体现出主人的殷勤和客人的身份，而且饭菜一般要大大超过主人和客人所能消耗的量，否则就不足以显示主人的好客。这大概源于中国人的传统价值观念：“持家要俭，待客要丰。”正是由于这些传统观念的影响使中国人在请客吃饭时讲究排场，重视饭菜的质量和数量，最为典型的莫过于清朝的“满汉全席”。

在西方，盛大的西餐宴席通常不过是六道菜，而且其中只有两道算得上是菜，其余不过是陪衬；平时宴请饭菜更为简单。在美国，有时朋友聚餐会采取大家作贡献的方式，称为“Pot-luck”，即每人都带一样菜，让大家共享。还有一种聚会，称为“Party”，主人只提供饮料、酒和一些简单的食物，如奶酪、炸薯条、三明治等，并不提供饭菜。可见他们将吃饭看成是聚会和交流的机会，是重温旧谊和结交新友的机会，也是获得信息的场所，吃的东西固然必不可少，但并不是最重要的，更不需要摆阔气、讲排场。受这一观念的影响，西方的宴会并不重吃，而重宴会形式的自由化、多样化；主人要千方百计地创造出一种轻松、和谐、欢快的气氛，让客人们享受一段自由自在的美好时光。

3. “集体主义”对比“个体主义”

通常中国人请客吃饭采取的是一种“共享”的方式，大家共享一席，共享桌上的菜肴。往往一道菜刚上桌，在主人的殷勤招呼下，众人群箸齐下，通力合作，共同“消灭”盘中之物，场景好不热闹，最后结账也是争相付钱。这大概源于“饮食所以合欢也”的集体主义思想，强调突出的是一个“合”字。而受个体主义思想的影响，西方人请客吃饭的习惯却是每人一份，且主客双方各自点餐，不必考虑他人的口味和喜好，用餐时只吃自己的盘中餐，付钱也往往采取 AA 制，自己付自己的账。

（二）内容的差异

1. “求精、求美”对比“讲营养、重均衡”

中西饮食的内容也存在着较大差异。由于受到“泛食主义”文化倾向的影响，中华饮食文化内容丰富，迄今为止已经孕育并产生了诸多菜系和流派，其中最具代表性的有鲁、川、粤、闽、苏、浙、湘、徽八大菜系。每一种菜系和菜肴都体现了一个“精”字。孔子说过“食不厌精，脍不厌细”，这反映了先人对饮食的精品意识，这也是对中华饮食内在品质的概括。这种精品意识已越来越广泛地渗透到整个饮食活动的过程中，从选料、烹调、配伍、器皿乃至环境都强调这个“精”字。与此同时中国人还相当重视饭菜的味道，强调“美”字。根据《说文解字》的解释，所谓美是“甘也，从羊从大”，得出中国人的审美意识源于“甘”这一味觉感受，吃了膘肥体壮的羊肉才能体会美的滋味。林语堂先生在《生活的艺术》一书中有过这样一段精辟的论述：“中国人对于快乐的观念是温、饱、黑、甜——指吃完了一顿美餐上床去睡觉的情景。所以有一位中国诗人说‘肠满诚好事，余者皆奢侈’。”西方国家对此不得不甘拜下风。英国的传统饭菜比较单一乏味，烹饪技术与中国相比更是望尘莫及，至今许多菜式还是从其他国家引进的。但是西方人却很重视饮食的营养价值，力求口味清淡和膳食的均衡。早餐往往是一个鸡蛋、一杯牛奶、几片面包再加上一根香肠，热量非常充足；午餐往往是自助快餐；即使是最讲究的晚餐也不外乎是面包、薯条、香肠、牛排、炸鸡、奶酪等，简单但营养十分丰富，这正是由于受到“食用主义”思想的影响。西方人在摄取食物时基本是从营养学的角度来理解饮食的，饮食只是一种手段，所以态度也就较为随便，吃的也较为简单，饮食基本上不占重要位置，故而不会过分地追求口味。

2. 菜名的差异

中国的菜名中往往包含了很多历史、文化的信息，如“东坡肉”，传说是根据宋代著名的大文豪苏东坡流传下来的食谱做成的；“宫保鸡丁”，相传是根据秦朝一官员特制的食谱而做成的，而这位官员的官职就叫“宫保”。有的菜名还与典故、传说有关，如“霸王别姬”典出西楚霸王项羽和他的爱妃虞姬；“佛跳墙”则是根据民间传说，相传这道菜的香味引得寺庙里的和尚们纷纷跳出院墙。

随着饮食业的不断发展，菜肴的内容也不断变化，推陈出新，菜名也就出现了一些新的变化。

与之相比，西餐中的菜名要简单得多，往往一目了然。以风靡全球的“肯德基”（Kentucky Fried Chicken）餐厅为例，光从店名就知道，这是一家炸鸡店。而店中的食品如炸鸡腿、香辣鸡翅、炸薯条、汉堡包，以及新近推出的墨西哥鸡肉卷、海鲜汤等，几乎无一不是以原料加上烹饪方法或地名来命名的。其他一些西餐厅里经常出现的菜肴，如意大利面条、意大利比萨饼、烤牛排、水果色拉等也是如此。这对中国人而言，似乎少了一些文化的“味道”，但却符合西方人的“口味”，符合西方社会快节奏的工作和生活，省去了不必要的思考时间，简化了吃喝的过程。

综上所述，中西食文化在观念态度、内容等方面存在的差异，都可以从文化上找到根源。当然中西方食文化的差异具有相对性。全球化态势下的跨文化交际，使多样性的食文化增加了互补性和兼容性。

第三节　源远流长的茶文化

茶叶是以茶树新梢上的芽叶嫩梢（称鲜叶）为原料加工而成的饮品。它与咖啡、可可并称为世界三大饮料。中国是茶的故乡，是茶树的原产地，又是最早发现茶叶功效、栽培茶树和制成茶叶的国家。茶文化是我国民族文化宝库中的精品，是中国饮食文化的重要组成部分。

一、茶文化内涵

（一）茶文化的定义

我国《茶叶大辞典》把“茶文化”定义为：人类在社会历史发展过程中所创造的有关茶的物质财富和精神财富的总和。它以物质为载体，反映出明确的精神内容，是物质文明与精神文明高度和谐统一的产物，属“中介文化”。

茶文化具有广义和狭义之分。广义的茶文化是指人类在社会发展历史过程中所创造的有关茶的物质财富和精神财富的总和。狭义的茶文化特指人类创造的有关茶的精神财富，如茶史、茶诗、茶道、茶艺、茶叶制作等，其中最核心的是茶道和茶艺。

茶文化内容包括茶的历史发展、茶区人文环境、茶业科技、千姿百态的茶类和茶具、饮茶习俗和茶道茶艺、茶书、茶画、茶诗词等文化艺术形式，以及茶道精神与茶德、茶对社会生活的影响等诸多方面。

（二）茶文化的基本结构

1. 茶文化的物质层次

这是茶文化结构的表层部分，是人们可以直接感受到的茶文化的内容。它是指人类有关茶的物质生产过程及其物质生产的实体性、器物性成果，例如茶叶的栽培、制造、加工、保存技术、茶水、茶具等物质实体，以及茶馆、茶室等实体设施。

2. 茶文化的制度层次

这个层次是茶文化物质层与精神层的中间层次，构成了茶文化的个性特征。它包括有关茶的法规和礼俗两大部分，即所谓“在上为礼，在下为俗”。例如唐代实行的“贡茶制”、“茶税法”，宋代实行的“茶马交易”，以及明清严厉执行的“茶禁”等，还有我国各族人民在长期饮茶过程中受传统文化影响形成的民风民俗。

3. 茶文化的精神层次

这个层次是茶文化的深层次结构和核心部分。它是将茶的天然属性和社会特征升华为一种精神象征，将茶事活动上升为精神活动。例如将饮茶与人生处世相结合，上升到哲学高度，形成茶道、茶德等。

在茶文化结构的三个层次中，物质层次与制度层会随着生产力的变更和社会变革发生变化，而处于茶文化核心的精神层则难以发生根本性的变化，并且它长久地积淀于我国民族文化的深层，构成中华民族特有的心理结构，影响一代又一代人的思维方式、价值观念和审美情趣。

（三）茶文化的基本特征

1. 历史性

茶文化形成和发展的历史非常悠久。有记载武王伐纣时期，茶叶已作为贡品。原始社会后期，茶叶成为货物交换的物品。战国时期，茶业已有一定规模。先秦《诗经》总集有关于茶的记载。汉朝，茶叶成为佛教“坐禅”的专用滋补品。魏晋南北朝，已有饮茶之风。隋朝，全民普遍饮茶。唐代，茶业昌盛，有“人家不可一日无茶”之说，出现茶馆、茶宴、茶会，提倡客来敬茶。宋朝，流行斗茶、贡茶和赐茶。清朝，曲艺进入茶馆，并开始发展茶叶对外贸易。茶文化是伴随商品经济的出现和城市文化的形成而孕育诞生的。历史上的茶文化注重文化意识形态，以雅为主，着重于表现诗词书画、品茗歌舞。茶文化在形成和发展中，融入了儒家思想、道家和释家的哲学色泽，并演变为各民族的礼俗，成为优秀传统文化的组成部分和独具特色的一种文化模式。

2. 民族性

从民族性来说，中国是一个多民族国家，56个民族都有自己多姿多彩的茶俗。蒙古族的咸奶茶、维吾尔族的奶茶和香茶、藏族酥油茶、苗族和侗族的油茶、佤族的盐茶，主要是用茶作食，重在茶食相融；傣族的竹筒香茶、回族的罐罐茶等，主要追求的是精神享受，重在饮茶情趣。尽管各民族的茶俗有所不同，但按照中国人的习惯，凡有客人进门，不管是否要喝茶，主人敬茶是少不了的，不敬茶往往被认为是不礼貌的，因为客来敬茶，自古以来就是我国人民重情好客的礼仪。从世界范围看，各国的茶道、茶艺、茶礼、茶俗，在饮茶的统一性下都清晰地表现出其民族性的区别。如日本茶道的宗教色彩（特别是禅宗）很浓，并形成严密的组织形式，茶道的表演也非常严格，甚至繁琐，对日本民众日常饮茶的普及没有产生直接的影响；东南亚国家如马来西亚、新加坡等国受汉文化影响较深，习惯清饮乌龙、普洱、花茶，茶俗与我国南方相仿或相近；非洲地区各民族饮茶习俗则以西北非的薄荷糖茶为代表，煮薄荷糖茶有一套程序和专用茶具，所用茶叶主要是我国珍眉、珠茶等高档绿茶；欧美地区各民族的茶俗以英国的英式饮茶法为代表。

3. 区域性

从其区域性来说，“千里不同风，百里不同俗”。中国地广人多，由于受历史文化、生活环境、社会风情以至地理气候、物质资源、经济条件、生活水平等多方面影响，呈现出明显的区域性特点。如对茶叶的需求，在一定区域内是相对一致的。南方人喜饮绿茶，北方人崇尚花茶，福建、广东、台湾人欣赏乌龙茶等，这些都是茶文化区域性的表现。

4. 国际性

古老的中国传统茶文化同各国的历史、文化、经济及人文相结合，演变成英国茶文化、日本茶文化、韩国茶文化、俄罗斯茶文化和摩洛哥茶文化等。在英国，饮茶称为生活的一部分，是英国人表现绅士风度的一种礼仪。日本茶道源于中国，具有浓郁的日本民族风情，并形成独特的茶道体系、流派和礼仪。韩国人认为茶文化是韩国民族文化的根，每年5月24日为全国茶日。中国茶文化是各国茶文化的摇篮，茶人不分国界、种族和信仰。

5. 时代性

物质文明和精神文明建设的发展为茶文化注入新的内涵和活力。在当今社会主义建设新时期，茶文化内涵及表现形式正在不断扩大、延伸、创新和发展。特别是改革开放以后，茶文化作为民族优秀文化的组成部分，得到社会各界的认可和推崇，作为传统文化重要载体的茶文化也随时代的发展而融入现代文化理念和时代新元素。

二、中国茶文化

中国茶文化是中国制茶、饮茶的文化。中华茶文化源远流长，博大精深。

（一）中国茶文化的发展历史

茶的发现和利用相传起源于神农时代，距今已有四五千年的历史。陆羽《茶经》记载："茶之为饮，乎神农氏"。东汉华佗《食论》中："苦茶久食，益意思"，记录了茶的医学价值。西汉将茶的产地命名为"茶陵"，即湖南的茶陵。三国时魏国的《广雅》中已最早记载了饼茶的制法和饮用。

茶文化的出现，是在汉魏两晋南北朝时期。最早喜好饮茶的多是文人雅士，汉代司马相如的《凡将篇》，扬雄的《方言》都是有名的茶赋，一个从药用，一个从文学角度都谈到茶。两晋南北朝时，一些有眼光的政治家提出"以茶养廉"，以对抗当时的奢侈之风。魏晋以来天下骚乱，文人无以匡世，渐兴清谈之风，饮宴成了终日高谈阔论的助兴之物，所以最初的清谈家多酒徒，如竹林七贤。后来清谈之风发展到一般文人，但豪饮终日不醉者毕竟少数。而茶则可长饮，且始终保持清醒，于是清谈家们就转向好茶，所以后期出现了许多茶人。

唐代是中国茶文化的辉煌时期。唐代中叶，陆羽撰成中国也是世界上第一部茶叶专著《茶经》。《茶经》的问世具有划时代的意义，使茶学真正成为一种专门的学科，从而使茶文化发展到一个空前的高度。《茶经》的面世，奠定了中国茶文化的理论基础。中唐以后，陆羽被奉为茶神，茶作坊、茶库、茶店、茶馆都有供奉。唐朝茶文化的形成与当时的经济、文化发展相关。唐朝国力强盛，疆域广阔，注重对外交往。长安是当时著名的政治、文化中心，中国茶文化正是在这种大气候下形成的。茶文化的形成还与当时佛教的发展、科举制度、诗风大盛、贡茶兴起、禁酒等有关。

宋代是我国茶文化的兴盛期。我国素有"茶兴于唐，盛于宋"之说。进入宋代，宫廷兴起的饮茶风俗极大地推动了茶业发展，市民茶文化和民间斗茶之风兴起，茶成为人民生活的必需品。由于宋代著名茶人大多数是著名文人，加快了茶与相关艺术融为一体的过程。

明清时期我国茶文化得到了进一步的普及发展。明代茶文化的主要表现为大量制作和普及散茶，并完成了炒青工艺，刻意追求茶叶特有的造型、香气和滋味，于是绿茶、青茶、黑茶、白茶等精品纷纷出现。茶的饮法由煮饮改为冲泡，从而简化了饮茶的繁琐过程，易于人们品茶。一改宋代崇金贵银的习气，陶质、瓷制茶具大受欢迎，紫砂茶具尤受推崇；茶书兴盛，对茶文化的各个方面加以整理、阐述和开发，其影响一直至今。

新中国成立后，我国茶叶产量增长很快，为我国茶文化的发展提供了坚实的物质基础。茶艺交流蓬勃发展，茶文化社团应运而生，茶文化节不断举办，茶书推陈出新，茶文化教学研究机构相继建立。1982年，在杭州成立了第一个以弘扬茶文化为宗旨的社会团体——“茶人之家”；在陆羽的故乡湖北天门成立了“陆羽茶文化研究会”；1991年中国茶叶博物馆在杭州正式开放；1993年“中国国际茶文化研究会”在湖州成立；1998年中国国际和平茶文化交流馆建成等。随着茶文化的兴起，各地茶艺馆越办越多，各省市及主产茶县纷纷主办“茶叶节”，如福建武夷市的岩茶节、河南信阳的茶叶节等不胜枚举。

（二）我国的主要名茶鉴赏

1. 杭州龙井

龙井茶产于浙江杭州的龙井村，历史上曾分为“狮、龙、云、虎”四个品类。龙井属炒青绿茶，一向以“色绿、香郁、味醇、形美”四绝著称于世。好茶还需好水泡，“龙井茶、虎跑水”被并称为杭州双绝。虎跑水中有机氮化物含量较多，而可溶性矿物质较少，因而更利于龙井茶香气、滋味的挥发。冲泡龙井茶可选用玻璃杯，因其透明，茶叶在杯中逐渐伸展，一旗一枪，上下沉浮，汤明色绿，历历在目，仔细观赏，真可说是一种艺术享受。

2. 苏州碧螺春

碧螺春产于江苏吴县太湖之滨的洞庭山。碧螺春茶叶用春季从茶树采摘下的细嫩芽头炒制而成。高级的碧螺春，每0.5千克干茶需要茶芽六七万个，足见茶芽之细嫩。炒成后的干茶条索紧结，白毫显露，色泽银绿，翠碧诱人，卷曲成螺，故名“碧螺春”。此茶冲泡后杯中白云翻滚、清香袭入，是中国名茶之一。

3. 黄山毛峰

毛峰产于安徽黄山，这里山高林密，日照短，云雾多，自然条件十分优越，茶树得云雾之滋润，无寒暑之侵袭，蕴成良好的品质。黄山毛峰采制十分精细，制成的毛峰茶外形细扁微曲、状如雀舌、香如白兰、味醇回甘。

4. 庐山云雾

云雾茶产于号称“匡庐秀甲天下”的江西庐山。庐山北临长江，南傍鄱阳湖，气候温和，山水秀美，十分适宜茶树生长。庐山云雾芽肥毫显，条索秀丽，香浓味甘，汤色清澈，是绿茶中的精品。

5. 六安瓜片

此茶产于皖西大别山茶区，其中以六安、金寨、霍山三县所产最佳。六安瓜片每年春季采摘，成茶呈瓜子形，色翠绿，香清高，味甘鲜，耐冲泡。此茶不仅可消暑解渴生津，而且还有极强的助消化作用和治病功效，明代闻龙在《茶笺》中称，六安茶入药最有功效，因而被视为珍品。

6. 恩施玉露

此茶产于湖北恩施，恩施玉露是我国保留下来的为数不多的一种蒸青绿茶，其制作工艺及所用工具相当古老，与陆羽《茶经》所载十分相似。恩施玉露对采制的要求很严格，芽叶须细嫩、匀齐，成茶条索紧细，色泽鲜绿，匀齐挺直，状如松针；茶汤清澈透明，香气清鲜，滋味甘醇，叶底色绿如玉。“三绿”（茶绿、汤绿、叶底绿）为其显著特点。

7. 白毫银针

这是一种白茶，产于福建北部。白毫银针色白如银，细长如针，因而得名。冲泡时，“满盏浮茶乳”，银针挺立，上下交错，非常美观；汤色黄亮清澈，滋味清香甜爽。由于制作时未经揉捻，茶汁较难浸出，因此冲泡时间应稍延长。白茶味温性凉，可健胃提神、祛湿退热，常作为药用。

8. 君山银针

君山银针产于湖南岳阳洞庭湖中的君山岛，始于唐代，清代纳入贡茶。据《巴陵县志》记载：“君山产茶嫩绿似莲心”，君山银针茶香气清高，味醇甘爽，汤黄澄高，芽壮多毫，条真匀齐，着淡黄色茸毫。冲泡后，芽竖悬汤中冲升水面，徐徐下沉，再升再沉，三起三落，蔚成趣观。古人形容此茶如“白银盘里一青螺”。

9. 信阳毛尖

信阳毛尖主要产地是河南省信阳深山区，部分乡镇的高山区和浅山区。中国名茶之一，素来以“细、圆、光、直、多白毫、香高、味浓、汤色绿”的独特风格而饮誉中外。具有生津解渴、清心明目、提神醒脑、去腻消食等多种功效。

10. 武夷岩茶

此茶产于福建崇安县武夷山。武夷岩茶属半发酵茶，制作方法介于绿茶与红茶之间。其主要品种有“大红袍”、“白鸡冠”、“水仙”、“乌龙”、“肉桂”等。武夷岩茶品质独特，它未经窨花，茶汤却有浓郁的鲜花香，饮时甘馨可口，回味无穷。

11. 安溪铁观音

此茶产于闽南安溪。铁观音的制作工艺十分复杂，制成的茶叶条索紧结，色泽乌润砂绿。好的铁观音，在制作过程中因咖啡碱随水分蒸发还会凝成一层白霜；冲泡后，有天然的兰花香，滋味纯浓。用小巧的工夫茶具品饮，先闻香，后尝味，顿觉满口生香，回味无穷。

12. 普洱茶

此茶产于云南西双版纳等地。普洱茶是采用绿茶或黑茶经蒸压而成的各种云南紧压茶的总称，包括沱茶、饼茶、方茶、紧茶等。普洱茶的品质优良不仅表现在它的香气、滋味等饮用价值上，还在于它有可贵的药效。

13. 祁门红茶

祁门红茶产于安徽省祁门县等地，已有 100 多年的历史，为我国传统工夫红茶中的著名品种。此茶素以香气芬芳馥郁、茶叶浓醇鲜爽、条索细紧匀齐、制工精细而闻名，被誉为“祁门香”。其茶汤加入牛奶后，汤色粉红，而香味不减。

14. 花茶

福州茉莉花茶，产于福建省福州，属再加工茶类。其品种有东风、灵芝、银毫、峨眉、凤眉、秀眉、雀舌毫、明前绿等。花茶的花香浓郁、鲜灵持久，滋味醇厚，汤色黄绿明亮，耐泡。高档品种三泡仍香显味浓。名茶的形成与名酒的形成一样，除需独特的工艺技术外，更与地理环境有关系，如低山、丘陵的地形，酸性的土壤，温暖湿润、多云雾的气候条件等。“云雾山中出好茶”就说明了这方面的道理。

（三）茶艺与茶道

“茶艺”是指制茶、烹茶（茶的冲泡技法）、品茶的艺术，特别是烹（泡）茶的艺术。

泡茶既要讲究实用性、科学性，又要讲究艺术性。首先要对泡茶的水进行选择，一是甘而洁，二是活而鲜，三是贮水得法。泡茶的水，一般都用天然水，如泉水、溪水、江水、湖水、井水、雨水、雪水等，其中以泉水最好。自来水是通过净化后的天然水，有时使用过量的氯化物消毒，气味很重，应先将水贮存 24 小时后再用火煮沸泡茶。水质以硬度较低的软水为好。此外不同茶的冲泡技法都有比较严格的要求，茶具（泡茶与盛茶的器皿）的选择也很有讲究。

“茶道”可简单地解释为茶之道，是指沏茶，品茶的一种程序。若深入地解释，“茶道”还应从精神层面理解。它不但讲究表现形式，而且注重精神内涵。

“茶道”与“茶艺”既有联系也有区别，二者共同构成了中国茶文化的核心。

如果说“茶艺”是指制茶、烹茶（茶的冲泡技法）、品茶等茶艺之术的话，那么“茶道”则是茶艺过程中所贯彻的精神。前者有名有形，是茶文化的表现形式；后者则是精神、道理、规律、本源和本质，是看不见、摸不着，只能通过心灵去体会的内在表现形式。二者结合，艺中有道，道中有艺，是物质与精神高度统一的结果。茶文化之核心为茶道，中国器物文化能上升到道的层次的唯有茶文化，茶道是茶与道的融合与升华。对茶道的认识有助于我们深入地理解茶文化，更有助于我们把握和弘扬底蕴深厚的中华传统文化。

一般认为，中国茶道的基本精神是“和、静、怡、真”。“和”即和谐、平衡，追求中庸之美；“静”即要求宁静的氛围和空灵虚静的心境；“怡”即追求和悦、神怡的身心感受；“真”即追求物之真、道之真、情之真、性之真。真是中国茶道的起点，也是中国茶道的终极追求。综合一些专家、学者的观点，我们认为“和美、清心、养性”是茶文化的本质，也是茶道的核心。

总之，茶艺与茶道是茶文化的核心，其中茶道是茶文化的灵魂，是指导茶文化活动的最高原则。

茶文化是中国传统文化的重要组成部分，通常人们在旅游活动中对传统文化都有浓厚的兴趣。因此无论是茶文化的专项旅游，或是在一次旅游活动中，恰如其分地安排一些茶文化的内容，如观赏茶艺表演、品名茶、观看茶歌茶舞、观赏选购茶具、品尝茶餐茶菜、自己动手学制茶学泡茶、参观和考察茶文化遗迹等等，都会给游客带来新鲜感、愉悦感，既增长知识，又愉悦心情，达到探奇求知的目的。在旅游活动中充分利用当地的茶文化资源，把茶文化的知识性、观赏性、可参与性很好地与旅游结合起来，既可丰富旅游活动的内容和文化内涵，同时也宣传和普及了茶文化知识，弘扬了茶文化，促进经济的繁荣与发展。

第四节　博大精深的酒文化

一、酒文化内涵

（一）酒文化定义

关于酒文化这一概念的内涵和外延，萧家成先生在 1994 年提出：“酒文化就是指围绕着酒这个中心所产生的一系列物质的、技艺的、精神的、习俗的、心理的、行为的现象的总和。”酒文化主要包含两个方面的内容：一是酒本身所带有的文化色彩；二是饮酒（包括用酒）所形成的文化意义。

酒的文化魅力主要表现在酒人、酒事、酒礼、酒俗等方面。关于酒人，人们认为仪狄、杜康是酿酒的始祖，李白、刘邦、杜甫、白居易、苏轼等历史名人都嗜酒成性，他们的许多事迹与酒有关。关于酒事，著名的有项羽饮酒悲歌，卓文君当垆卖酒，曹操煮酒论英雄，王羲之醉书《兰亭帖》，欧阳修与《醉翁亭记》等。我国的酒礼、酒俗更是丰富多彩。

学者们认为应在美学的文化层面上研究酒文化，有的学者用品酒、饮酒时获得愉悦的美感说明这一点。酒的美学内涵可分为结构美、个性美、风味美、意境美。香乃酒之形，味乃酒之魂，触乃酒之体，三者共同构成酒的结构美特征。许多学者提出，注意挖掘酒的美感特征，从人类低级的生存需要向更高级的审美需求发展，有利于提高酿酒、饮酒的文化品位，促进酒业的健康发展。

（二）酒文化基本特征

酒文化不仅通过物的部分——酒来表现，更多的是通过人类在改造自然环境中所获得的品格和行为方法，以及由此所积聚起来的风俗、礼仪、意识等的复合体表现出来。随着经济的发展和人民生活水平的提高，酒文化的内容也越来越丰富。

1. 体现高层次物质需求或精神需求

根据马斯洛的需求层次理论，人类只有当生存需要得到保证以后才会去追求酒类消费。所以酒类消费所蕴含的是一种高级物质享受或精神享受，是一种以文化价值为基础的“感性商品”。

2. 酒文化内容的广泛性和表现的多层面性

酒文化表现在酿酒技术和工艺的探索改进上，经几千年的经验积累，既形成了一个独特的科技门类，也是酿酒工艺的历史文化积淀。在饮酒器具上，五花八门的酒器反映了人们在陶瓷工艺、烧制技术及美术鉴赏等方面的历史进程。民间饮酒，敬神祭祀礼制，长幼尊卑有法度等酒礼酒俗，莫不是酒文化的最直接表现。中国文学史上历代墨客骚人的酒文、酒赋、酒诗、酒词、酒歌、酒曲等，给后世留下了令人击节叹赏的文学精品。

3. 酒文化的含蓄性和约束性

由于亚洲酒文化受儒家伦理道德的影响，形成了以“酒礼”、“酒德”为主要内容的儒家酒文化思想，把酒当作是礼仪的象征，饮酒活动是人们学礼、施礼，进而达到人、天合一的一个重要途径。因而孔子曾提出酒德是“唯酒无量，不及乱”，即饮酒的多少各人不同，没有具体数量的限制，但饮酒之后要保持神志清醒，不放荡形骸，否则便是无酒德了。

4. 酒文化的怀旧性

酒的生产或消费，都被传统酒文化刻上了深深的历史烙印，至今仍绝对地影响着人们的酒类生产方式和消费习惯。如人们普遍认为“酒是陈的香”，习惯喝浓香型酒的就不喜欢酱香型酒等，这是大多数人受传统思想的影响而表现出的固有惯性。在西方，红葡萄酒的瓶子上都会标明制酒的年份，这种明显的惯性，是酒文化怀旧的表现。

二、中国酒文化

（一）中国酒文化发展历史

在几千年漫长的历史过程中，中国传统酒文化呈阶段性发展。

1. 启蒙期

前 4000~前 2000 年，即由新石器时代的仰韶文化早期到夏朝初年，经历了漫长的 2 000 年，是我国传统酒的启蒙期。用发酵的谷物来泡制水酒是当时酿酒的主要形式。

2. 成长期

从前 2000 年的夏王朝到前 200 年的秦王朝，历时 1 800 年，是我国传统酒的成长期。在这个时期，由于有了火，出现了五谷六畜，加之酒曲的发明，使我国成为世界上最早用曲酿酒的国家。醴、酒等品种的产出，仪狄、杜康等酿酒大师的涌现，为中国传统酒的发展奠定了坚实的基础。就在这个时期，酿酒业得到很大发展，并且受到重视，官府设置了专门酿酒的机构，酒由官府控制。酒成为帝王及诸侯的享乐品。

3. 成熟期

由前 200 年的秦王朝到 1000 年的北宋，历时 1 200 年，是我国传统酒的成熟期。在这个时期，《齐民要术》《酒法》等科技著作问世；新丰酒、兰陵美酒等名优酒开始涌现；黄酒、果酒、药酒及葡萄酒等酒品也有了发展；李白、杜甫、白居易、杜牧、苏东坡等酒文化名人辈出。

4. 提高期

由 1000 年的北宋到 1840 年的晚清时期，历时 840 年，是我国传统酒的提高期。其间由于西域的蒸馏器传入我国，从而导致了举世闻名的中国白酒的发明。从此这 800 多年来，白、黄、果、葡、药五类酒竞相发展，绚丽多彩，而中国白酒则欣欣深入生活，成为人们普遍接受的饮料佳品。

5. 变革期

自 1840 年到现在，历时 170 年，是我国传统酒的变革期。在此期间，西方先进的酿酒技术与我国传统的酿造技艺争放异彩，使我国酒苑百花争艳，春色满园。啤酒、白兰地、威士忌、伏特加及日本清酒等外国酒在我国立足生根；竹叶青、五加皮、玉冰烧等新酒种产量迅速增长；传统的黄酒、白酒也琳琅满目，各具特色。特别是在这一时期的后期，即新中国建立的60多年来，中国酿酒事业进入了空前繁荣的时代。

（二）中国名酒鉴赏

中国名酒按酒的种类分别评定。在全部名酒中，白酒类名酒数量最多。中国的白酒，各地区均有生产，以山西、四川、贵州等地产品最为著名。主要有茅台酒、汾酒、泸州老窖特曲、五粮液、洋河大曲、剑南春酒、古井贡酒、董酒等。名酒的品评、鉴赏主要应从色（色泽）、香（气味）、味（滋味）三个方面把握。

1. 茅台酒

茅台酒被尊为中国国酒，以独特的色、香、味为被人称颂，以清亮透明、醇香回甜而名甲天下。茅台酒一般为 52% vol~54% vol，产于贵州省仁怀县茅台镇，因产地而得名。全国评酒会对贵州茅台酒的风格做了“酱香突出，幽雅细腻，酒体醇厚，回味悠长”的概括。它的香气成分达110多种，饮后的空杯长时间余香不散。有人赞美它有“风味隔壁三家醉，雨后开瓶十里芳”的魅力。茅台酒香而不艳，它在酿制过程中从不加半点香料，香气成分全是在反复发酵的过程中自然形成的。它的酒度一直稳定在52% vol~54% vol之间。在调配时，从不加入一滴水，都是以酒勾酒，因此酒度低而不淡，纯洁、微黄、晶莹，柔绵醇厚，既不刺喉，又不打头，饮后令人愉快舒畅，荡气回肠，且有舒筋活血、促进健康、益寿延年的功效。

2. 汾酒

汾酒产于山西省汾阳县杏花村，是我国名酒的鼻祖，距今已有1 500多年的历史。我国最负盛名的八大名酒，都和汾酒有着十分亲近的“血缘”。汾酒的原料是产于汾阳一带晋中平原的“一把抓”高粱和甘露如醇的“古井佳泉水”。这使汾酒清亮透明，气味芳香，有入口绵绵，落口甘甜，回味生津的特色，一直被推崇为“甘泉佳酿”和“液体宝石”。汾酒酿造有一套独特的工艺，“人必得其精，粮必得其实，水必得其甘，曲必得其明，器必得其洁，缸必得其湿，火必得其缓。”形成了独特的品质风味。汾酒虽为60% vol高度酒，却无强烈刺激的感觉，有色、香、味“三绝”的美称，为我国清香型酒的典范。

3. 泸州老窖

泸州老窖特曲产于四川泸州，明末清初以“温永盛”和“天成生”两家酒厂最为著名。具有“浓香、醇和、味甜、回味长”的特色，饮后回味绵长，心神愉快，已成为浓香型白酒的典型，分为 60% vol 和 55% vol 两种。喝时无辛辣感，只觉回肠转气、香沁肌骨。

4. 五粮液

五粮液产于四川宜宾市五粮液酒厂，因以五种粮食：高粱、大米、糯米、玉米、小麦为原料而得名。其水取自岷江江心，质地纯净，发酵剂用纯小麦制的“包包曲”，香气独特。五粮液酒液清澈透明，开瓶时香气浓郁，扑鼻而来；饮后余香不尽，属浓香型酒。

5. 洋河大曲

洋河大曲产于江苏省泗洋县洋河镇洋河酒厂，清初已闻名于世。“闻香下马，知味停车；酒味冲天，飞鸟闻香化凤；糟粕入水，游鱼得味成龙；福泉酒海清香美，味占江南第一家。”酒液无色透明，醇香浓郁，余味爽净，回味悠长，是浓香型大曲酒，有“色、香、鲜、浓、醇”的独特风格。

6. 剑南春

剑南春产于四川省绵竹县酒厂，是我国历史悠久的名酒之一。唐代以“春”命酒，绵竹是当年剑南道上一大县，由此得名。相传唐代李白曾在绵竹 “解貂续酒”，有“士解金貂，价重洛阳”的佳话。以高粱、大米、糯米、玉米、小麦五种谷物为原料，经精心酿制而成，属浓香型。酒度有 62% vol 和 52% vol 两种。其特点为芳香浓郁，醇和回甜，清洌净爽，余香悠长。

7. 古井贡酒

古井贡酒产于安徽亳县古井贡酒厂。厂内一口古井已有 1 400 年历史。当地多盐碱，水味苦涩，独此井之水清澈甜美，用以酿酒，酒香浓郁，甘美醇和，该井被称为“天下名井”。自明万历年间就为进贡之酒。古井贡酒酒液清澈透明，香如幽兰，黏稠挂杯，余香悠长，属浓香型酒，酒度为 60% vol ~62% vol。

8. 董酒

董酒产于贵州省遵义市董酒厂，酒度 60% vol，因厂址坐落在北郊董公寺而得名。董酒是我国白酒中酿造工艺最为特殊的一种。它采用优质高粱为原料，以“水口寺”地下泉水为酿造用水，小曲、小窖制取酒醅，大曲、大窖制取香醅，酒醅香醅串烧而成。风格既有大曲酒的浓郁芳香、干爽味长，又有小曲酒的柔绵、醇和、回甜，还有淡雅舒适的药香和爽口的微酸。

（三）酒礼与酒俗

我国悠久的历史，灿烂的文化，分布各地的众多民族，酝酿了丰富多彩的民间酒礼与酒俗。

1. 酒礼

饮酒作为一种食的文化，在远古时代就形成了一些大家必须遵守的礼节，有时这种礼节非常繁琐，但如果在一些重要的场合下不遵守，就有犯上作乱的嫌疑。明代的袁宏道，看到酒徒在饮酒时不遵守酒礼，深感长辈有责任，于是从古代的书籍中采集了大量的资料，专门写了一篇《觞政》。这虽然是为饮酒行令者写的，但对于一般的饮酒者也有一定的意义。我国古代饮酒有以下一些礼节。主人和宾客一起饮酒时，要相互跪拜。晚辈在长辈面前饮酒叫侍饮，通常要先行跪拜礼，然后坐入次席。长辈命晚辈饮酒，晚辈才可举杯；长辈酒杯中的酒尚未饮完，晚辈也不能先饮尽。

古代饮酒的礼仪约有四步：拜、祭、啐、卒爵。就是先做出拜的动作，表示敬意；接着把酒倒出一点在地上，祭谢大地生养之德；然后尝尝酒味，并加以赞扬令主人高兴；最后仰杯而尽。在酒宴上，主人要向客人敬酒（叫酬），客人要回敬主人（叫酢），敬酒时还要说上几句敬酒辞；客人之间相互也可敬酒（叫旅酬），有时还要依次向人敬酒（叫行酒）。敬酒时，敬酒的人和被敬酒的人都要“避席”，起立，普通敬酒以三杯为度。

2. 酒俗

酒与民俗不可分，诸如农事节庆、婚丧嫁娶、生期满日、庆功祭奠、奉迎宾客等民俗活动，酒都成为中心物质。农事节庆时的祭拜庆典若无酒，缅情先祖、追求丰收富裕的情感就无以寄托。婚嫁之无酒，白头偕老、忠贞不二的爱情无以明誓。丧葬之无酒，后人忠孝之心无以表述。生宴之无酒，人生礼趣无以显示。饯行洗尘若无酒，壮士一去不复返的悲壮情怀无以倾述。总之，无酒不成礼，无酒不成俗，离开了酒，民俗活动便无所依托。

（1）生期酒　老人生日，子女必为其操办生期酒。届时，大摆酒宴，至爱亲朋、乡邻好友不请自来，携赠礼品以贺。酒席间，要请民间艺人（花灯手）说唱表演。在贵州黔北地区，花灯手要分别装扮成铁拐李、吕洞宾、张果老、何仙姑等八个仙人，依次演唱，边唱边向寿星老献上自制的长生拐、长生扇、长生经、长生酒、长生草等物，献物既毕，要恭敬献酒一杯，“仙人”与寿星同饮。

（2）婚礼酒　提亲至定亲间的每一个环节中，酒是常备之物。打到话（提媒）、取同意、索取生辰八字，媒人每去姑娘家议事，都必须捎带礼品，其中酒必不可少。婚期定下，男家又酒肉面蛋糖果点心一应俱全，躬请姑娘的舅、姑、婆、姨，三亲四戚。成亲时，当花轿抬进男家大院，第一件事就要祭拜男家列祖列宗，烧酒、猪头、香烛摆上几案，新人双脆于下，主持先生口中念念有辞，最后把猪头砍翻而将酒缓缓洒于新郎新娘面前。之后过堂屋拜天地，拜毕，新人入洞房，共饮交杯酒，寄托白头相守、忠贞不二的爱情。洞房仪式完毕，新人要双双向参加婚礼酒宴者敬酒表示致谢，此时小伙们少不了向新婚夫妇劝酒，高兴起来，略有放肆，逗趣、玩笑自在其间，婚礼酒宴充满民间特有的欢乐情趣。

（3）月米酒　妇女分娩前几天，要煮米酒 1 坛，一是为分娩女子催奶；二是款待客人。孩子满月，要办月米酒，少则 3~ 5 桌，多则 20~30 桌，酒宴上烧酒管够，每人另有礼包 1 个，内装红蛋、泡粑等物。

（4）祭拜酒　涉及范围较宽，一般有两类。一是立房造屋、修桥铺路要行祭拜酒。凡破土动工，有犯山神地神，就要置办酒菜，在即将动工的地方祭拜山神和地神。鲁班是工匠的先师，为确保工程顺利，要祭拜鲁班。仪式要请有声望的工匠主持，备上酒菜纸钱，祭拜以求保佑。工程中，凡上梁、立门均有隆重仪式，其中酒为主体。二是逢年过节、遇灾有难时，要设祭拜酒。除夕夜，各家各户要准备丰盛酒菜，燃香点烛化纸钱，请祖宗亡灵回来饮酒过除夕。此间全家以长幼次序磕头，随及肃穆立候于桌边，三五分钟后，家长将所敬之酒并于一杯，洒于餐申述四周，祭拜才算结束，全家方得起勺用餐。在民间，心有灾难病痛，认为是得罪了神灵祖先，于是就要举行一系列的祭神活动，乞求宽免。其形式仍是置办水酒菜肴，请先生（也有请花灯头目）到家里唱念一番，以酒菜敬献。祭拜酒因袭于远古对祖先诸神的崇拜祭奠。在传统意识中认为万物皆有神，若有扰神之事不祭拜，就会不得清静。

第五节　中西饮食文化比较

餐饮产品由于地域特征、气侯环境、风俗习惯等因素的影响，会出现在原料、口味、烹调方法、饮食习惯上不同程度的差异。正是因为这些差异，餐饮产品具有强烈的地域性。中西文化之间的差异造就了中西饮食文化的差异，而这种差异来自中西方不同的思维方式和处世哲学。

一、饮食观念不同

对比注重“味”的中国饮食，西方是一种理性饮食观念。不论食物的色、香、味、形如何，营养一定要得到保证，讲究一天要摄取定量的维生素、热量、蛋白质等。即便口味千篇一律，也一定要吃下去，因为有营养。这一饮食观念同西方整个哲学体系是相适应的。形而上学是西方哲学的主要特点。西方哲学所研究的对象为事物之理，事物之理常为形上学理，形上学理互相连贯，便结成形上哲学。这一哲学给西方文化带来生机，使之在自然科学上、心理学上、方法论上实现突飞猛进的发展。但在另一些方面，这种哲学主张大大地起了阻碍作用，如饮食文化。在宴席上，可以讲究餐具、讲究用料、讲究服务、讲究菜肴原料形、色方面的搭配，但不管怎么豪华高档，从洛杉矶到纽约，牛排都只有一种味道，无艺术可言。作为菜肴，鸡就是鸡，牛排就是牛排，纵然有搭配，那也是在盘中进行的。一盘“法式羊排”，一边放土豆泥，旁倚羊排，另一边配煮青豆，加几片番茄便成。色彩上对比鲜明，但在滋味上各种原料互不相干、互不调和，各是各的味，简单明了。

中国人是很重视“吃”的，“民以食为天”这句谚语就说明我们把吃看得与天一样重要。如果一种文化把吃看成首要的事，那么就会出现两种现象：一方面会把这种吃的功能发挥到极致，不仅维持生存，也利用它维持健康，这也就是“药补不如食补”的文化基础；另一方面，对吃的过份重视，会使人推崇对美味的追求。

在中国的烹调术中，对美味追求几乎达到极致，以至中国人到海外谋生，都以开餐馆为业，成了我们在全世界安身立命的根本。不过当我们把追求美味作为第一要求时，往往也忽略了食物最根本的营养价值。我们的很多传统食品都要经过热油炸和长时间的文火饨煮，使菜肴的营养成分受到破坏，许多营养成分都在加工过程中损失了。民间有句俗话：“民以食为天，食以味为先。”这种对美味的追求，使我们忽略了吃饭的真正意义。

中国人对饮食追求的是一种难以言传的“意境”，即使用人们通常所说的“色、香、味、形、器”来把这种“境界”具体化，恐怕仍然很难涵盖。

中国饮食之所以有其独特的魅力，关键就在于它的味。而美味的产生，在于调和，要使食物的本味、加热以后的熟味、加上配料和辅料的味以及调料的调和之味，交织融合协调在一起，使之互相补充，互助渗透，水乳交融，你中有我，我中有你。中国烹饪讲究的调和之美，是中国烹饪艺术的精要之处。菜点的形和色是外在的东西，而味却是内在的东西，重内在而不刻意修饰外表，重菜肴的味而不过分展露菜肴的形和色，是中国饮食观最重要的表现。

在中国，对饮食美性的追求显然压倒了理性，这种饮食观与中国传统的哲学思想也是吻合的。作为东方哲学代表的中国哲学，其显著特点是宏观、直观、模糊及不可捉摸。中国菜的制作方法是调和鼎鼐，最终是要调和出一种美好的滋味。这讲究的是分寸，和整体的配合。它包含了中国哲学丰富的辩证法思想，一切以菜味道的美好、谐调为度，度以内的千变万化就决定了中国菜的丰富和富于变化，决定了中国菜菜系的特点乃至每位厨师的特点。

二、中西饮食对象的差异

西方人认为菜肴是用来充饥的，故爱吃大块肉、整块鸡等“硬菜”。而中国的菜肴是“吃味”的，故中国烹调在用料上显出极大的随意性：许多西方人视为弃物的东西，在中国都是极好的原料，外国厨师无法处理的东西，一到中国厨师手里，就可以化腐朽为神奇。足见中国饮食在用料方面的随意性之广博。

据西方的植物学者调查，中国人吃的菜蔬有600多种，比西方多六倍。实际上，在中国人的菜肴里，素菜是平常食品，荤菜只有在节假日或生活水平较高时才进入平常的饮食结构，所以自古便有“菜食”之说，菜食在平常的饮食结构中占主导地位。中国人以植物为主菜，与佛教提倡素食有着千丝万缕的联系。佛教视动物为“生灵”，而植物则“无灵”，所以主张素食主义。

西方人在介绍自己国家的饮食特点时，认为比中国更重视营养的合理搭配，有较为发达的食品工业，如罐头、快餐等，虽口味千篇一律，但节省时间，且营养良好。有人根据中西方饮食对象的明显差异这一特点，把中国人称为植物性格，西方人称为动物性格。

三、饮食方式的不同

中西方的饮食方式有很大不同，这种差异对民族性格也有影响。在中国，任何一个宴席，不管是什么目的，都只会有一种形式，就是大家团团围坐，共享一席。筵席要用圆桌，这就从形式上造成了一种团结、礼貌、共趣的气氛。美味佳肴放在一桌人的中心，既是一桌人欣赏、品尝的对象，又是一桌人感情交流的媒介物。人们相互敬酒、相互让菜、劝菜，在美好的事物面前，体现了人们之间相互尊重、礼让的美德。虽然从卫生的角度看，这种饮食方式有明显的不足之处，但它符合我们民族“大团圆”的普遍心态，反映了中国古典哲学中“和”这个范畴对后代思想的影响，便于集体的情感交流，因而至今难以改革。

西式饮宴上，食品和酒尽管非常重要，但实际上只是作为陪衬。宴会的核心在于交谊，通过与邻座客人之间的交谈，达到交谊的目的。如果将宴会的交谊性与舞蹈相类比，那么可以说，中式宴席好比是集体舞，而西式宴会好比是男女的交谊舞。由此可见，中式宴会和西式宴会交谊的目的都很明显，只不过中式宴会更多地体现在全席的交谊，而西式宴会多体现于相邻宾客之间的交谊。与中国饮食方式的差异更为明显的是西方流行的自助餐。自助餐是将所有食物一一陈列出来，大家各取所需，不必固定在位子上吃，走动自由，这种方式便于个人之间的情感交流，不必将所有的话摆在桌面上，也表现了西方人对个性、自我的尊重。但各吃各的，互不相扰，缺少了一些中国人聊欢共乐的情调。

中西饮食方式的差异归根结底还是感性与理性之间的差异。但是这种差异似乎在随着科学的发展和文化的交融而变得模糊。越来越多的中国人已不再只注重菜的色、香、味，而更注重它的卫生与营养。还有人因为越来越繁忙的工作，觉得中餐做起来太麻烦，不如来个汉堡方便等，这样一来在饮食上的差异也就不太分明了。

【案例】

据报道，深圳人一天吞掉十吨蛇，吃蛇成风。在海南则流行吃鸟，数年下来，原本种类繁多的海南鸟族今已伤残累累、羽光凋零。资料显示，世界上最大的野生动物（包括很多珍稀类）消费地在亚洲，尤以香港、广东、台湾为盛。

为了满足口腹之欲不惜吃断大自然的生物链，可以暴殄天物，管它是优雅的天鹅、濒危的中华鲟，还是兽中之王狮子，统统敢吃。在中国菜的餐单上，你可以找到穿山甲、猴脑、熊胆、寿龟、鹌鹑、灰雁、鹿血、河豚、蛇蟒、大蜥蜴、扬子鳄……

在西方人眼里，这简直是一种恐怖，是一种“暴力饮食”、“犯罪饮食”，唯有魔鬼撒旦才如此癫狂。难怪有人说：中国拥有世界上最大、最复杂、最深不可测的胃！里面竟有那么多惨不忍睹的动物尸体……那简直不是胃，而是世上最大的动物坟墓！

【分析】

1. 根据上述材料，分析中国某些地方饮食的不可取之处。
2. 根据材料，谈谈中西方饮食文化之间的差异，以及从中受到的启示。

【思考题】

1. 何谓饮食文化和饮食文化旅游？
2. 中西方食文化有何差异？
3. 何谓茶文化和酒文化？简要阐述茶文化和酒文化的特征。
4. 简要对比中西方饮食文化。

第五章　旅游住行文化

【学习目标】

- 了解中国古代旅游住行文化的类型
- 掌握中国旅游住行文化的历史演变

【知识要点】

- 旅游住行文化的特征
- 中国古代、近现代旅游住行的类型
- 中国旅游住行文化的历史演变

随着旅游业的蓬勃发展，住、行在旅游的六大要素中为旅游经济的发展贡献了不可小觑的力量。住宿类型和出行过程中交通方式的选择则成了旅游者考虑出游成本的两大核心要素，而由此产生出的住行类型、特点和民俗亦在旅游业从古至今的繁衍中默然的孕育出自己独树一帜的文化格局。

第一节　旅游住行文化的特征

旅游者在出行前，必须要考虑的首要因素即住宿类型和出行的方式。旅馆和交通是人类社会经济活动的产物，是伴随着人类社会经济活动而起源和发展，名目繁多、历久弥新。

一、旅游住宿的特征

自从地球上产生人类以来，就出现了他们赖以休养生息的居住场所。但由于当时人类改造自然的能力限制以及外界条件的恶劣，所以原始居民的居住方式只能利用各种天然空间，如穴居、巢居等。随着生产力的逐渐提高和发展，出现了人工住所的营建，在各地因自然条件的不同，又产生了迥然不同的居住方式，而住宿民俗的形成是随着居住方式这个物质基础的演进而演进的。然而随着旅游出行的需要，在民居的基础上，又衍生出了专门为旅游出行所配备的住宿方式。

旅游住宿的衍生品即称之为旅馆或酒店的场所。这个场所具有典型的商品特性，但它又不同于一般的商品，主要特点是以“空间+时间+服务”的独特形式存在着。商务印书馆出版的《辞源》对“旅馆”的定义为：旅舍、客寓；对“旅店”的定义为：旅客寄宿或休息的地方。中国大百科全书对旅馆的定义为：为公众提供住宿和膳食的商业性建筑设施。从定义上看，旅游住宿的范围十分广泛，凡为客人提供住宿或休息的地方皆可称之为旅游住宿的场所。

（一）古代旅游的住宿

旅馆的出现源于人类旅游和出行的需要。中国古代人类社会活动中，各种旅行活动产生的旅馆类型繁多，种类不一，属性也不尽相同。

中国古代的旅游形式主要可分为帝王的巡游、商人的出行、官宦的出游、士人的漫游、宗教的云游、市民的郊游等。在这些旅游形式下，同样需要属于旅游六大元素的住宿和交通进行支持，而在住宿方面，各种不同的出游形式又有着不同的住宿类型。从选择旅馆的类型看，古代旅馆包括国办的或称之为官办的、属于接待性质的旅馆，如驿站、馆驿、诸侯馆等；民办的或称之为商办的旅馆，如逆旅、旅店、客店、旅馆等；另外还有介于官、民之间的皇室行宫、苑囿、会馆、养士馆等。从旅馆经费来源看，有的旅馆费用开支全部或部分来自国家供给或补贴，如驿站、馆驿等；有的旅馆费用开支来源于向旅客收取的膳宿费，如各种类型的民间旅馆；有的旅馆费用开支则来源于各种形式和方式获取的资金，如寺院客舍、会馆、养士馆。从旅馆提供的功能和属性上看，有商业性的民间旅馆，如旅店、邸店、招商旅店等；有接待性旅馆，如养士馆、会馆，皇帝的行宫、苑囿等；有政治性的官办旅馆，如驿站、馆驿、诸侯馆等。

（二）近现代旅游的住宿

随着晚清中国的国门被外国列强强行打开之后，国外的酒店行业迅速进入我国，人们出游对于住宿的选择逐渐偏向于西化。而在中国旅游业大发展的时期，住宿作为旅游六大元素中的重要因子，也展现着自己蓬勃发展的势头。在近现代的旅游住宿中，住宿的名称和特点也随着历史的脚步不断在古代的住宿定义及类型等方面发生着多样性的转变。然而对于住宿的基本定义，却仍然保持着古代住宿的本质含义。如《大不列颠百科全书》对酒店的定义为“酒店是向公众提供住宿，也往往提供膳食的，以商业盈利为基础的建筑物。”可见住宿和膳食仍然是旅游者出行住宿的首要需求。

虽然我国酒店住宿业是师从西方，引进了不少西方的住宿特征，但在我国特有的国情和文化背景下，同西方住宿酒店相比还是有着自身的文化特点。比如在各种住宿方式中，我国把居民住宅和酒店，甚至国宾馆严格区分开来，根据自身国情在普通的酒店种类中又分化出涉外旅游酒店。在西方国家，任何酒店都可以接待本国人、外国人，没有涉内、涉外之分。我国有关于《中华人民共和国评定旅游涉外酒店星级的规定和标准》，在条文中规定了旅游涉外酒店是指能接待海外旅游者的，具有一定星级以上设施、设备和服务水平的酒店。从而可以看出在我国的各类出行人士，在住宿方面的选择也是多样的，所以在酒店的类型上，也分别有着自己的特色。

除酒店住宿外，还包括中国各个地方、各个民族不同风格和特色的民居，现代甚至有专门为体会当地民居的出行者提供的住所，比如福建土楼、蒙古包、西北窑洞等颇具中国民俗风情的建筑。中国是一个多民族国家，在幅员辽阔的土地上，广大居民在居住活动中创造、享用和传承了属于本群体独特的民俗习惯模式。从一般性来看，旅游出行对民居住宿的选择大抵包括如下几个特色类型：一是四合院，这是北京及华北地区传统住房样式；二是客家土楼、琼粤等地骑楼、四川等地吊脚楼；三是西北窑洞；四是流行于陕西、安徽、云南等地，尤以云南最为盛行的“一颗印”，因建筑外观犹如印鉴而得名。

二、旅游出行交通与习俗

交通在人类社会发展和人类文化交流中占有重要地位。它是连接社会群体、个人以及群体与个人之间的纽带，起到增强接触与交流，传递知识和信息，从而促进文化发展的作用。从硬件来看，交通是指道路、桥梁、车船、牛马等基本设施和工具，属于相对静止状态的物体，而正是这些静止的事物才能推动人员和物资的空间位移。在交通设施上，首先是道路，比如栈道、纤道、盘山道和石阶路、冰雪道以及城镇道路等；其次是桥梁，比如木桥、石桥、砖桥、铁桥、竹桥、藤桥、梁桥、拱桥、浮桥、索桥和吊桥等；再次是在各重要交叉路口和公路沿线，供交通周转的辅助设施，比如凉亭、车马店、关塞、货栈、码头等。然而交通从大的方面讲无外乎有水上交通、陆路交通两种，到近现代又出现空中交通。

（一）古代旅游的出行交通与习俗

1. 交通

（1）水上交通类型

江河湖海本来是隔断人类交通的天堑，但是当人类受到自然现象的启发，使用技术和工具征服它们用来航运的时候，江河湖海就被赋予了“路”的意义。在中国古代，人们逐渐认识到，水路交通的运输量和速度是传统的陆路交通无法比拟的，从而不断地整治江河、开辟航线、挖掘运河、建造舟船，使水路交通的范围日益扩大，形成了丰富多彩的水上交通工具。

中国的河网湖泊分布星罗棋布，以黄河、长江为主干的支流承载着古代水上交通的命脉，运河航运、海上运输是隋唐时期之前人们所选择的出行方式。

人们在漫长的历史时期，通过无数次的观察、实践和探索，创造和发明出了各种各样的水上交通工具。在这些交通工具中，有来往穿梭、移动灵活的排、筏和船舶，亦有静若处子，风吹不动，浪打不移的桥梁；有构造简单，装潢朴素的独木舟和牛、羊皮气袋，也有结构繁杂，华丽非凡的战船和楼船。它们不仅仅表现出人类文化发展的共同历程，同时也包含着区域环境下人们特有的生活状态、独特的思维方式和卓越的聪明智慧。

人们开始懂得制造舟船的道理，是因为受到了自然界中某些自然现象的启发。人们在长期与水打交道的过程中，认识到树叶和木头都可以漂浮在水面上，从而摸索制造出了舟船。独木舟是最早的船，不过这种渡运工具只是在偏远地区的河道上使用，在交通往来要路上，则主要使用筏，因为独木舟的负载能力毕竟有限。

与此同时，由于我国畜牧业较发达，古代人们发挥他们天才的想象力和创造力，就地取材，制造出了气袋、皮筏、皮船等各种各样颇具地方特色的水上交通工具。这些交通工具和独木舟，构成了普通平民出行选择水上交通工具的主流。

但就官方即封建王朝来说，与水上交通相匹配的还包括漕船、战船与楼船。漕船，顾名思义，是专门用来运输漕粮的船只，起初与其他船只并没有什么不同，后来漕粮的数量大增，运输功能更为专一，结构也就随之而发生演变。历史上纤夫所拖曳的船只即是漕船。战船是随着历史发展的需要应运而生，起初是封建统治者为水上战争所备，而后战船和楼船相继作为皇帝和官员出巡的重要水上交通工具。

相对水上行走的船舶，不可不说的还包括我国花样繁多的津渡和桥梁。津渡不仅仅将河流两岸的陆路联接起来，它实际上是水陆交通的交叉点，是当地的交通枢纽，因而在政治、经济、军事上都具有重要的地位。桥梁与津渡的功用相同，但桥梁比津渡更能体现人们的智慧和力量。桥梁的形式很多，从建筑材料来分，有木桥、石桥、铁桥等；从形状来分，有浮桥、堤梁桥、拱桥、吊桥、溜索、跨梁桥等。

独木舟、皮质类船舶、漕船、战船、楼船以及津渡和桥梁，这些水上交通工具曾在历史上为发展我国古代水上运输做出过重大贡献，集中反映了我国古人的超凡智慧。

（2）陆路交通类型

疆域所及，交通所至。大凡有人迹活动的地方，也就有了路。我国陆路交通的初基是在夏、商、周三代奠定的。从秦汉时代起，中国交通道路不断延展密织。从道路的布局和走向及其基本形制来看，秦汉交通道路的形式已经大致为以后两千年交通道路的发展奠定了基本格局。以土质道路结成的交通网作为主要交通道路的状况直到近代方有所改变。

从地理和历史上看，陆路交通应该出现在水上交通之前，但在隋唐之前，由于航运的发达和水域的经济省力，相对来说，古人出行以水上交通为主，然而宋朝以后，随着水域的逼仄、水道变窄和水位下降、搁浅，水上航运开始低迷，陆路交通由此开始成为中国古人出行的首选。

我国古代的陆路交通，其运输驿传，主要靠车马，借助人力和畜力。车马总是伴随着社会的不断前进、交通事业的不断发展、科技的不断提高、民族的不断融合而发展进步。我国车马的制造历史悠久，古代车马研制技术曾走在世界前列。

我国是世界上最早发明和使用车的国家之一，据说在夏后氏时期已有车和舟。从考古学家出土的商周、春秋、战国时期车体实物来看，车子同属一种类型，双轮、方形或长方形车厢、独辕。辕前端缚有一根横木叫“衡”，“衡”两边缚有人字形轭，用以驾马，多数是驾两匹马，也有驾四匹马的。轮子大、车厢小，分为小车和大车两类。

先秦时期马车的类型分为立乘和坐乘两种，然而不论是坐乘还是立乘，都是独辕车，到战国时期，才出现双辕车。关于马车的类型，《后汉书•舆服志》《后汉书•礼志》和《晋书•舆服志》等史料记载甚详，有小车、斧车、轺车、轩车、施轓车、軿车、辎车、栈车、车、玉辂、王青盖车、耕车、金钲车、戏车、猎车、辒辌车、槛车等，种类复杂，名目繁多。

除马车外，还包括牛、驴，形成牛车、驴车，古人有“贵者乘车，贱者徒行”之说。汉代以前，马车繁盛，是贵族阶级出行的必备。汉代以后，士族阶级又开始把爱好转向行走缓慢而平稳，且车厢宽敞高大，可以任意坐卧的牛车。驴车则在中下层平民中较为常用。

不管是马车、牛车还是驴车，均是由牲畜拉动。与此同时，随着两宋车废之后肩辇即告兴起。宋朝南渡江南以后，皇帝舆驾，开始有龙檐子，檐子（檐通担，负荷的意思)，无屏障，用竹竿由人肩担，故称为檐子。舆辇不同之处，是辇大舆小。以唐而论，舆辇分为软舆、板舆、竹舆、肩舆、腰舆、蓝舆、锦辇、步辇数种。若以造制的材料而论，分为竹舆辇和木板舆辇两种，稍为高级的于乘坐之上铺盖数层裀褥，软而舒服，称为软舆辇。若以形制而论，分为肩舆辇和要（同“腰”）舆辇两大类。及至明朝，轿子又有“显轿”与“暖轿”之分。显轿也叫“凉轿”，民间则称“山轿”。

跟交通工具，即各类牲畜为动力的车驾相一致的还包括以纯粹的牲畜为载物体的交通工具，比如牛、马、驴、骡子和骆驼等用来驮运出行人们的货物或直接作为载人的交通工具。牲畜驮运广泛应用于公私交通事业，古代中西丝路（陆上）贸易主要的交通工具是马、骆驼、牛、骡、驴等牲畜，骆驼号称“沙漠轻舟”，是西域商队的运输支柱。

古人出行的交通方式选择也不外乎上述各种车马、舆辇、轿子以及各类牲畜，而就经济角度出发，能选择交通承载物的人大部分为衣食无忧、经济条件尚好的行人。在中国古代，绝大部分平民若要出行，短途仍以徒步为主，长途或从水路或陆路选择各种交通工具。

2. 行俗与行人

（1）行俗

行，已经成为人类最主要的社会活动之一，行俗在民俗中亦占有重要的地位。囿于当时交通条件的落后以及自然经济所规定的封闭型心理性质的影响，古人有行神崇拜和“祖道”风习，对于出行还有相当繁琐的严格禁忌。

考古工作者在湖北云梦发掘的秦代竹简中有一部《日书》，《日书》是选择时日吉凶的数术书，其中记载着不同日子、不同时刻人们各种活动之吉凶，以便趋吉避凶。除了这种定期的出行忌日之外，行旅之人上路前也要举行类似的虔诚祭祀。

传统观念认为，行旅途中的安全由路神主管，同时还有道神、行神、祖神等。因此出行前，必须要拜道神，择日动身。鲁西南一带俗称“三六九，往外走；二五八，好回家”，说的就是逢农历的每月三、六、九日出门吉利，是黄道吉日；二、五、八日不宜离家宜归家。江浙地区的百姓在临出门前，要洗脸洗手，在祖先堂前和灶前分别烧香，并跪下说明自己的外出地点、目的地及返回时间，请求祖宗和灶王保佑平安。如果出行赶上正月，又是一年中的第一次出门，还要点上一挂鞭炮，边走边放，叫“高升炮”，开路去恶气。在路途中，则不得对各种神祠有任何的忤逆和冒犯，否则必遭飞来横祸。同时在古代，对送行者也有折柳相送、登高相送的习俗，对远来者亦有接风洗尘的风俗。

一般说来，行俗的地域特色与当地的交通方式、交通效率以及交通心理是息息相关的。而交通的进步又总是同人口和需求的增长、生产力的发展、文明的演进呈现出同步的趋势。从道光年间，外洋列强的进入，使得中国的交通有了长足的进步，火车、汽车等交通工具的进入，大大促进了我国交通工具的发展，从而也在一定程度上改变了人们出行的风俗习惯。交通工具的科学化、商业化，使得人们的出行打破了行政的界限，加大了出行的人口数量，简化了出行的行俗。而在一部分交通比较落后的地区，仍然停留在较慢、繁冗的行俗文化上。

（2）行人

中国古代的出行之人大致可以分为以下几种：帝王出巡之行、官宦出仕之行、士子游学之行、宗教云游之行、商旅采购交易之行以及民众探亲访友、郊游之行等。

中国古代帝王有着悠久的巡游传统，出游规模之宏大、场面之奢华堪称举世无双，盛况空前。帝王巡游是指君主到其统治的地区巡视和游玩，具有政治和享乐相结合的性质，史籍上一般又称之为“宸游”、“巡幸”、“幸”、“巡狩”或“巡省”等，主要是指距离较远、时间较长、规模较大的帝王出巡、游历过程。一般皇帝出行有一个特征，即名义上是到各地巡查，实则彰显天威、震慑百姓，同时喜欢在所到之处留下石碑或纪念文章，以歌功颂德。

在中国文化发展史上，儒生举子出身的官吏幕僚占有十分重要地位。他们如星汉璀璨、群英荟萃。他们不仅恪守吏道、勤于治政，而且于公职之暇，在任职之处，究心考察，挥笔撰述，构成了我国古代官宦出游的基本结构。例如沈括在他任职期间遍访民间，著成《梦溪笔谈》一书，为我国的古代基础科学做出不可磨灭的贡献。同时中国古代官吏的外交出行也是官宦出行的重要内容。其中以张骞出使西域、班超融合汉匈关系、维护丝绸之路和郑和七下西洋最为有名，成为历史上的佳话。

士子游学指文人墨客以消遣排忧为目的的旅游。中国古代社会的文人学士常把“读万卷书”与“行万里路”相提并论，他们的旅游活动都直接或间接地与做官、游学有关。春秋战国，诸侯割据，各国之间出现频繁的外交游说活动。当时的“士”，朝秦暮楚，纵横捭阖，奔走游说，宣扬自己的政治主张，期望得到重用。例如周游列国，推行自己的政治主张，在外辗转14年的孔子；率领弟子“后车数十乘、从者数百人”的孟子；“连横”、“合纵”游说诸侯的苏秦、张仪等。实践出真知，行万里路，读万卷书。正如荀子所说：“不登高山，不知天之高也；不临深蹊，不知地之厚也。”在中国古代修学旅游发展的历史上，西汉历史学家、文学家司马迁是游历祖国名山大川、深入实地进行学习考察的杰出代表。司马迁从青年时期就开始漫游大江南北，为著名的《史记》埋下了扎实的实践基础。到隋唐宋元明清，历朝历代涌现的士子，例如李白、杜甫、李时珍、徐霞客等为我国文学、医学、地理学宝库添上了灿烂的诗词歌赋、锦绣文章、第一手科学资料等影响后世千年的佳作名篇。

超尘出世的僧道们的云游是中国古代旅游史上重要一页，构成了古代旅游历史画卷中绚丽多彩的篇章。道教中，道教信徒晋葛洪、梁陶宏景等均悠游深山，修身养性。在中国旅游出行史上，佛教旅游包括早期高僧艰辛的弘法活动，也包括后来游方僧人“一钵千家饭，孤僧万里游”的云游生活。例如玄奘西天取经、鉴真东渡等在历史上留下了佳话。

商人买卖交易出行可以说是中国古代出现最早也最为普遍的旅游形式，商人们常常“千里游傲，冠盖相望”。在整个中国封建社会，最为普遍和最为活跃的可以说就是商人出行，古代历史书籍和文学作品中“商旅”一词到处可见。史书所载的“肇牵车牛远服贾”（《尚玉·酒浩》）就属于殷末周初商人的商务旅游活动。商务旅行在先秦时期尤为活跃，他们以经商为目的，负货贩运，周游天下。战国时期，商务旅行进入了发展阶段，著名商人如阳翟巨商吕不韦等。但是在中国几千年的封建社会里，统治者大多实行“重农抑商”政策。此外古代社会交通不便，兵荒马乱，土匪出没，社会服务业不发达，饥饿、疾病和死亡时常威胁着在外行商之人，这也造成了中国古代商人出行的诸多艰难。与此同时，除商人之外，中国古代的下层群众追求精神享受的愿望由于受到自身经济条件的限制，不可能像帝王将相、王公贵族、富商巨贾那样能够进行远距离旅行，但有着自己特定的旅游方式及风俗，往往从近距离的郊游中得到乐趣。早在晋代民间以娱乐为目的的郊游就开始活跃起来。在中国各族人民传统生活习俗和节会喜庆中，春节庙会、元宵灯市、清明踏青、端午竞舟、中秋赏月、重阳登高等是较为流行的游览娱乐方式。另外，还有体育运动，如围棋、杂技、打球、拔河等等。我国保存最早的诗歌经典《诗经》，曾颂扬了殷商西周时代的民间出游活动。

以上所述行人种类，大致为我国古代行人类型的主要构成者，他们的存在为我国古代旅游出行奠定了精神和文化风俗的基石。从行人的出行特征上看，我国古代出行之人，一方面不善离家远游而善择近出游，因而少有冒险色彩，缺乏开拓精神；另一方面重视内陆旅游，排斥航海旅游。在旅游过程中，虽是注重山水的自然特征，可更多追求的是人与自然相互交融的境界，从一定程度上反映了中国古代天人合一的哲学观。

（二）近现代旅游的出行交通与习俗

1. 交通

中国交通的大变革始于道光、光绪年间，列强的入侵带给中华民族沉痛悲愤的同时，也给古老的中华大地带来了西方的先进交通工具，使我国的交通状况得到翻天覆地的改变。随着交通的变革，我国近现代行人的出行也呈现出了崭新的面貌。

"铁路为交通之母"。铁路运输是现代化交通运输的主要方式，特别是对于我国这样一个国土广大、腹地辽阔、人口众多的国家。中国的第一条营业性铁路是上海吴淞铁路，又称淞沪铁路。从政治的角度讲，虽然这条铁路是列强"以新辟的道路和交通，来代替旧时的战争和并吞领土的政策"，但在中国交通史的变革中却有着不可替代的意义。它的出现，让国人见识到了铁路这一新生事物，让国人认识了改变旧的运输方式、提高运输效率是多么必要、重要。随着中国鸦片战争的失败，帝国主义列强乘机而来，不断提出要在中国修建铁路的计划。然而清朝晚期，当权封建统治者认为铁路是"奇技淫巧"，吴淞铁路在守旧的清政府赎回所有权之后，即刻把中国第一条铁路拆除了。从1877年拆除吴淞铁路到1894年中日甲午战争爆发，帝国主义列强始终未能实现其在中国修建铁路的图谋，但是中国的有志之士却一直在为修建中国自己的铁路而奔走呼唤。1879年，洋务派首领李鸿章力排众议，奏请修建了长约10千米的唐山至北塘的运煤铁路，被后人称为"中国铁路建筑史的正式开端"。它的建成通车虽比西方最早修建的铁路——英国斯托克顿至达林顿的铁路晚了半个世纪，但却给中国朝野、各省绅商修建创办铁路和各省出行人士的出行选择带来了不小影响。由此我们国家开始进入交通大发展、出行简便化的高速运转时期。时至今日，尤其是高铁的建成通车，铁路已经成为广大民众出行交通方式的首选，从经济上、效率上占有巨大的优势。

与铁路是由国家控制的垄断性产业不同，民航是属于企业性质的股份制结构的航空运输部门。随着科技的大发展，尤其是在重视时效性的当下，作为现代交通方式的选择，民航的作用可谓巨大。航空运输是高度现代化的交通运输部门，具有速度快、机动性强、用途广、效率高的特点。但在交通价格上，民航的价格会随着季节性而涨落，相对铁路，选择的人群较小，但随着中国旅游批发商的出现，我们也可以预计，飞机会逐渐成为行人出行的主流方式。

跟铁路、航空相协助的还包括汽运和水运。公路运输是我国最重要和最普遍的运输方式，对不同自然条件的适应性强，投资少，机动灵活，可以减少中间环节，可实现门到门的运输。我国现有的公路分为高速公路、国道、省道和各干线公路运输网，承担了大部分的经济和人力转运， 对国民经济的发展和人民生活水平的提高起着重大作用。同时水路运输亦是整个交通运输业的重要组成部分之一，对促进我国现代化交通运输体系的全面发展有着重要意义。我国的黄河、长江以及各入海口的码头、港口为我国的物资短途和远洋运输起着不可低估的作用。

综上所述，铁路交通是交通运输产业的骨干和主体，公路、航空和航运交通已经取得了很大的成就，在综合运输体系中发挥着十分显著的作用。本世纪最后几年是交通运输事业发展的重要时期。行人的出游在交通的选择面上也越来越便利、实惠和高效。

2. 行俗与行人

跟中国古代不同的是，随着科技的进步和人们经济生活水平的提高，旅游被誉为“朝阳产业”、“无烟工业”的新兴产业，在上个世纪 80 年代，旅游学科大发展的同时亦推动了国人旅游的热潮。

经过多年的发展，中国旅游业走到从观光旅游到休闲旅游、体验旅游，旅游业已经从大众观光的“门票旅游时代”向深度休闲度假的“泛旅游时代”转变，这引发了中国旅游格局的重新洗牌。

与大众观光旅游相比，泛旅游打破了传统旅游产业的界限，使得旅游经济的带动效应得到扩散和增强。泛旅游时代的特点主要可以从四个方面进行概括：第一是游客层面，旅游者泛化，称之为广义游客；第二，旅游活动的泛化，称之为无限活动；第三，旅游活动空间的泛化，即全景空间；第四，旅游产业的泛化，即综合产业。

“广义游客”即谁是游客说不清楚，每个人都可以成为“泛旅游”中的游客。“泛旅游”将进一步淡化“旅游”和“游憩”在定义上的区别。在传统的观光旅游中，旅游活动基本上以游览、参观为主，而在泛旅游时代下，旅游活动可以变得很丰富。只要有特别体验的地方都是“泛旅游”涉及的空间，不再强调特定的景区景点。在泛旅游时代，游客在目的地的活动范围更为多样化，城市每个角落都有可能成为旅游目的地，这个时候，城市整体，目的地的整个空间都是旅游空间，我们称之为全景空间。

所谓泛旅游时代的综合产业，是指超出观光、休闲、度假等传统旅游概念的更加泛化的旅游产业概念，是为人们提供具备趣味性、艺术性、知识性、刺激性等特性的体验消费的一系列产业的总称。其内容包括会展、运动、康体、娱乐等等，产业链连接到餐饮、运输、酒店、商业、农业等方面。单一特性的消费内容已无法满足人们的消费需求，因此各产业之间有很强的融合趋势，融合之后的产业结构将形成很高的附加值和溢出效应。

随着大旅游时代的到来，以及旅游定义的广泛化和旅游空间的全景展示，旅游已经成为国人生活中不可或缺的精神食粮。中国古代种种出行的禁忌在现代旅游大发展中绝大部分已经消逝在了历史的长河中，出行的风俗渐渐被旅游季节性和中国现有的传统节日所泛化，现代的带有民族特色的节假日，如清明节、端午节、中秋节、元旦、春节，以及一些少数民族的节日和民族特色，在行俗上有比较明显的特定风俗。而行人已经泛化成了全体国民，这种大旅游时代的到来是促使行俗和行人有了重大转折的推手，见证了出行风俗的移风易俗。

第二节　中国住行文化的历史演变

中国旅游住行文化，凝聚着中华民族的创造精神和世俗生活情趣。千百年来，旅游住行文化同其他文化一道，参与了整个中华民族文化的创建和构造。传统文化孕育了中国的旅游娱乐文化，旅游住行文化体现了中国传统文化的精神。中国传统社会发展的独特历程塑造了有中国特色的旅游住行文化，中国旅游住行文化的发展也经历了兴起、发展、成熟到不断完善四个前后相继、不断发展的历史阶段。

一、史前和夏商周秦汉时期的旅游住行文化

（一）史前时期旅游住行文化

史前时期指夏朝以前的神话传说时期。在当时社会生产力低下的情况下，人们的生存条件极为艰苦，广大的劳动者并无闲暇时间与多余财富支持旅游活动的开展，只有在劳作之外进行游牧、游猎。当时社会的交通、通讯条件极为原始，为了加强辖区的统治和管理，部落首领不得不到各地巡视考察，如在史前时期，炎帝、黄帝、尧、舜、禹等华夏部落首领为求天下安定，造福黎民百姓，都曾巡视天下，并通过对山川的祭祀与封禅等宗教活动来施行精神统治。仅据有限资料，在中国很早以前已有一些部落首领巡游的传说。

在秦汉时期的典籍中，特别是道家的著作中，中华民族的始祖，上古时期的黄帝是一个足迹遍天下，喜好远游的古代帝王。尧在位时也常巡游天下，舜受帝位之后进行了巡狩四岳的活动：“正月上曰受终于文祖（尧帝）……岁二月，东巡狩，至于岱宗，柴，望秩于山川”。除了君王的巡游，平民亦会在日常生活

中出行，比如商旅、游侠等，为了满足这种原始的出行需求，在住宿和交通上分别有了这个时期的特色。

在住宿上，为过往游客服务的“逆旅”的设立由来已久。潘岳认为史前的帝尧时便有“逆旅”，许由便“舍于逆旅”，春秋时晋国阳处父也曾经“舍于逆旅”。史前时期，当时的交通还极其落后，在有关远古交通状况的文献中，有些零星记载。传说“黄帝游幸天下，有记里鼓，道路记以里堆”，“里堆”也即后世记载道路里程的土堆；其后虞舜也曾远巡。在当时交通状况极其落后的情况下，他们所至之地相距甚远，不知道是通过什么途径和方式才能够到达的，想必是异常的艰辛和困苦。

另外，我国交通历史十分悠久，原始社会文化遗址大多分布于沿河一带，说明远古时期人们多傍水而居，除了为适应生活上的需要外，水上交通的利便，可能也是选择居住地点的条件之一。

（二）夏商周时期旅游住行文化

我国第一部诗歌总集《诗经》中，已经开始有不少反映西周时期贵族甚至平民出行活动的诗歌，如《诗经·国风》：“游于北园，四马既闲。车鸾镳，载猃歇骄。”《易经》中也出现了“观国之光”的旅游出行词汇。在夏商周时期旅游理论和实践的探索中，付出努力最多、做出贡献最大的无疑是孔子。

1. 行人和行俗

（1）行人

大禹死后，其子启废禅让制而家天下，建立中国史上第一个国家——夏，帝王为施行天下统治而进行的巡游成为当时社会旅游活动的主体。

到了春秋战国，诸侯争霸，礼坏乐崩，王纲解体，士阶层显得异常活跃。孔子、孟子、苏秦、张仪等，都是春秋战国时期众多游说之士中的杰出代表。他们周游列国，朝秦暮楚，奔走不暇，积极推销自己的政治主张和治国理想。春秋战国时期的商业活动也有了长足发展，出现许多大商人，为了“市贾倍蓰”而不顾“关梁之难、盗贼之危”（《墨子·贵义篇》）。

除此之外，还有远古时期的生存迁徙之旅和辟地探险之旅；夏商西周时期的商业贸易之旅；春秋战国时期的践礼之旅、游娱之旅和游学游说文化之旅。

（2）行俗

夏朝就有“君子所其无逸”的观念，即君子的旅游不是为了逸乐而是忙于政务。《孟子》载夏谚道：“吾王不游，吾何以休；吾王不豫，吾何以助。一游一豫，为诸侯度。”表明在夏代百姓的心中，帝王巡游是以处理政事、为民谋福为宗旨的。周初即已形成了关于迎宾的制度，关报、向导、郊外迎接、道路清理、宗庙祭礼、宾馆管理等都有专人管理。周代通过通行证制度与宵禁制度来限制下层民众的旅游，《周礼》记载了设“司寤氏”来管理宵禁。周朝巡游前都有一套庞大的祭祀仪式，告之宇宙、社稷以及天地，在巡游沿途还要拜祭名山大川，并命令各地的诸侯在各自领地恭候，以达到对王权的合理呵护与施行。

这个时期旅游出行的概念也逐渐明确，先后形成了儒家提出的“智者乐水，仁者乐山”的“比德说”与“父母在，不远游，游必有方”的“近游观”和道家的“依乎天理，因其固然”和“既雕即凿，复归于朴”的崇尚自然的“逍遥游”观念，以及《列子》的“人之游也观其所见，我之游也观其所变”的旅游尚变观，对后世产生了广泛而深远的影响。

2. 住宿和交通

（1）住宿

以驿站而言，起自殷商。商朝后期，为适应走南闯北的商贾的食宿需要，一批“客舍”“客馆”相继出现。周代的旅游接待设施已经相当普遍了。

周时，为了便于诸侯国向朝廷纳贡朝觐，在交通要道修筑了客舍。《周礼》中记载，在都城以外通衢道路上，每十里设“庐”，供给过路宾客饮食；每30里设“路室”，50里设“候馆”，提供食宿。周王室还设官员管理客舍。《周礼·周官》中记载：“凡国野之道，十里有庐，庐有饮食。”

春秋战国时期，旅馆业引起当时统治阶级的重视，已有严格的住宿制度。战国时秦国法律规定，旅客住客舍要有官府凭证，客舍收留没有凭证的旅客住宿，主人与“奸人”同罪。为了加强管理，公务员住宿的旅馆早在战国时代就已出现，叫做客馆或邸，是为王侯朝觐而在京都设置的住所。

（2）交通

夏代发明的舟车到了商代更加普及和先进，再加上商代君臣对商人远贾非常重视，导致商朝的商务旅行十分活跃，负货贩运，周游天下。

我国古代的陆路交通，先秦时期已有相当发展，最早见于记载的是周代。周天子为了巩固其统治，便于传达命令和各诸侯朝觐贡献的需要，建立了以宗周为中心，通达四方各国的陆路交通网。西周至春秋战国时期，已有邮传制度的建立。春秋时期，随着经济的发展，以及大国之间的兼并战争，水上交通有了进一步发展。

（三）秦汉时期旅游住行文化

秦汉时期是中国封建社会史上一个重要的发展时期，这不仅表现在政治、经济、文化等方面有着前所未有的大发展，更重要的是当时人们的社会文化生活水平和生活质量有了显著的提高，表现在人们的游娱文化上主要有以下特征。

1. 行人和行俗

（1）行人

秦汉时期，旅游出行的主体发生了明显变化，士族就是在这一时期形成并开始活跃在旅游舞台上，此外还有僧人和道士等。

（2）行俗

秦汉时期，出现了大量的人文旅游景观，如园林建筑和佛教道教名山胜地的开发。这个时期，形成了注重审美个体精神愉悦的旅游观念，十分强调旅游怡情养性的功能。

秦汉时期帝王巡游活动声势浩大。秦始皇把古老的巡狩制度承继下来，作为了解下情，巩固统治的策略。汉朝诸帝如汉高祖刘邦、汉文帝、汉武帝在位期间，为了宣扬其文治武功，都进行了相当频繁的巡游活动。

外交出行也是这个时候发展起来的，张骞出使西域开辟了历史上著名的“丝绸之路”；司马迁为撰写《史记》而游历全国都是这一时期的主要旅游特点。

游山玩水、斗鸡走犬、驰骋射猎、纵情声色成为秦汉时期皇室贵族和达官显贵的重要休闲娱乐方式。此外在日常生活中还有临渊钓鱼、放犬走兔、隆才鼎力、蹋鞠斗鸡、六博投壶等娱乐形式。

2. 住宿和交通

（1）住宿

秦朝时期设立的“驿传”则是专供传送邮件公文和来往官员居住的旅馆名称。汉代，旅店又有了较大发展，长安城里修建有140多所“郡邸”，还建造了“蛮夷邸”专供外国使者和商人食宿。汉代提供给一般旅客投宿的地方称作“亭”，提供住宿和饮食，平民和贵族皆能使用。“亭”由亭长主持管理，属于官方经营。

（2）交通

秦、汉时期，沿交通要道分设亭、邮、驿、传。“亭”是供旅客住宿的地方。“大率十里一亭，亭有长……其民稠则减，稀则旷”。“邮”是传书的机关，也可供人住宿，其设置较亭为密，“五里一邮”。“驿”是供给传书者交通工具“驿马”的机构。“传”是供官吏乘坐车的机构，驿与传多共置，通称为“置”，并规定“三十里一置”。

秦王朝统一六国后，鉴于春秋战国时期，由于列国纷争，各国车轨广狭不一，行车很不方便，始皇二十六年（前221年），下令实行“车同轨”，统一规定“车广六尺”。二十七年（前220年），宣布“治驰道”，这是我国交通史上的伟大创举。秦代由驰道所组成的陆上交通网，从首都咸阳向东作扇形展开，东通六国旧地而濒临东海，东北到碣石，北到九原，西北到陇西，南到云梦而及于岭南，西南到巴、蜀并远及云贵高原，形成一个“四方辐辏，并至而会”的交通系统。这些路线大多采取最近的距离，很少迂回曲折。除此之外，秦帝国还开辟了岭南新道和巴蜀栈道等重要的交通线。

汉代陆路方面先后修“驰道”、“直道”、“新道”、“褒斜道”、“夜郎道”等，构建了以国都为中心的四通八达的交通网；水路方面浚鸿沟，凿灵渠，促进了水路的畅通。在秦代北栈“褒斜道”外，又开辟了“陈仓道”、“故道”、“子午道”三条新的栈道，而“褒斜道”在汉初已被毁。汉武帝时期还拓展了通向西北及东北边陲之地的道路。

二、魏晋南北朝时期的旅游住行文化

魏晋南北朝时期的旅游文化较之以前有了新的发展。魏晋南北朝时代，由于生产力的进一步提高，帝王的权力日益受到世族集团的挑战而权威日衰，进而在社会意识上也由“罢黜百家，独尊儒术”走向“儒、道、佛”多元并举。“旅游”一词第一次出现在南朝沈约的诗中：“旅游媚年春，年春媚游人”。此外，游记文学诞生并逐渐蔚为大观。

（一）行人和行俗

1. 行人

在王权日衰的历史背景下，游娱文化也发生了转变。社会上层旅游出行的主旋律由劳作性的帝王巡游变为休闲性的贵族肆游。此时寺庙中的僧侣也开始成为传统旅游主体中的重要一员，而且还形成了中国传统旅游中一个重要现象——僧人旅游。其中支道林的旅游活动对后世佛教徒的云游活动产生了重要影响。

动荡而黑暗的社会政治环境使很多士人都寄情山水、啸傲风月，追求适意娱情，导致这一时期对山水做审美评价的现象蔚然成风，出现了大量的旅游诗文和山水小品，谢灵运成为我国山水文学的开山鼻祖。

2. 行俗

这一时期，世族权贵的肆游出行方式多姿多彩，有谈游、评游、咏游、啸游、优游、纵游等。也有个别远游的旅行家，如撰写《水经注》的郦道元；特别是法显的远游及其所著《佛国记》，开我国宗教徒域外远游之先河。

这个时候为了方便出行，不仅出现了兰亭、富春江等自然山水景点，而且还建造了大量的宫室苑囿、皇家和私家园林以及形成了众多宗教旅游景观。宋、齐、梁、陈时期，私家园林已较发达，《南史·梁宗室》中记述南平元襄王萧伟爱造园林，且造得“有侔造化”。

（二）住宿和交通

1. 住宿

魏晋南北朝时期沿袭前代，有政府所办的驿站一类的设施，主要是为来往的官吏和公差服务。晋武帝曾亲自参与整顿旧旅店，“近畿辐凑，客舍亦稠，冬有温庐，夏有凉荫，刍秣成行，器用取给”，让人有宾至如归之感。晋代京都到各州的驿道每40里有“驿”，每20里有“亭”，不仅供过往官吏食宿，而且也对百姓开放，这就有一点商业旅店的性质了。南北朝时，出现一种新兴的旅馆——邸店，它是供客商食宿、存货和交易的场所，兼具货栈、商店、客舍的功能。这一时期，洛阳还开设有“四夷馆”，招待四邻各国的贡使和客商。

2. 交通

魏晋南北朝时期最突出的社会现象是分裂和动乱，由于军事斗争、民族融合、人口迁移的需要，在交通建设方面较之秦汉有了突出的发展。以陆路交通而言，秦汉时期建立的以北方为中心的陆路交通网在这个时期出于军事斗争的需要而不断得以开拓。当时的陆路交通，基本模式沿袭前代，以道路的规格区分为驰道、官道、州县大道、乡道、堤埝小道等。而由于南方的不断开发及经济的不断发展，南方的陆路交通建设也从此进入了一个发展时期。魏晋时期，对于中西陆路交通主干道，主要是从商业贸易的角度加以控制，并促进其商贸活动。南朝也常修整道路，朝廷对于道路十分重视。因此魏晋南北朝时期，区域交通建设的成就是令人瞩目的，总体上来说，魏晋南北朝的道路情况有所改善，与前代相比，新增了许多条陆路交通干线。

魏晋南北朝时期陆路交通工具主要是车。根据《晋书·舆服志》《南齐书·舆服志》记载，车的名目很多，例如官府所用车，其形式便各有特色，用途也各不相同。

三、隋唐宋元时期的旅游住行文化

（一）隋唐住行文化

隋唐时期是中国传统旅游文化荣盛时期，这个时期旅游出行的形式更加多样化。隋朝虽然历史短暂，然而炀帝却称得上是别具特色的旅行家。唐代沿袭隋制，实行科举取士制度，唐人因此而远游赶考成风。士子们为了提高诗艺，遍游名山大川，考验史书正误，拓展眼界胸襟；广交文朋诗友，切磋诗歌艺术。文人、学子的求学、赶考、赴仕旅游成为社会旅游活动的主要形式。墨客骚人以其才情吟山赋水、吊古评今，为旅游客体平添文化底蕴。此时中外出行文化交流也出现了繁盛的局面。

1. 行人和行俗

（1）行人

隋唐时期，旅游出行的主体涉及范围广、阶层多，体现了隋唐的时代特点。这个时期的旅游主体主要包括隋唐帝王（隋炀帝、唐高宗、武则天、唐玄宗等）、文人士子（世俗地主阶级知识分子）、僧尼道士、市民阶层等。

随着唐宋以来社会经济的繁荣发展以及佛教、道教的盛行，市民、商人及僧人、道人的旅游活动也颇引人注目。在唐代旅游者队伍中宗教人士大为增多，特别是玄奘的西游和鉴真的东渡，不仅是中华旅游史上的壮举，更是中外文化交流史上的杰作。

市民阶层是隋唐时期旅游出行主体的重要组成部分。每年正月十五的灯节，皇帝特许开禁三天“放夜”。此时在都城长安，大街小巷灯火通宵达旦，全城人竞相奔走，去观赏争奇斗艳的各式花灯。三月上旬的上元节，也是长安市民游春节令，踏青于曲江池“长堤十里转香车，两岸烟花锦不如”，赏春于长安城郊的水光山色之中；暮春三月，市民到慈恩寺中看牡丹；九月重阳节，市民们又结伴出游，登高望远。尤其值得注意的是，这个时期的妇女春游现象，在隋唐开放的氛围中别有一番情趣。

（2）行俗

这一时期，有蔚为壮观的龙舟南巡、声势浩大的封禅之旅、慷慨激昂的边塞之旅、寄情山水田园的闲情之旅、跋山涉水的求学之旅和漫游天下的求仕之旅，以及西游东渡宗教之旅等。这一时期，由于道教成为国教，天下道教名山的开发得到了朝廷的资助，洞天福地呈现出一派欣欣向荣的繁荣景象。

隋唐时期，人们开始扬弃前代旅游的劳作性以及随之而来的社会调节功能，承认休闲性旅游以及与之相伴的审美、愉悦的功效。

2. 住宿和交通

（1）住宿

隋唐时期，随着社会的发展，经济的繁荣，科技的进步以及文化的兴盛，旅馆业的发展呈现出波澜壮阔的局面。商业性旅馆在数量、规模以及服务内容、管理方式等方面，都有了很大的发展进步。杜佑在描述唐朝开元盛世的社会状况时说：“东至宋汴，西至岐川，夹路列店肆待客，酒馔丰溢”，“南诣荆襄，北至太原、范阳，西至蜀川、凉府，皆有店肆，以供商旅”，旅游服务设施逐渐完善起来。

据考证，“旅馆”之称最早出现于唐代，唐代诗人戴叔伦的《除夜宿石头驿》曾写道：“旅馆谁相问，寒灯独可亲。一年将近夜，万里未归人。”

隋朝建置的“典客署”，则用于招待西域各族和日本等国的客商和使者。唐代官办馆驿是一种行政和军事上的便利设施，建置大都富丽堂皇，极尽奢侈浮华之能事，内部设备齐全，供应丰足，来往使节和官员甚以为便，但官方的馆驿只能接待过往官员、来华使者。

商业旅馆是整个旅馆业的主体，当时叫做店肆。店肆就是私人旅馆，它分布广泛，遍及城乡各个角落；数量众多，“道路列肆，具酒食以待行人，店有驿驴，行千里不持尺兵”。有的城市居民，还自举财力，修筑店铺，然后用于租赁，以求从商贾那里获取利润。这些店铺租赁后多作旅馆业。有的旅馆专事招待西域胡人，获利巨大。当时也有外国人前往长安、扬州、广州等地经营旅馆业，民间唤作“波斯邸”。

佛教在唐代统治阶级的支持下迅速发展，全国寺院数量大大增加，行旅过往投宿寺院也更为方便，而且寺院多以与人方便、普渡众生为宗旨，很少有向旅客收取房费的行为，于是过往旅客越来越多地选择寺院客舍作为其休憩之所。这个时期，服务于各种旅游活动的官方馆驿、私营客舍、旅店等沿途皆是。

由于唐代官办馆驿只能接待过往官员、来华使者，因此普通百姓、来往商旅则选择数量更为众多、住宿更为便捷、服务更为周到的商业性旅馆，这类旅馆为各种不同身份的旅客服务，上至官吏贵胄，下至贩夫走卒，皆可入住。

（2）交通

唐代的交通路线，在继承秦、汉的基础上有所发展，交通进一步繁荣，由上都东北行至河东道的驿路，经云州可到回纥；西南行至剑南道的驿路，由益州可通往南诏；西北行至陇右道的驿路，经鄯州可达吐蕃；由兰州出敦煌可通西域。长江、黄河水道的通畅，大运河的贯通，旅馆客舍的遍设，为旅游者提供了便利的交通和食宿条件。唐代邮驿制度更趋完备，它承袭汉代“三十里一置”，全国共有驿站 1 639 所。陆驿备有马，水驿备有船，以供官员往返和政府文书的传递，因而兼具汉代“驿”、“邮”两种性质。

至于水上交通，则是水道关津，船舶商旅，“交贸往还，昧旦永日”。另外，唐代还有一套旅游管理制度。都城长安城内政府对远来的外国人设有专门管理机构，如在皇城朱雀门内西侧设置鸿胪寺接待各国使节和宾客；皇城以外还有客馆，如在宣阳坊的“外宅”和长兴坊的“礼宾院”，在不少地方设置商馆以招待外商等。

（二）宋元旅游住行文化

宋代是中国封建经济发展的一个高峰，社会经济特别是商品经济发展的总体水平达到了前所未有的高度。经济的发展，为旅游的成长提供了良好的物质条件。宋朝政府在城市建设特别是公共休闲游乐设施建设上投入增多，城市节日喜庆、欢乐氛围营造的主观意识强化，如金明池的开凿、琼林苑的对外开放、元宵节等节日市容的“打扮”等，城市旅游迅速发展成为传统旅游的一个亮点。因而从宋代开始，城市旅游进入一个新的发展时期。

宋元时期是一个民族关系极为复杂尖锐的时期，也是旅游住行文化的发展繁荣时期。宋元时期，在旅游文学和旅游理论方面，都有较大幅度的进展。范仲淹的《岳阳楼记》、苏轼的《赤壁赋》、陆游的《入蜀记》、范成大的《吴船录》、周达观的《真腊风土记》和李志常的《长春真人西游记》等，都是宋元时期的旅游佳作名篇。董汲所撰的《旅舍备要方》是我国最早的旅游保健专著。

1. 行人和行俗

（1）行人

这个时期，帝王巡游明显减少，文士漫游在宋代还较为兴盛，到元代就逐渐衰微，而国际宗教旅行家辈出，此外还有进行海上航行周游列国的周达观和汪大渊等。宋元时期，旅游名家辈出，欧阳修、王安石、邵雍、苏轼、秦观、周必大、范成大、杨万里、陆游、吕祖谦等，都是有名的旅游大家。这个时期，旅游者的成分也在不断向社会中下层平民延伸，出现了“贫者亦解质借兑，带妻挟子，竟日嬉游”（吴自牧《梦梁录》）的现象。从元代开始，外国旅游者的足迹在中国的大地上越来越多，其中以传教士为主，如马可·波罗、伊本·白图泰等。

（2）行俗

这一时期以欧阳修、苏东坡等为代表的文学家，融合儒、释、道三教，提出中国知识分子如不能在官场表现其才情，则必借悠游山水以体现其价值，乐不因境而因乎心等一系列见解。元朝时期，由于种族压迫，以汉人为代表的中国知识分子特别强调心灵的解放。因此这一时期近游、心游理论相当突出。

2. 住宿和交通

宋元时期与唐代一样，各地十分重视旅游接待设施的建设。

（1）住宿

宋朝时，商品经济异常活跃，旅馆业的发展更是空前繁荣，诗僧释道潜的《归宗道中》，“数晨竞一夕，邸店如云屯”的诗句便是例证。宋元时期商业旅馆与唐代相比有了进一步的发展，城市中出现了商业旅馆的聚集区。宋代的馆驿之制承继于唐，但在驿券的使用上有所不同。宋代旅馆名称繁多，有四方馆、同文馆、来宾馆、都亭驿等，并出现了专为客商存货的货栈“榻房”。宋朝时期的寺院旅舍，大多建在风景秀丽、环境清幽的名山大川之间。宋元时期旅客投宿寺院依然非常盛行。宋代乡村旅馆业的发展也不容忽视，当时大大小小的乡村旅馆遍布于各个地方。由此可见，宋代的商业旅馆分布范围广泛，不仅京师楼馆林立，而且在边远的山村也有存在，极大地方便了出行旅客。宋代的大型旅馆，在数量、规模和收入上都已超过唐代。宋代政府本身就在京城经营着规模庞大的房地产业务，其经营管理机构成为“左右厢店宅务”，其职能是“掌管邸店计直出僦及修造缮完”之事。

（2）交通

宋邮驿制度不同于唐，比较具有明显的军事性质。首先“以军卒代民役”，改变徭役征调而由士兵充当驿夫；同时在马递、步递之外，又新创一种昼夜兼程的“急递铺”。宋代的交通干线多仍因袭于唐，所不同的是宋以汴为京师，各方路线改自汴京辐射，多仍因袭唐时旧路。宋元时期的陆路交通较前代虽然没有明显的改观，但却出现了新的陆路交通工具——轿子和油壁车，“指南车”、“记里鼓”等用于旅行的机械也开始运用于旅游实践之中。宋元朝时期不仅有以都城为中心的完备的水陆交通网络，主要体现在大运河的贯通、洛阳桥、安平桥、卢沟桥等各种桥梁的建造、造船技术的明显提高和航海技术的日益发达等方面，还有四通八达、纵横交错、规模空前、管理严格的驿站系统。

元朝蒙古族统治极盛时，由和林（今蒙古人民共和国鄂尔浑河上游哈尔和林）起站，到察合台汗国都城阿力麻里（今新疆伊犁）。一路通向波斯的伊利汗国；一路通向伏尔加河下游的钦察汗国都城萨莱；西至多瑙河畔的匈牙利，形成横贯欧亚大陆的国际邮驿路线。当时驿道所经的波斯、俄罗斯、埃及和中亚、西亚诸国，都深受元邮驿制度的影响，在俄罗斯竟沿用了数百年之久。元帝国建立以后，开始形成以大都为中心的四通八达的驿道网，南至安南，西北由别失八里（今新疆乌鲁木齐至阿克苏地）抵达太和岭（今里海西大高加索山脉），都有驿道可通。元代在全国交通线上都设置了“站赤”（蒙语音译，意为管理驿站的人），以便“通达边情，布宣号令”。在蒙古地区的驿站，由专设的通政院管辖；中原地区的驿站，则归兵部掌管。为维持驿传交通，特设立站户，与民户异籍。站户人身固定在驿站上，他们负责供应驿马、车辆、驿递夫的食粮和来往使臣的膳宿。至于为传送紧急公文而设的急递铺，则仍沿袭宋代的制度，但元时每十铺设一邮长，并在大都设总急递铺提领三员，组织变得更加严密。

四、明清时期的旅游住行文化

明清时期商品经济的蓬勃发展，资本主义萌芽产生并有了缓慢的发展，中国开始了在内因的作用下由传统农业社会向近代工商业社会的划时代转变。商业利益的巨大诱惑，儒家思想所规定的“士农工商”的重农抑商观念在商业发达地区发生了变化，安徽的徽州与江苏的苏州已经轻视士农而重工商，甚至将成为商人视作人生最高的目标。随着社会经济的发展变化，人们的观念包括游娱观念也发生了一系列的重大变化。

（一）明代旅游住行文化

明代是我国旅游史上的黄金时代。《徐霞客游记》《星槎胜览》《广志绎》《历游记》《五岳游草》等千古不朽的旅游名著都产生于此时。在明代中后期旅游活动空前普及化、大众化，形成了举国若狂的旅游热潮，相应地促进了交通、旅舍的发展。

1. 行人和行俗

（1）行人

空前普及化、大众化的旅游热潮，相应地造就了人们的旅游意识，刺激了社会各阶层的旅游欲望。这个时期帝王巡游十分罕见，商务旅行成为这个时期的主要旅游形式。重商观念带来了商业旅游的发达，明清时期徽商游迹可谓遍及全国。文士漫游和求学旅行也是这个时期旅游活动的重要表现形式。历史上杰出的旅行家，如郑和、徐霞客等大都出生于这个时期。

（2）行俗

从旅游出行的形式来看，有巡游之旅、山水林泉游乐、城市近郊冶游、科学考察之旅、放逐边塞之旅、宣教通好的西行之旅、怀国寄志的遗民之旅等。商务活动的频繁导致都市旅游发达，北京、南京、成都、苏州、扬州等大都市商业繁荣，旅客如梭。宋元以来的中国古代科学旅行考察到了明代臻于极致。

以不旅游为耻的群体意识，正是明朝中后期旅游空前兴盛的社会基础。明朝中后期，强烈要求打破理学的思想禁锢，追求个性解放、主情反理，单纯追求精神愉悦的冶游之风日益炽烈，因此明代旅行家十分注重性灵的抒发，通过寄情山水自然，抒发性灵心境。明人创作的旅游诗文数量超过唐人，意境也有不少开拓和提升。明人游山水，除自己创作旅游文学外，还往往用前人诗句集句为联。

2. 住宿和交通

（1）住宿

为了方便旅游接待，明代永乐年间各地会馆建设兴起。明清时期各地会馆林立，仅北京即有近四百所。由于城市工商业勃兴，市民旅游也蓬勃兴起，南京的秦淮河、栖霞山，北京的什刹海、西山，苏州的虎丘、太湖，杭州的西湖和扬州的瘦西湖等地均成为市民的旅游中心。明代商业颇为发达，尤以沿海地区和大城市为甚，因而这些地区民间客店甚多，官府对其也采取统一管理，设置“店历”就是其中一项措施。《万历会典》卷三十五收税条上记载：“凡客店，每月置店历一扇，在内赴兵马司，在外赴有司，署押讫……”

（2）交通

明朝时期已经形成十分完善的驿路系统，道路布局也比以前更加合理、有效。明改元代的站赤为“水马驿”与“递运所”，前者供应驿马，后者供应车辆。急递铺则仍如元制。另外，为接待外邦使臣，专门设立“会同馆”，有南、北二馆，分设于北京及南京。明代还实行“勘合”，就是用驿的符信，以作为辨验的凭证。

（二）清代旅游住行文化

处于中国封建社会晚期的清代是中国最后一个封建王朝。中国受到资本主义列强的侵略，沦为半封建半殖民地社会，国内阶级矛盾和民族矛盾日益尖锐，内忧外患交加，中国面临“数千年未有之变局”，救亡图存成为当时中国社会的主旋律。由于西洋文化的影响，中国人多少年来很少变化的旅游观念、旅游方式、旅游工具都相应地发生了一系列变化。因此和此前各代旅游文化相比，又呈现出一些新的特点。

1. 行人和行俗

（1）行人

从旅游出行的主体来看，有文人士子、政府官员、政治家、驻外使节、商人、传教士、探险家等。清代由于闭关锁国的格局被外力打破，旅游空间得到拓宽，一方面，来华的外国旅游者增多；另一方面，一大批先进的中国人得以通过各种途径出国旅游。特别值得一提的是，晚清以迄近代，许多志士仁人远赴海外，寻求救亡图存之道。

（2）行俗

驿站旅馆几经起落，在鸦片战争后都归于衰落，驿站走向消亡，发挥民间旅馆功能的会馆逐渐兴盛。西方殖民者将公园引入中国，中外私人花园的建造亦颇具规模。近代西方别墅在开放城市遍地开花，庐山、北戴河风景区的开发和建设深受西方文化的影响并取得了显著的成就。晚清也给后人留下了众多闻名遐迩的人文旅游景观。

到了清朝晚期，师夷求强的出境之旅、壮游忧国的境内之旅、西学渗透的入境之旅，其中出境之旅又可分为文人士子的修学博闻之旅、政府官员的出使考察之旅和爱国志士的政治流亡之旅。

2. 住宿和交通

（1）住宿

随着清朝由强变弱，民间客店发展既有兴旺繁荣的状况，也有萧条不堪的情形。《京华百二竹枝词》中有“客店别名在校场，三元房屋甚排场”之句，足见客店的繁荣；而《老残游记》描述清末一家客店的“上房”只是“中间安放一张八仙桌子，桌上铺一张漆布……”

清代的邮驿制度逐渐从旅游业中剥离出来，专负政治、军事功能，用于中央和边防的命令传输、信息情报的传递。到了晚清末年，邮政局成立，邮政事务改归邮传部管理。至民国三年，即 1914 年，所有驿站，全部裁撤，邮驿制度成为永远的历史。晚清以来，各种类型的旅馆已遍布中国的都市和城镇。新式旅馆、中西式饭店等新的旅游设施也开始在中国一些大城市出现。

晚清以来上海的繁盛也以出现近代化的旅馆为标志。当时传统客栈已经难以满足市场需要，十九世纪中叶，英国人阿斯脱豪夫·礼查在黄浦江边兴造礼查饭店，这是中国出现最早的外资旅馆。该饭店客源以外国人为主，客房设施豪华，另设弹子房、酒吧、舞厅及扑克室等休闲娱乐设施。

中国传统旅游向现代旅游的转型发生在 20 世纪初期，其标志是 1923 年 8 月陈光甫创办的上海商业储蓄银行旅行部，经营国人的国内外旅游以及出国留学、货物运输等业务。1927 年 6 月，“旅行部”从上海商业储蓄银行独立出来，中国第一家旅行社——“中国旅行社” 正式宣告成立，标志着中国传统旅游的终结和中国现代旅游的肇始。

（2）交通

清代的驿道以北京的皇华驿为中心，通向全国各地。晚清时，上海租界区已经形成了专门为外国旅游者服务的民间旅游组织。公路、铁路、桥梁的建设，航线的开辟，汽车、火车、轮船和飞机等新式交通工具的出现，大大便利了人们的旅游出行。

【案例】

用最古老的方式建造的规模庞大的“福建土楼”，以其悠久的历史、奇特的风格、巧妙的构筑、恢弘的规模，被誉为“世界住宿建筑的奇观”。它不仅引起建筑界的注意，同时也吸引了历史学、地理学、人类学、民俗学等中外专家学者的浓厚兴趣。大批海内外旅游者把本来用来旅游出行住宿的元素作为自己出行的主要目的，乐于出行前往，一饱眼福，使“福建土楼之旅”成了旅游景点。

现代有一种火车属于交通工具，但在这种交通工具里面，却有着现代化的住宿设施、卧室房间、酒吧、餐厅、舞池等应有尽有，这种列车一般只有 12 节车厢，酒吧占 1 节，豪华餐厅占 1 节，内有 10 张餐桌，32 个座位；有电视放映间；自助餐厅占 2 节，有丰盛的自助餐；软卧车厢每节有 6 个双人间和 2 个豪华间。

【分析】

1. 根据上述材料，分析为什么本身作为住宿之用的建筑，却成了旅游出行的目的地；而本身属于交通工具的列车，却将现代的住宿融为一体。

2. 根据材料，请举出几个类似的例子。

【思考题】

1. 住宿、交通的主要类型有哪些？
2. 古代出行的风俗是怎样的？
3. 结合当前旅游住行的文化，谈谈自己的创新点。
4. 利用空余时间，对学校周围或自己家乡的住宿、交通方式做调查。

第六章　旅游娱乐文化

【学习目标】

● 理解旅游娱乐文化的概念和内涵

● 掌握旅游娱乐文化的主要类型和典型案例

● 掌握旅游娱乐项目策划的基本思路

【知识要点】

● 娱乐的内涵

● 旅游娱乐与一般休闲娱乐的联系和区别

● 目前流行的旅游娱乐项目

第一节　娱乐文化概述

一、娱乐的内涵

娱乐是一种基于人类自身追求快乐、享受和愉悦天性的一种活动，作为一种生活和行为方式古已有之。在结束繁重的生产劳动之后，古代人类就开始创造各种娱乐活动和节庆活动，以达到交流部族感情，愉悦身心，感谢神灵和祖先，祈祷平安与富足的目的。中国古代汉族民间的许多节庆活动，实际上都是以娱乐为主的户外活动，例如元宵观灯、清明踏青、端午赛舟、中秋赏月、重阳登高等。

“娱”是旅游活动的六要素之一。旅游本身就是一种休闲、享乐方式，旅游活动的其他要素“吃、住、行、游、购”本身也带有很强的娱乐性，娱乐活动在整个旅游产业链中占有至关重要的地位。

国内学者对“娱乐”的研究始于20世纪80年代。与西方学者的主要区别是，西方学者强调对娱乐企业或娱乐项目整体的研究，而国内学者作研究时，强调"娱乐"作为休闲产业三要素之一，或旅游业六要素之一，进行相关研究。其中对"旅游娱乐"的研究主要体现在对旅游产品、旅游活动层次、旅游生产力体系的研究。

如今，旅游娱乐在旅游产品体系中显得越来越重要。在旅游活动中，旅游者希望得到全方位的享乐和刺激，并且随着个性意识的增强，现代旅游者已经不满足于传统的观光式旅游产品，而越来越注重旅游过程中的娱乐活动，许多旅游地也正致力于开发出更加具有参与性、体验性和新颖性的旅游娱乐产品。

二、旅游娱乐与一般休闲娱乐的区别

旅游娱乐的快速发展是旅游业和文化娱乐业共同发展的必然结果，是两者的有机结合，是时代的产物。旅游娱乐应该是娱乐业的一大组成部分，但与一般休闲娱乐以及城市游憩相比，旅游娱乐又有其自身独特的性质。

（一）活动主体不同

每个人每天都可以进行许多休闲娱乐活动，但旅游娱乐仅是针对旅游者的娱乐活动，是旅游者在旅游过程中进行的其他娱乐活动。

（二）活动区域不同

理论上说，娱乐活动可以在任何地域内进行，一般休闲娱乐消费网点主要是满足当地居民日常消费，因此主要设置在社区周边、商业活动中心、城市近郊等地。旅游娱乐活动场所仅限于在旅游目的地，根据旅游者活动的特点，主要布局在城市商业繁华地段、旅游景点、名胜古迹、宾馆饭店附近及其他方便旅游者到达的地方。

（三）活动目的不同

旅游娱乐产品或服务是针对旅游者的需求设计开发的，除了满足旅游者追求心理愉悦这一目的之外，还应满足旅游者求新求奇求知的心理需求，因此应该赋予旅游娱乐产品或服务更多的地方特色、民族特色以及纪念价值、艺术价值，而一般休闲娱乐产品或服务则应更注重经济性，满足当地居民日常休闲娱乐的需要。

（四）具有旅游产业的其他特点

旅游娱乐的生产或销售稳定程度较低，消费风险较大。与一般休闲娱乐活动的消费者主要是当地居民，市场相对较为稳定不同，旅游娱乐的消费者为流动性很强的旅游者。受到旅游活动季节性、周期性的影响，旅游者人数和消费意愿上表现出来的明显差异，使得旅游娱乐的生产和销售具有很大的波动性。此外，旅游者在旅游娱乐消费的时候，对产品和服务缺乏了解，消费具有盲目性、从众性和冲动性，售后服务实现水平低，因此消费具有较大的风险。

第二节 旅游娱乐活动类型

目前已有部分学者对娱乐及旅游娱乐活动进行了分类，如张安华概括性地将娱乐划分为艺术型、运动型、观赏型、鉴赏型、竞技型、健美型、益智型、消遣型、刺激型、交际型和综合型十个类别。楼嘉军将娱乐活动分为四种类型，即健身型娱乐、文化型娱乐、劳动型娱乐和社会型娱乐。付淑礼将旅游娱乐活动分为体育健身类、文化交际类、疗养保健类、休闲消遣类、知识教育类、大型游乐类、艺术追求类、博彩类和综合类等。根据目前国内旅游娱乐业的发展现状与趋势，本书着重介绍几种最重要的旅游娱乐产品形式，包括主题乐园、民俗节庆、旅游演艺和其他旅游娱乐活动。

一、主题乐园

主题乐园在休闲产业中指有特定游憩主题的、可供人们游乐、休闲、享受的特定空间范围的园区。主题乐园的开发建设需要预先进行主题策划，乐园的场馆、设施、活动、表演、气氛、景观、附属设施、商品等都是以此主题为概念而塑造，使这些相关的配合元素都能在此主题的中心思想下统一，形成一个由特定主题统领的游乐园。

主题公园起源于荷兰，后来兴盛于美国。荷兰的一对马都拉家族夫妇，为纪念在二次世界大战中牺牲的独生子，兴建了一个微缩了荷兰120处风景名胜的公园。此公园开创了世界微缩景区的先河。1952年开业时，随即轰动欧洲，成为主题公园的鼻祖。华特·迪士尼在美国加利福尼亚州兴建了世界上第一个现代大型主题公园——迪士尼乐园，于1955年7月17日正式开幕。迪士尼乐园将迪士尼电影场景和动画技巧结合机械设备，将主题贯穿各个游戏项目。由于能够让游客有前所未有的体验，而风靡美国，再传到全世界各地。

（一）香港迪士尼乐园

香港迪士尼乐园（Hong Kong Disneyland）是全球第五个以迪士尼乐园模式兴建、迪士尼全球的第十一个主题乐园，及首个根据加州迪士尼为蓝本的主题乐园。

香港迪士尼乐园设有独一无二的特色景点，包括两家迪士尼主题酒店，以及多姿多彩的购物、饮食和娱乐设施。乐园大致有四个主题区，与其他迪士尼乐园相近，包括美国小镇大街、探险世界、幻想世界和明日世界。除了家喻户晓的迪士尼经典故事及游乐设施外，香港迪士尼乐园还配合香港的文化特色，构思一些专为香港而设的游乐设施、娱乐表演及巡游。在乐园内还可看到迪士尼的卡通人物米奇老鼠、小熊维尼、花木兰、灰姑娘、睡公主等。香港迪士尼乐园已经成为香港最著名的旅游景点之一，也是在中国两岸三地和东南亚地区最负盛名的主题乐园。

1. 美国小镇大街

到访香港迪士尼乐园的游客会首先在美国小镇大街展开他们的旅程。美国小镇大街是根据典型的美国小镇设计而成，富于怀旧色彩，所展现的时代正是煤气灯由电灯取替、以及汽车代替马车的年代。这些怀旧设计带领游客进入神奇王国，让他们体验乐园内不同的世界。

2. 幻想世界

到访幻想世界的游客会首先在睡公主城堡展开他们的旅程。游客犹如置身迪士尼故事中，找到他们最心爱的迪士尼人物；可以在咖啡杯内盘旋；又或是与小熊维尼、白雪公主及米奇老鼠见面。幻想世界的中心标志是一个崭新、独特的梦想花园，唯香港迪士尼乐园独有。

3. 探险世界

探险世界让游客亲身感受一个亚洲及非洲地区原始森林的旅程，同时探险世界亦将多种奇珍异卉集中在一处展出。游客可以参加乐园内的森林河流之旅，及发掘其他惊险的游乐设施，如整个以森林之王（King of the Jungle）为主题的岛屿等。探险世界还设有一个大的室内剧场，该剧场专为迪士尼现场表演而设。

4. 明日世界

明日世界是一个充满科幻奇谈及实现穿梭太空幻想的地方。香港迪士尼乐园中明日世界的全新设计和感觉与其他的主题乐园截然不同，华特迪士尼幻想工程将整个园区创造成一个探索太空、漫游奇遇的星河太空港口。每个游乐设施、商店及餐厅均以机器人、宇宙飞船、浮动星体作装饰，成为太空港口的一部分。游客可以在“飞越太空山”时经历时空旅程，亦可乘坐“太空飞碟”来回穿梭。

（二）清明上河园

清明上河园位于河南省开封城西北隅，东与龙亭风景区毗邻，是以宋代张择端的名著《清明上河图》为蓝本，集中再现原图风物景观的大型宋代民俗风情游乐园。该园占地面积 33 万平方米，其中水域面积 10 万平方米，拥有大小古船50余艘，各种宋式房屋400余间，形成中原地区最大的宋代古建筑群，整个景区内芳草如茵，古音萦绕，钟鼓阵阵，形成一派“丝柳欲拂面，鳞波映银帆，酒旗随风展，车轿绵如链”的栩栩如生的古风神韵。2009年，清明上河园荣膺中国世界纪录协会，中国第一座以绘画作品为原型的仿古主题公园，是5A级国家风景旅游区。

清明上河园不仅以恢宏的气势再现了《清明上河图》，而且用巧妙的创意把历史活化，使游人进入园区，仿佛穿越时空隧道走进了一幅活动的历史画卷，常令人有“一朝步入画卷，一日梦回千年”的时光倒流之感。

清明上河园建筑古朴典雅，在景观中融入了一系列北宋民俗风情和市井文化的剧目表演，具有极高的观赏性、娱乐性、参与性。不仅再现了女子马毬、蹴鞠表演、水上秋千、斗鸡、斗狗、皇家皮影、水上傀儡、晟钟乐舞，而且还开发了古代攀岩、鬼谷探险漂流、水上竞标、大宋游艺等宋代游乐项目，使之成为中国最大的古代娱乐集中表现地。许多反映宋代民风民俗、工匠生活的场景，配上景区创编的汴河漕运、大宋科举、王员外招婿、梁山好汉劫囚车等精彩的剧目表演，让人目不暇接，意犹未尽。这些都使得清明上河园成为我国最成功的主题乐园之一。

二、民俗节庆

民俗与旅游有着十分密切的关系，各地富有特色的民俗节庆目前也成为了许多旅游目的地重要的旅游娱乐活动，也是能够在短期内引爆一个旅游地，吸引大量游客的重要手段。

民俗节庆的活动最初源于宗教意识、战争意识、生产意识、纪念意识、爱情意识等，是人们生活的集中表现，也表达了民族深层次的文化。几千年来，中国传统的、民族的、民间的、宗教的、法定的节庆活动数以千计，影响甚大，如春节、元宵节、花朝节、清明节、端午节、七夕、中秋节、重阳节、腊八、冬至、除夕等。特别是改革开放以来，冰雪节、美食节、登山节、啤酒节等现代节庆活动如雨后春笋般地出现在祖国大地上，演绎出中国文化的无穷魅力。

民俗是一种历史的沿袭和发展过程。民俗的形成，主要是由不同地域人民的生活习惯逐步发展而约定俗成的，这种约定俗成的文化心态和生活习惯一旦形成，就产生了较为稳固的心理定势，于是也就出现了民俗。民俗作为人类社会所共有的、具体反映在饮食、服饰、建筑、礼仪、语言等各方面的一种传承性的文化生活现象，常以一种不成文的规定对人们的生产和生活有着重大影响。

中国在绵延悠久的历史进程中，逐渐形成了既丰富多彩，又独具风貌的民情风俗。民俗包括人们独特的生活习俗、生活方式、审美观念、社会交流现象、文化历史背景及载体的综合。当它作为旅游资源时，主要内容包括风俗习惯、居室建筑、神话传说故事、音乐舞蹈、戏曲文艺、绘画雕塑、民族工艺、婚丧嫁娶、传统节庆、文娱体育、宗教仪式、服饰饮食、集市贸易、待客礼仪等。

（一）汉族传统节庆

（1）春节　俗称“过年”，旧称“元旦”。元者，始也；旦者，晨也。因此元旦为一岁的开端，辞旧迎新的一个日子，由古时一年农事完毕，喜庆丰收，答谢神的恩赐的“腊祭”发展而来。司马迁《太初历》确定了夏历（农历）以正月为岁首，因此正月初一称为新年。辛亥革命胜利以后，1912 年孙中山先生采用世界流行的阳历纪年，于是改农历元旦为春节，而元旦称为阳历新年第一天的称呼。春节是我国最重要的传统节日，在春节期间，中国的汉族和很多少数民族都要举行各种活动以示庆祝。这些活动均以祭祀神佛、祭奠祖先、除旧布新、迎禧接福、祈求丰年为主要内容，活动丰富多彩，带有浓郁的民族特色。

（2）正月十五为元宵节　又称“上元节”，其产生与道教有关。道家把正月十五、七月十五和十月十五分别称为上元、中元和下元，合成“三元”。我国元宵节约始于汉代，元宵节习俗主要有张灯、猜灯谜和吃元宵等习俗。

（3）清明节　是我国汉族的传统节日之一，为中国二十四节气之一，时间约在每年的阳历 4 月 5 日前后。古时有清明前一天为“寒食节”之说，相传起于春秋时期晋文公悼念介子推“割股充饥”一事，后逐渐清明寒食合二为一。清明节是我国最重要的祭祀节日，是祭祖和扫墓的日子，汉族和一些少数民族大多都是在清明节扫墓。同时清明节又叫踏青节，正是春光明媚草木吐绿的时节，也正是人们春游（古代叫踏青）的好时候，所以古人有清明踏青，并开展一系列体育活动的习俗。

（4）农历五月初五为端午节　又称端阳节、午日节、五月节、五日节、艾节、端五、重午、午日、夏节，是我国夏季最重要的传统节日。古代的“端”字与“初”字同义，“午”与“五”同音，因唐玄宗的生日是八月初五，因避讳改“五”为“午”，故称五月初五为端午。端午节本来是夏季的一个驱除瘟疫的节日，这一天必不可少的活动逐渐演变为吃粽子，赛龙舟，挂菖蒲、蒿草、艾叶，熏苍术、白芷，喝雄黄酒。据说吃粽子和赛龙舟是为了纪念屈原，所以解放后曾把端午节定名为“诗人节”，以纪念屈原。

（5）农历七月初七的夜晚俗称“七夕”、“七月七”　是传说中天上的牛郎织女一年一度相会的日子。在民间，妇女有乞巧的习俗，故又称“乞巧节”或“少女节”。七夕是中国传统节日中很富有诗意的佳节，被喻为中国的情人节。

（6）农历八月十五是中秋节　“中秋”一词，最早见于《周礼》。据史籍记载，古代帝王祭月的节期为农历八月十五，时日恰逢三秋之半，故名“中秋节”；又因为这个节日在秋季八月，故又称“秋节”、“八月节”、“八月会”、“中秋节”；又有祈求团圆的信仰和相关习俗活动，故亦称“团圆节”、“女儿节”。因中秋节的主要活动都是围绕“月”进行的，所以又俗称“月节”、“月夕”、“追月节”、“玩月节”、“拜月节”；在唐朝，中秋节还被称为“端正月”。中秋节的盛行始于宋朝，至明清时，已与元旦齐名，成为我国的主要节日之一。中秋节的主要习俗有与家人团聚、吃月饼、赏月、拜月、兔儿爷等。

（7）农历九月初九是重阳节　二九相重，称为“重九”。汉中叶以后的儒家阴阳观，有六阴九阳之说，九是阳数，固重九亦叫“重阳”。民间在该日有登高的风俗，所以重阳节又称“登高节”，此外还有重九节、茱萸节、菊花节等说法。由于九月初九“九九”谐音是“久久”，有长久之意，也是中国的“老人节”，所以常在此日祭祖与推行敬老活动。

（8）冬至是中国农历中一个非常重要的节气，也是中华民族的一个传统节日，冬至俗称“冬节”、“长至节”、“亚岁”等，早在 2 500 多年前的春秋时代，中国就已经用土圭观测太阳，测定出了冬至，它是二十四节气中最早制订出的一个，时间在每年的阳历 12 月 21～23 日之间，这一天是北半球全年中白天最短、夜晚最长的一天；中国北方大部分地区在这一天还有吃饺子、南方吃汤圆的习俗，同时也是一个重要的祭祖节日。

（二）傣族泼水节

泼水节是傣族最隆重的节日，也是云南少数民族中影响面最大，参加人数最多的节日。泼水节是傣族的新年，相当于公历的四月中旬，一般持续 3～7 天。第一天傣语叫“麦日”，与农历的除夕相似；第二天傣语叫“恼日”（空日）；第三天是新年，叫“叭网玛”，意为岁首，人们把这一天视为最美好，最吉祥的日子。

泼水节期间，傣族青年喜欢到林间空地做丢包游戏。花包用漂亮的花布做成，内装棉纸、棉籽等，四角和中心缀以五条花穗，是爱情的信物，青年男女通过丢包、接包，互相结识。等姑娘有意识地让小伙子接不着输了以后，小伙子便将准备好的礼物送给姑娘，双双离开众人到僻静处谈情说爱去了。

泼水节期间还要进行划龙舟比赛，比赛在澜沧江上举行。一组组披红挂绿的龙舟在“堂堂堂”的锣声中和“嗨嗨嗨”的呼喊声和哨子声中，劈波斩浪，奋勇向前，把成千上万的中外游客吸引到澜沧江边，为节日增添了许多紧张和欢乐的气氛。

目前，泼水节已经成了我国云南，以及东南亚泰国、缅甸、老挝、柬埔寨等国重要的旅游娱乐与节庆活动，吸引了成千上万的国内外游客。

（三）蒙古族那达慕节

“那达慕”，蒙古语为“娱乐”或“游戏”之意。在巴音郭楞，塔格勒根与那达慕大会合并，改名为东归那达慕，定于每年农历六月初四在和静县巴音布鲁克草原举行。节日期间举行赛马、摔跤、射箭、象棋、田径、拔河等蒙古族传统体育比赛和文艺节目表演。每年农历五月底，牧民们策马扬鞭从四面八方赶到举行地，搭毡房、制奶酒、备好牛羊。节日这天，草原上舞台高筑，彩旗飘扬，一片欢腾的气氛。

赛马是那达慕大会上的精彩比赛项目之一。赛手大多是青少年，身着五彩缤纷色泽艳丽的服装，腰扎彩带，头缠彩巾，骑着各自的骏马前来参赛。赛马的项目有障碍赛、越野赛、马球、马上射箭、马上劈刺和马术表演等。

“那达慕”不仅是娱乐盛会，也是草原上物资交流的盛会。牧民们乘每年参加那达慕盛会之际，带上自己的畜产品在大会期间交换日用商品。夜晚牧民在临时驻扎的帐篷内欢歌笑语，男女青年伴着马头琴声倾吐衷肠。

那达慕节是我国蒙古族区域重要的旅游节庆娱乐活动，成为这些地域吸引游客，提升旅游知名度和文化特色的重要载体。

三、旅游演艺

近年来，旅游目的地的旅游演艺活动发展十分迅速，成为旅游娱乐领域异军突起的一匹黑马。短短数年时间，在国内已经出现一批具有影响力的旅游演艺节目，此外还有许多旅游演艺项目正在策划与酝酿之中。旅游演艺对于丰富与改善旅游目的地的旅游产品结构，增强旅游的娱乐性和游客体验，增加旅游产品附加值都有着十分重要的作用。就国内目前旅游演艺市场发展情况来看，主要有以下三种运营模式。

（1）以旅游地山水实景为依托打造实景演艺产品。其代表作是广西桂林实景山水歌舞剧《印象·刘三姐》。这是一个以中国著名山水旅游胜地广西桂林山水和民间传说刘三姐故事为背景，以政府投入为主、多元参与合作，由张艺谋、王潮歌、樊越“铁三角”编导组主导创排而成的国内首个山水实景演艺产品，也是世界演艺舞台首个以自然山水为大舞台、以超常规模化表演为特征、以专业与民间相结合为特点的旅游演艺精品佳作。这一创意，来自几年前在北京紫禁城太庙进行实景演出大获成功的世界著名歌剧《图兰朵》，以及后来在埃及金字塔与狮身人面像实景场地演出的另一著名歌剧《阿依达》。

《印象·刘三姐》以其前所未有的独特表演方式、无与伦比的真实宏大场景和极具活力的产业模式，显示了表演艺术所蕴含的巨大市场价值。自2004年3月20日试演，当年10月1日正式演出，到2005年年中，已演出180余场，票房收入2 600万元，拉动周边产业成效显著。由于其创新特色和经营业绩突出，《印象·刘三姐》入选2005年中国十大演出盛事，荣获文化部首届中国文化创新奖，以《印象·刘三姐》剧为核心项目的“中国·漓江山水剧场”被列为国家首批文化产业基地。

《印象·刘三姐》作为国内新兴旅游演艺市场的开山炮一鸣惊人。它所带来的强大市场吸引力和竞争力，促使一些具备条件的旅游胜地也迅速加入打造自己实景旅游演艺产品的行列。2005年10月11日，杭州启动了以西湖的岳湖景区山水为背景、由张艺谋“铁三角”导演班子创排的《印象·西湖》大型山水实景演艺项目，总投资达1亿多元，于2006年杭州世界休闲博览会举办期间正式上演。作为杭州市夜间旅游文化的世纪新名片，《印象·西湖》已被列入杭州文化标志性项目。云南丽江的《印象·丽江·雪山篇和古城篇》也已于2006和2007年先后推出。

（2）以著名旅游中心区为依托打造旅游“特色演出”精品。资本雄厚的旅游集团通过延揽“高、精、尖”艺术人才组建自己的特色演艺团队，创排自己的旅游演艺品牌节目，使之成为旅游消费者完成日间游览后的另一种精神享受和文化观摩，以增加旅游产品的人文内涵和吸引力，是近年来演艺业与旅游业有效合作的典型模式。

这一模式实际上已成功运行多年，其发端是深圳华侨城集团。他们率先在“世界之窗”“中华民俗文化村”组建了名闻遐迩的特色演艺团队。其后杭州宋城集团集中精兵强将打造出充满南宋文化韵味的《宋城千古情》，成为游览仿古宋城的游客们印象深刻的特色艺术精品。广西南宁通过7年的不懈努力，挖掘广西民歌资源，延揽全国民歌人才，全力塑造中国独一无二的国际民歌节，成功地打造出一个赢得2005年度全球节庆协会（IFEA）节庆行业国际大奖的《大地飞歌》演艺品牌。在云南昆明市政府的支持下，以云南籍著名舞蹈家杨丽萍担任主创并领衔主演，以民营企业投资演艺的方式，打造了蜚声中外的大型歌舞《云南映象》，成为赴昆明旅游者必选的精神大餐和云南演艺的标志性艺术精品。湖南张家界采用土家风情园与湖南省民族歌舞团联合投资的新机制，集中优秀人才，精心打造出一台大型民俗旅游歌舞《土风苗韵》。2005年4月26日，《土风苗韵》在土家风情园“毕兹卡圣火堂”首演。风姿绰约的土家、苗族青年男女，把湘西绚丽的民俗风情演绎得动人心弦，成为张家界旅游的新亮点。

（3）优势互补、共同打造复合型旅游演艺项目。2004 年以来，改制后的北京歌舞剧院为再现中国宫廷表演艺术，与故宫博物院、北京华韵国乐文化发展有限公司合作，以联合创建、共同投入、比例分红的方式成立了旅游演艺项目公司，把特色艺术与旅游文化相结合，推出一批高附加值复合型旅游演艺产品，使改革前演出活动一直不多的北京歌剧舞剧院民乐团全面进入旅游演出市场。北歌所属的曲艺团，也与北京前门广德楼戏园、江苏演艺集团合作成立项目公司，南北合璧，联手开拓新的曲艺旅游演出市场，使沉寂多年的北京老字号戏园广德楼和北京鼓曲焕发出新的活力。

目前国内较有影响力的大型旅游演艺项目如表 6-1 所示。

表 6–1　目前国内大型旅游演艺项目选

项目名称	演出地点	类型	内容特色
印象·刘三姐	桂林阳朔	大型山水实景演出	演出以“印象刘三姐”为总题，大写意地将刘三姐的经典山歌、广西少数民族风情、漓江渔火等元素创新组合，不着痕迹地溶入山水，还原于自然，成功注释了人与自然的和谐关系，创造出天人合一的境界，被誉为“与上帝合作的杰作”。以真实的山水景观为舞台，以大自然为剧场，四季景色不同、晴雨变化不同，演出也不相同，色彩与光的配合运用效果非常好，带给观众更加真实的感受。
印象·西湖	杭州西湖	大型山水实景演出	内容紧紧围绕一个“水”字，以水来体现西湖的精髓与韵味，运用高科技手段来展现雨中西湖和西湖之雨的景象，从一个侧面反映西湖的神奇和自然。同时着重于挖掘杭州的古老民间传说、神话，依托实景剧场反映当地传统文化，体现杭州的自然特色、历史底蕴和民间文化沉淀。
宋城千古情	杭州宋城	室内立体全景式大型歌舞	以杭州的历史典故、神话传说为基点，融合歌舞、杂技艺术于一体，应用现代高科技手段营造如梦如幻的艺术效果，给人以强烈的视觉震撼。以多种表演艺术元素诠释了杭州的人文历史，创造出华丽而高雅的节目，再现了一个缠绵迷离的美丽传说，一段气贯长虹的悲壮故事，一场盛况空前的皇宫庆典，一派欢天喜地的繁荣景象，巧妙地呼应了游客们观光游览中所见的杭州美景。

表 6-1（续一）

项目名称	演出地点	类型	内容特色
印象·丽江	丽江	大型山水实景演出	全剧分为上、中、下三篇，上篇为《印象·丽江》雪山篇；中篇为人与自然的对话，这是目前世界上最长的一次幕间休息，也是对悠久纳西文化的一次观摩和洗涤；下篇为《印象·丽江》古城篇，在丽江古城的夜间演出。实景演出以玉龙雪山的自然风光为天然背景，以纳西民族为主的当地民俗民风构成了演出场景，力图表现散居丽江的十个少数民族的基本生活形态。
丽水金沙	丽江	旅游歌舞晚会	以舞蹈形式构成，荟萃了丽江奇山异水孕育的独特高原民族文化现象、亘古绝丽的古纳西王国的文化宝藏。通过择取其中 8 个民族最具代表性的文化意象，全方位展示了丽江独特的民族文化和民族精神。通过优美的舞蹈语汇、扣人心弦的音乐曲调、丰富多彩的民族服饰、立体恢弘的舞蹈场面、出神入化的灯光效果，大大强化、提升了民族歌舞的表现力，开创了民族歌舞新的表现形式。
云南映象	昆明	大型原生态歌舞集	一部没有用故事作为结构却包容了所有故事内涵的大型原生态歌舞作品。全剧囊括了天地自然、人文情怀，以及对生命起源的追溯、生命过程的礼赞和生命永恒的期盼。
蝴蝶之梦	大理	大型梦幻风情歌舞	以特有的大理“蝴蝶”文化内涵通串全场，整个氛围在梦幻中演绎，给人以强烈的视觉冲击力与艺术震撼力。全剧有五场：序、洱海明珠、三塔香云、苍山叠翠、蝴蝶泉边。序将现场观众从剧场导入梦境；洱海明珠讲述大理的创世神化；三塔香云讲述大理具有世界属性的历史背景；苍山叠翠讲述大理作为亚洲文化十字路口古都的原由及大理众多民族、文化、宗教与自然和谐共荣的渊源历史；蝴蝶泉边讲述梦圆大理的思想与情感。
香巴拉映象	香格里拉	情景歌舞剧	其歌舞、音乐元素取自于生活在滇藏文化带上的藏族、纳西族、彝族、傈僳族、白族、汉族等民族原汁原味的生活元素。以“天人合一、人神合一、万物合一”的创作主体思想去构建和谐与自然、天、地之大美，展示香巴拉民俗、民间乐律、舞蹈、民歌、民族服饰和丰富的自然、人文、宗教、民族传统文化精髓，传承发展民族传统文化，推崇大香格里拉文化品牌概念。
风中少林	郑州歌舞剧院	大型原创功夫舞剧	讲述一名少林武僧的传奇故事，演绎了一场正气与邪恶的生死较量和一出包蕴东方隐忍之美的爱情悲剧。全剧既有精湛的少林功夫展示和恢宏的战争场面，又有如歌的人间情爱和如诗的中原风情，给人以强烈的视听震撼和全新的艺术享受。

表 6–1（续二）

项目名称	演出地点	类型	内容特色
禅宗少林·音乐大典	登封	大型实景音乐剧	禅宗与少林是演出的两大主题，演出以禅宗理念引领少林功夫，使它得到一种精神的提升。它是中国禅宗文化在其发祥地向世界文化的一次召唤，是对佛与人、艺术与宗教、生命本源、人类精神归宿等终极问题的审美探求。
ERA——时空之旅	上海	超级多媒体梦幻剧	深入挖掘和利用中国，特别是江南特有的民族艺术元素，综合杂技、音乐、现场乐队、舞蹈、武术等，以时空交错为表现手法，艺术地展现昨天、今天、明天，展示中华民族悠悠历史、灿烂文明，展示迈向伟大复兴的中华民族精神风貌，展示上海人民全力推进小康社会建设的都市风情。
创世纪	深圳世界之窗	大型史诗音乐舞蹈晚会	是国内技术最先进的演出，立体化，声光电，其舞台华丽、服饰精美、演员阵容强大。演出主要表现世界古文明的精髓，包括三段：希腊神话的木马传说，汉楚之争时的霸王别姬，以及一千零一夜之阿里巴巴。世界之窗环球舞台装上大型的 LED 屏幕，使得游客即使在舞台的最外围，也能清楚地欣赏到世界之窗绚丽多彩的大型演出。
千古风流	深圳世界之窗	大型音乐舞蹈史诗	晚会以“生命与爱情”为主题，从五个世界经典爱情故事中选取五个动人悱恻的情节，以《特洛伊》、《罗摩衍那》、《楚魂汉风》、《源氏物语》、《天方夜谭》五场戏展示爱情的美丽、热烈、凄婉、无奈，揭示生命与爱情的联系。
森林密码	广州长隆	大型实景式主题马戏	围绕发生在一片神秘热带雨林中的离奇故事而展开，通过高超的导演手段再现了一段扑朔迷离的森林密码解密过程。以天人合一为创作核心理念，体现了人与动物、人与自然、人与万物的和谐相处，是一首万物生生不息的美丽生命赞歌，是一出用现代西方艺术手段演绎东方哲学精髓的马戏精品。
仿唐乐舞	西安陕西歌舞大剧院	仿古乐舞	是经过现代艺术家们精心钻研、悉心编排的盛唐歌舞表演，不仅在视听方面能够带来美好的享受，也是了解中华民族悠久灿烂文化的一种方式。本剧目由陕歌艺术家们集体创作，晚会由器乐、声乐、舞蹈组成，体现了盛唐王朝百国朝贺、民族交融的鼎盛景象及风土人情。
梦回大唐	西安大唐芙园	综合性大型乐舞表演	全剧由序“游园惊梦”和“梦幻霓裳、梦浴华清、梦邀秦王、梦萦西域、梦游曲江、梦回大唐”六幕共七个部分组成，是一台集盛唐风情、歌舞精粹、绚丽奇幻、神秘刺激、狂欢多彩的综合性大型乐舞表演，可谓是现代唐风乐舞之登峰造极的精粹。

表 6-1（续三）

项目名称	演出地点	类型	内容特色
藏王宴舞	九寨沟	歌舞宴	以公元 641 年前，吐蕃藏王松赞干布迎娶唐朝文成公主，藏汉联姻，藏王设宴，歌舞升平这一场面展开。融合了男女声独唱、舞蹈、民族弹唱、乐器独奏、宗教法舞、大型藏羌服饰展示、观众互动节目等，展现了地方民族文化的精髓。
天下峨眉	峨眉山风景区	3D 实景剧	整个演出以自然风光为元素，以佛界、仙景、人文、传说为载体，结合现代化的声光电舞台设备和音响效果，形成了以湖光、山水、舞台、星空、森林为背景的多层次演艺效果，展现了“云上金顶，天下峨眉”的天下第一山的气势。整个演出充分结合峨眉山的特点，在演出时再现了“峨眉四绝”，同时穿插运用全新的手法表现四川的民间绝技，如手影、变脸、吐火以及让人眼花缭乱、拍案叫绝的峨眉武功，为观众营造全新的旅游体验。
金沙	成都	大型音乐剧	把成都的永陵、三星堆，尤其是金沙考古发现，通过艺术的手段完美地“复活”。三星堆出土的青铜神树，永陵的二十四伎乐，金沙遗址的太阳神鸟金箔、硕大的古象牙、千年乌木……或化身成舞台上布景，或化身为活泼的、血肉饱满的人物，演绎出这片古老而富饶的土地上，美丽而浪漫的传说，奇幻如梦，令人浮想联翩。
北京之夜	北京	大型组合式晚宴艺术	融中国传统艺术、音乐、舞蹈、戏剧、杂技、曲艺、服饰等艺术形式，同主题餐饮，商品开发经营为一体，致力于在首都北京为人们提供一处了解中华上下五千年，纵横多民族的文化艺术、历史发展的美丽画卷。

四、其他旅游娱乐活动

旅游娱乐项目的表现形式多种多样，除上文介绍的主题乐园、民俗节庆、旅游演艺之外，目前在旅游目的地还大量出现的旅游娱乐项目包括农业采摘、酒吧娱乐、水上娱乐等。

（一）农业采摘

农业采摘是近年来兴起的一种城郊型旅游休闲娱乐活动，在许多城市的周边地区都十分盛行，尤其是到专门的农业采摘季节。如在我国南方许多杨梅产地每年都举行杨梅节，每年 6 月，浙江省仙居县各杨梅观光基地满山红果，游客自采自摘，其乐无穷。在此期间，每年都会举办“人间仙居——杨梅节”活动，活动内容有大型的开幕式，杨梅仙子评选，吃杨梅比赛，杨梅王评选等。

（二）酒吧娱乐

酒吧娱乐是在许多旅游目的地较为常见的一种娱乐形式，尤其是在古城、古镇形式的旅游地，如凤凰、阳朔、丽江、大理等，每当夜幕降临，酒吧便成为许多中外游客光顾的场所，增添了旅游地的夜生活魅力和娱乐氛围。

（三）水上娱乐

“智者乐水，仁者乐山”，水上娱乐一直是人们青睐的娱乐形式，尤其是在夏季和海滨，亲水娱乐是许多旅游者十分喜爱的旅游产品。近年来随着旅游度假地的不断发展，游艇成为了高端水上娱乐的主打产品。游艇是一种水上娱乐用高级耐用消费品，它集航海、运动、娱乐、休闲等功能于一体，满足个人及家庭享受生活的需要。在发达国家，游艇像轿车一样多为私人拥有，而在发展中国家，游艇多作为公园、旅游景点供人们消费的旅游娱乐项目。游艇俱乐部兴起于 18 世纪的英国，早期是为达官显贵中的船舶爱好者提供的一个船只停泊、修缮、补给的小船坞。随着工业文明的发展，小船坞的规模不断扩大，逐渐地演变成一个社会上层人士的聚集地，原有的简单功能已经不能满足他们日益增长的娱乐、社交、商务等多方面的需要。于是一个集餐饮、娱乐、住宿、商务、船只停泊、维修保养、补给、驾驶训练等多功能于一体的游艇俱乐部雏形便应运而生。

第三节　旅游娱乐项目策划

一、旅游娱乐项目策划方法

一个完整的旅游娱乐项目策划，必须包括主题定位、市场定位、文化挖掘、文化延伸、产品设计等步骤。

（一）主题定位

首先要对这个新的旅游娱乐项目进行主题定位，主题定位就是根据景区特点进行分类内容的定义，比如用生态、游乐、红色、童话、养生、民俗等这样的特点来定义景区的主题。主题鲜明定位清晰才能更好的抓住特色进行宣传，让游客理解。主题定位要根据旅游地自身的资源特点、文化内涵以及市场特征、竞争对手等进行综合考虑。

（二）市场定位

主题定位之后，要对该旅游娱乐项目进行详尽的市场定位，包括旅游市场发展趋势、市场空间定位、目标人群定位、竞争对手分析等。

（三）文化挖掘

深入挖掘旅游项目所在地的文脉、地脉，所具有的文化内涵和文化元素，包括物质文化、制度文化、行为文化、心态文化等，形成一个明显的文化主题和文化脉络，既遵循旅游地特有的文脉，又符合现代社会的主流文化观念和旅游者的需求。

（四）文化延伸

对旅游娱乐项目的主题文化进行延伸，不要局限于旅游地的文化点自身，如胡雪岩的题材，他属于徽商，可以做整个徽商的文章；黄埔军校，可以做出世界军事的文章，结合介绍世界著名军校；广西壮族一些地方的铜鼓文化，可以做出全国或者世界鼓文化的文章，从点做到面；宁波东钱湖的宰相石碑遗存，可以做出南宋石刻公园，介绍中国石刻发展历史；一个古海港，可以做出海上丝绸之路沿线风情、航海贸易发展史的文章，拉出它的发展历史链。

（五）产品设计

通过旅游娱乐项目的主题文化和延伸文化，对旅游产品进行创作性设计，依托文化自身，设计出具有参与性、娱乐性、体验性的主题文化娱乐旅游产品。

二、旅游娱乐项目策划案例分析——淹城春秋乐园

（一）项目背景

春秋淹城位于江苏省常州市，是我国目前保存最完好的古代春秋时期地面城池遗址，据考证已有 2 500 年的历史。中国春秋淹城旅游区是以春秋淹城遗址为文化原点的综合性旅游区，同时也是常州市武进区城市发展规划六大板块之一，是其中较大的旅游发展板块。春秋淹城遗址作为国家重点文物保护单位，其开发与利用一直受到国家文物局与地方政府的高度重视。这样一个文物遗址型的旅游地如何打造成为一个大型主题旅游娱乐项目是一个非常有难度且值得深入思考与重视的问题。淹城春秋乐园的项目策划和规划由北京绿维创景规划设计院（下文简称“绿维”）承担完成，绿维在春秋淹城的文化内涵挖掘和娱乐项目设计方面做出了许多富有创意的设计，最终使淹城春秋乐园成为常州市的一个著名主题乐园，使千年古城遗址重新焕发了生机，因而作为一个典型案例来进行分析。

（二）策划思路

淹城遗址是中国保存最完好的春秋古城，“三河三城”的格局世界罕见，它作为本旅游区的核心吸引力，是表现春秋历史、形成淹城文化休闲产业的文化原点。但淹城遗址的地面遗存物较少，且观赏较为不便，遗址出土的文物考古价值大，但旅游价值不高。于是怎样通过旅游的开发将文化变成可触摸、可观赏、可消费的产品以及怎样处理好遗产保护和旅游开发的矛盾就成为了首先要解决的问题。

淹城遗址是我国目前为止保存最为完整的春秋城池，其“三河三城”的结构在世界上是独一无二的。另外，其作为“文化原点”所蕴含的春秋历史文化和风水文化特质，是其他旅游区无法复制的，也是淹城旅游区构建自身核心竞争力和旅游吸引力的根本。因此其旅游开发建设应当立足于淹城遗址，挖掘遗址所蕴含的春秋文化。淹城本身文化历史遗存不多，当年古淹国留下来的可描述、可凸显、可发掘的故事并不多。虽然拍摄了一部关于淹城的历史剧，出了一本关于淹城的书，但这些东西相对来说比较飘渺，没有比较有依据的内容。所以绿维提出，做淹城不能局限在淹城本身的文化，更不能局限在淹国本身的文化，因为对于广大中国人民和世界人民来说其广泛性、认知度和表现力都不够。绿维建议淹城要做春秋文化，提出“一回走4年，春秋看淹城”的目标和形象口号，也就是要以表现春秋时代文化为重心，通过淹城旅游的开发，打造展示中国春秋文化的旅游聚集区。因此依靠淹城全面系统的打造春秋文化就成为绿维策划的一个重点。

绿维认为，文化是旅游的灵魂，也是旅游目的地持续发展的支撑。文化的保护不能是传统意义上的“死”保护，必须使其活化并被世人了解，才能更好的保护。每一个时代都有自己特殊的饮食、文学、娱乐、服饰等文化，我们希望将这些文化都聚集在一起，让它变成可触摸、可观赏、可消费的项目和产品，而主题乐园就是一种很好的聚集模式。由于淹城旅游区的物质遗存欠缺，并不具备采用文化遗产类（博物馆）展示和观光模式的客观条件；但与其他文化景区相比，春秋文化是其核心竞争力，也是统领整个片区的核心脉络。园区内的所有观光景点、游乐场所、服务中心或是小品景观都要紧紧围绕这一主题来打造。因此我们最终决定在遗址区外围的缓冲区以淹城为依托，在深入挖掘本地文化的基础上，打造一个以春秋文化为主题的春秋文化体验园——春秋乐园。这一思路也得到了武进区委区政府的认可和支持。

（三）项目定位

绿维把春秋淹城旅游区定位为以中国春秋文化品牌为依托的文化休闲型旅

游目的地，提出了“一回走千年，春秋看淹城”的形象定位口号，以打造中国唯一的春秋文化品牌旅游区、5A级旅游区和世界文化遗产为目标。

首先绿维对春秋战国的文化架构、成语典故、核心文化及其流传到现在影响最大的文化进行了系统梳理、研究分析和提炼，希望春秋乐园能够最大程度的反应有价值的春秋文化。最终，经过大量的研究和比对，绿维挑选了诸子百家、春秋五霸、青铜铭文、春秋丽人、春秋版图等对现当代影响比较大的文化作为打造内容，并将产品分为春秋文化长廊板块（景观区）、春秋演艺板块（演艺区）和春秋文化体验板块（体验区）。在此基础上我们进一步研究如何使春秋文化、春秋故事转化为可触摸、可感受、可体验的娱乐化、游乐化、休闲化的可体验的旅游产品。

（四）旅游娱乐模式创新

通过国内文化遗产、遗址公园的类比分析，我们发现历史遗址在严格的保护前提下一般采用观光旅游形式。遗址的旅游开发受文物保护法的限制很多，因而多采取与之联系的博物馆来表现其内容。而如今的淹城遗址除了“三河三城”外已无其他物质遗存，也就是说淹城旅游区并不具备采用文化遗产类（博物馆）展示、观光模式的客观条件。之后又通过对比分析研究一些成功的主题公园，尤其是文化主题园的做法，我们得出了做足文化主题公园体验的几大模式：时空隧道穿越概念、情境化模式（化妆）、淹城币消费管理模式、游乐化模式、动感化模式、参与模式以及演艺结合，但是发现在中国古文化转化为主题公园的创新上，可借鉴内容较少，因此绿维大胆创新策划，用主题公园的手法和中国文化相结合的体验模式进行创新，从而打造一个完全创新的中国传统古文化与现代娱乐游乐相结合的文化主题乐园——春秋乐园。

绿维通过对观赏方式、娱乐游乐方式和体验模式的调整，运用互动体验、游乐娱乐、演艺等手法，把春秋的主体文化、最重要的文化和流传至今的典故和故事转化为观光、游乐、娱乐、互动等体验项目，创新性地提出做一个春秋文化雕塑景观艺术大门、用石窟艺术墙的手法表现诸子百家、用孔子学堂的方式来展现儒家文化、用雕刻绘画的形式在山体中展现富有传奇色彩的春秋丽人的故事场景、用吴王宫的历史背景包装一个户外演出场地、用春秋版图的方式表现春秋的历史地理的文化内涵、用伍子胥过昭关的典故来打造漂流项目、用歌舞升平来包装旋转木马、用春秋战国时期的战争背景装点波浪翻滚项目、用孙武点将的典故来做高空观览项目、用硅胶仿真机器人打造孔子形象跟游客交流互动、用声光水影效果演艺主题水影秀等。

【思考题】

1. 简要阐述旅游娱乐文化的概念和内涵。
2. 旅游娱乐和一般休闲娱乐有什么异同点？
3. 描述一个你所熟悉的旅游娱乐项目。
4. 尝试策划一个汽车主题乐园的娱乐项目。

第七章　旅游休闲文化

【学习目标】

- 熟悉休闲的动机、形式、基本条件、历史变迁
- 理解休闲文化的概念与特征
- 了解中西方休闲文化的特点
- 掌握休闲文化产业与休闲旅游开发

【知识要点】

- 休闲的词源、动机、形式、形成条件和历史变迁
- 休闲文化的概念与特征
- 中西方休闲文化及比较
- 休闲文化与休闲旅游开发的原则及策略

随着时代的进步，社会的发展，人们越来越从繁重的体力劳动中解放出来，休闲时间越来越充裕，休闲渐渐成为新时代的宠儿。休闲从工作的附庸，被提升到与人的全面发展、社会进步、文明程度息息相关的地位。人们越来越感受到，除了奔忙的劳动外，也应该多注意心灵的丰富，关注精神的滋养，自由支配时间去做自己想做的事，这才是生命中最重要的部分。休闲是人类生存的一种良好状态，是21世纪人们生活的一个重要特征。曾有人预测，21世纪社会结构、生存方式、文明形态将发生质的转变，认为人类社会继“服务经济”之后，迈入一个“体验经济”的“休闲时代”。在未来，休闲活动将成为人们主导的日常生活方式。情感、体验、故事、娱乐、传奇、生活方式同物品和服务相比，将构成商品的主要价值和“卖点”。娱乐因素、情感、体验等等，将渗透到产品和服务之中，构成竞争力的关键因素。

第一节　休闲概述

一、休闲的概念

在我国，休闲一词早已有之。“休闲”中的“休”是一个会意字，本义是指休息，“人倚木而休。”《说文解字》中解释：“休，息止也，从人依木。”古时人们田间劳作劳累疲惫之时，便倚靠树木或坐在树下进行休息。休息是“休”的主要含义，但不是唯一的含义。“休”的其他含义有“美好”、“美善”、“吉庆”、“喜悦”、“欢乐”、“福禄”等。《诗·商颂·长发》中释“休”为吉庆、美善、福禄。“休”在《康熙字典》和《辞海》中被解释为“吉庆、欢乐”的意思。

“休闲”中的“闲”通“娴”，表明人内心的宁静和心态的平和。在《周礼》中对“闲”字的解释是：门内有根木头，即把门栓住，不让其他人和动物等通过。《说文解字》解释为：“闲，阑也，从门中有木”，意指私人空间，即在门外竖上栅栏，以为边界。因此“闲”具有范围、法度、规矩等行为规范之意。在此基础上，后来“闲”字又演绎出伦理道德的含义，这使“闲”便带有了感情色彩。同时“闲”还引申出了限制、约束的含义。如《周礼·瘦人》中有：“掌十有二闲之政教”，《论语·子张》有：“大德不逾闲，小德出入可也。”

如果将“休”和“闲”连结起来，那么“休闲”意指遵循行为规范和道德准则，过上一种美好的生活。《辞海》将“休闲”词条解释为：农田在一定的时间内不种作物，借以休养地力的措施。休闲是一种“心无驰猎之劳，身无牵臂之役，顺时安处”的恬静悠远的状态。

英文“leisure”一词来源于法语，而法语来源于希腊语和拉丁语。“休闲”在希腊语中为“schole”，拉丁语为“scola”，意为休闲和教育，认为通过休闲娱乐，人们从中获益，提高自身的文化水平，达到自身的完善。所以“休闲”本身就包含了两层基本含义：其一，自由和自由时间；其二，教育和智慧。毫无疑问，自由是休闲最初的也是最为重要的因素。自由的价值在于使我们拥有支配自己的权利，从而能够做自己喜爱之事。人首先只有是自由的，只有他感觉到自己是自由的，才会产生休闲的动机，才会去追求休闲的感受。休闲也只能是在自由状态下的休闲。中国休闲学专家马惠娣说：“休闲就是以欣然之态做心爱之事”。这两层含义之间相互联系，首先要有自由和自由时间，然后利用自由和自由时间接受教育，获得智慧。可见英文“leisure”中休息的成分很少，消遣的成分不大，主要是指在生产劳动之余的自我发展和完善。在拉丁语中otium（休闲、闲逸）的反义词为neg-otium（事务、商业、劳动），由此可见“休闲”在最初就和劳动或工作是一对相互对立的概念。“休闲”发生在闲暇时间里，但“休闲”并不等于空闲，所以西方学者使用“leisure”一词而非“free time”。

“休闲”一词自20世纪90年代开始在我国出现。有学者总结出党的十三届四中全会以来（1989~2002年）中国社会最流行的52个新词，“休闲”就名列其中。一般意义上的休闲是一个从需求角度界定，在六种不同语境下使用的概念。①时间的概念，即“闲暇时间”或“自由时间”。②活动的概念，从事的满足个人爱好和兴趣的活动。③消费的概念。④心态的概念，获得精神上的慰藉，打造心灵的驿站。⑤生活方式的概念，解除体力上的疲劳，恢复生理的平衡，追求自由放松的生活方式。⑥文明程度的概念。

综上所述，休闲的概念非常宽泛，旅游、艺术陶冶、体育锻炼、居家小憩都是休闲。休闲是指一种在非工作时间主动达成的身心舒畅、放松的行为与状态，是指在非工作时间内以各种非劳动的方式求得身心的调节与放松，达到解除体力上的疲劳、恢复生理平衡，获得精神上慰藉的一种业余生活，它包括对智能、体能的调节和生理、心理机能的锻炼。通过休闲，人与自然的关系可以更融洽，人与社会的联系可以更和谐，对物质的生产可以更理智，对财富的消费可以更通达。休闲是生命的本真状态，是人心灵的驿站，是自由全面发展的重要保障，是人类对自身的人文关怀，是对真、善、美的追求。休闲的价值不在于实用，而在于文化。被誉为“一种文化基础”，一种对社会发展的进程具有校正、平衡、弥补功能的精神力量。

二、休闲的动机

休闲是人的一种自由生存方式和生活状态，是人的创造能力和个性精神得以充分发挥的一种生命状态。不管是古代中国，还是古代西方，在人类文明的初期，“休闲”都是人们普遍向往的目标和渴求的境界，蕴涵着人们对真、善、美的真诚追求。

（一）求真

求真是指主体和客体在意识和实践上达到统一的状态。通过游历、交往等休闲活动，人们达到与认知世界的统一，从而把握事物自身的发展规律，使主体的活动与事物的客观规律相统一。知识总是与自由相关，自由又与休闲相关。在古希腊，人们认为休闲时间就是学习时间，就是求知时间，就是热爱智慧、追求真理的时间，在休闲活动中把握复杂现象背后的单纯本质，探索变化莫测的世界隐秘的不变原则。俗话说："读万卷书，行万里路"，孔老夫子周游列国饱经磨难退而著书立说写成千古经典；司马迁踏遍千山万水遗世史家绝唱无韵离骚的辉煌篇章；李白行游四海饱览万里江山留下不朽诗篇；徐霞客走遍五湖四海、三山五岳终著成游记绝唱……

（二）求善

求善是指在追求事物自身目的的同时达到事物与事物之间的和谐和有机统一，人在自然关系和社会关系中各种需要的满足。"休闲"既是求美的过程，也是求善的过程。求善过程带有最强烈的价值色彩和伦理意蕴，人们在休闲过程中对自己和周围的事物进行重新认识和价值评价，并通过休闲活动领略个体的价值和人生的意义，提升自身的道德境界。孔子强调"志于道，据于德，依于仁，游于艺"；老子推崇逍遥自在、清净无为的人生境界；墨子主张"兼爱"、"非攻"的和平生活；陶渊明的"采菊东篱下，悠然见南山"，寄身于山水，忘情于田园的淡泊、朴素、恬静的生活意境；魏晋人借自然山水，放浪形骸、纵情享乐来排解心中的压抑与苦闷，过着一种淡泊闲适的生活，这些都是一种富有伦理意蕴的休闲生活。在古希腊，亚里士多德认为："休闲可以使我们获得更多的幸福感，可以保持内心的安宁。我们需要崇高的美德去工作，同样需要崇高的美德去休闲。"

（三）求美

求美是指在人对自己的需求被满足时所产生的愉悦反应，是人类改造世界的活动中各项事物都达到有机统一的和谐状态。美以真和善为前提，但又超越了两者，美意味着主体的内在需要和现实满足的统一，意味着达到最高层次的实现自由，美其实就是人"成为人"的最高境界。美是"休"的重要含义，郑玄在解释《易》时，直接把"休"注为"美也"。美是古人休闲的最高层次，在庄子看来，"休闲"是一种遵循"万物之理"的生活，只有遵循天理才能与天地万物合而为一，达到"大美"的境界。希腊先哲毕达哥拉斯认为"美就是和谐"，"和谐就是对立面的统一"。古希腊人的理想是人的自由全面发展，在休闲生活中努力发展自己的多方面才能。正如伯里克利所说的："我们爱好美丽的东西，但是没有因此而至于奢侈；我们爱好智慧，但是没有因此而至于柔弱。"人们在休闲活动过程中，饱览各地山水风光，体悟各地风土人情，欣赏各地奇花异草，领略各地的历史文化，这些都是审美行为，人们从审美中得到享受，从而达到休闲的目的。

三、休闲的形式

休闲方式可以分为许多种，诸如休闲娱乐（唱歌跳舞、网上聊天、琴棋书画）、休闲旅游（造访名川大河、静观闲云野鹤）、休闲养植（种花养草、戏鸟玩鱼）、休闲阅读（读书看报、写诗集邮）、休闲竞技（打球赛车、游泳爬山）等等。中国社科院课题组将休闲活动划分为消遣旅游类休闲、文化娱乐类休闲、体育健身类休闲、怡情养性类休闲、社会交往类休闲和其他休闲等六大类，以前三者为主。现代休闲方式从其所产生的社会效果来看主要体现为“雅闲”、“俗闲”和“恶闲”。

（一）“雅闲”

“雅闲”是指文化精神层面的休闲生活方式，是一种高雅、有品味的休闲，其特点是超越性和发展性，最终指向精神的愉悦和自我的提升。“雅闲”就是要求摆脱低级趣味的休闲，注重休闲的文化内涵及其高雅品味，或以琴抚心，或棋中尽性，或托书抒怀，或画里传情，品音乐演奏，看歌舞表演，听知识讲座，赏人文景观，抑或留连于山水之间借景抒情托物言志，或在诗词歌赋中淋漓酣畅地表达思想感情寄托精神追求等。

（二）“俗闲”

“俗闲”是指一种大众化的休闲生活方式，能满足大众休闲心理的需要，是社会的主流休闲方式，其主要特点是娱乐性和闲适性。如看电视电影、玩电子游戏、闲呆、闲聊、闲逛、外出旅游、体育健身、享受美食、大众娱乐等。

（三）“恶闲”

“恶闲”是指对社会、自然和自己产生不和谐的休闲生活方式，是一种极不健康、文明、科学的生活方式，同时是反道德、反文明、反科学的，具有破坏性和自毁性等特点。如声色犬马、寻欢作乐、酗酒吸毒、赌博嫖娼、打架斗殴、占卜算卦、测字相面、信神弄鬼等。

四、休闲的形成条件

休闲作为一项人的自觉的社会性文化活动，需要具备一定条件才能得以正常开展。休闲的三个基本要素是自由的支配时间、自在的心灵状态，以及主体的自主选择。具体来说，要享受休闲活动，必须具备以下基本条件。

（一）物质条件

休闲是在生产力有了一定发展，人的生存问题得以基本解决，人类开始有闲暇时间并可以自由支配的情况下，休闲活动才成为可能。生产力水平的提高是休闲的物质前提，其次休闲本身是由一些客观要素构成的。休闲的主体、休闲的客体、休闲活动的水平等都是客观的，都要受到具体物质条件的限制，每个时代各种人群会以什么样的方式休闲、休闲所能达到的效果，都不依人的主观意志为转移。

（二）政治条件

休闲成为身份、社会地位的象征。休闲活动要受社会制度的制约。在阶级社会里，不合理的社会制度所导致的阶级地位的差别，使人的休闲活动从内容到形式都有非常大的差别。在奴隶社会，休闲仅仅是少数奴隶主的特权；从封建社会至资本主义社会，休闲尽管开始覆盖到所有人，但一些高级的、享受性的娱乐休闲活动基本上仅被统治者和有产阶级垄断；被统治者、无产者的休闲基本上仅限于体能恢复性的休闲，这种休闲与统治者、有产者的休闲活动相比有天壤之别。只有到了社会主义社会，每个公民才被赋予同等的休闲权利，休闲才真正成为发展人的个性与社会性、实现人的自由与全面发展的基本手段，可以说社会主义制度为休闲的发展提供了最为广阔的前景。

（三）时间条件

休闲是在一定的时间条件下进行的，没有时间作保障，休闲活动就无法开展。一个人要进行休闲活动，除了需要有一定的可自由支配的收入以外，还需要有一定的可自由支配的时间。休闲时间是指人们扣除工作时间、睡梦时间、个人私事时间和家务时间之外的时间，是个人拥有的不受其他条件限制的自由时间。休闲是以时间形态存在的社会资源，是检验人的生存状况、生命质量、精神态度的试剂，是发展社会生产力的一种高级形式与途径。闲暇时间的长短与人类文明的发展同步，随着科学技术的发展，劳动效率的提高，人们所需维持社会正常运转的劳动时间越来越短，人们的闲暇时间越来越多。

（四）精神条件

休闲具有主观能动性，它是有目的、有计划地进行的一种活动，它直接受社会心理、阶级感情、民族和宗教禁忌、个人性格、兴趣、爱好等主观因素的制约，更多地打着精神的烙印。休闲的水平也与人的受教育程度密切相关，特别是精神性的休闲活动会因人的受教育状况而迥异，文化的发展为休闲活动提供内容和方向性的指导。毫无疑问，自由是休闲最初的，也是最为重要的因素。

五、休闲的历史变迁

人类的休闲方式有一个历史发展过程，随着时代的变迁，休闲的主体和形式都有了很大的改变。随着人类历史的发展和进步，社会生产力的提高，人们的休闲时间越来越多，休闲文化的内容也变得更广泛、更丰富，形式更多样。

（一）休闲的主体变迁

在古代，由于劳动生产技术落后，广大劳动人民脸朝黄土背朝天，日出而作日落而息，一般情况只能勉强维持家庭成员的温饱，而且在耕种劳作之余，还得从事各种兵役、徭役，以及承担繁重的苛捐杂税，一年四季都少有空闲时间，因此根本谈不上什么休闲享受。在古代，休闲只是一部分社会精英的特权，广大的劳动人民挣扎在生存线上，为生存疲于奔命。官僚地主、封建贵族等社会上层人士因为过着养尊处优的生活，有钱有闲，休闲享受成为他们日常生活的重要组成部分。随着社会的发展，科技的进步，人们的生活越来越富裕，闲暇时间也越来越多。"旧时王谢堂前燕，飞入寻常百姓家"，昔日只有少数上层统治阶级享有的休闲生活方式，现在已经慢慢进入了寻常百姓人家的生活之中。在当今社会，每年通过各种途径和方式享受休闲活动的人越来越多，而且可以预计，随着社会的发展和科技的进步、收入水平的提高和闲暇时间的增多，休闲会成为广大民众生活中必不可少的组成部分，直接融入到人们的生活之中。

（二）休闲的形式变迁

在古代，由于社会发展水平的落后，交通通讯不发达，科学技术在生活中很少应用，人们的生活圈子远没有今天这么开阔，休闲娱乐的方式也接近于原始。对弈吟诗、饮酒作乐、骑马射猎、弹琴作画等这些修身养性的方式构成古代文人雅士的主要休闲样式，诸如文人雅士的"智者乐水，仁者乐山"，"读万卷书，行万里路"；孔子向往"冠者五六人，童子六七人"，"浴乎沂，风乎舞雩，咏而归"的人生境界，发出"吾与点"的喟叹；庄子欣赏"忘适之适"的"逍遥游"；陶渊明不为五斗米折腰，"采菊东篱下，悠然见南山"的忘情与沉醉；苏轼的"一蓑风雨任平生"的淡泊与超脱；竹林七贤隐居竹林，肆意酣畅，傲啸山林的风流与浪漫；李白"闲来垂钓碧溪上，忽复乘舟梦日边"的轻松随意；"烟波钓叟"张志和的"青箬笠，绿蓑衣，斜风细雨不须归"的悠远和空灵等等。他们的休闲方式相对简单，也相对原始，更在乎情感的表白和流露。随着科学技术在现代的广泛应用，现代人的休闲方式相对来说丰富多了，也深深地被打上了科技的烙印，诸如电子游戏、上网冲浪、卡拉 OK、电视电影等，休闲的形式发生很大的变化，内容精彩纷呈。

第二节　休闲文化

中国自古以来就是一个十分注重休闲的国度，休闲文化是我国传统文化中一个独具特色的重要组成部分。当前我国虽然尚未真正进入休闲时代，但是随着休闲文化的日常生活化及其相关研究，如休闲学、休闲哲学、休闲心理学、休闲美学、休闲行为学等日益广泛和深入，休闲文化成为当前社会一个时尚的热门话题。

一、休闲文化的概念与特征

人们在闲暇时所开展和进行的一切具有文化含量的休闲活动，统称为休闲文化，它具有以下五点特征。

（一）主体广泛性

休闲文化的参与主体具有广泛性，几乎包括了社会中所有自由、健康的人群，不同民族、不同性别、不同职业、不同年龄、不同的地位、不同的学历结构、不同的生活背景、不同的知识结构、不同文化素质、不同居住环境的人，都有各自的休闲文化生活的需要，都有适合自己特点的休闲文化活动，也大多都在从事适合自己的各种休闲文化活动。休闲文化活动是全体社会成员都广泛需要、自发参加的一种社会文化活动。

（二）活动自觉性

休闲的活动方式是人们自觉进行的，具有鲜明的主观能动性；是人们自愿、自觉进行的自我创造、自我学习、自我娱乐、自我享受的文化活动，具有很强的灵活性和随意性。休闲活动的目的是自娱自乐、自我完善、自我发展，是人们为了满足自身的精神生活需求和获取知识的追求。

（三）内容丰富性

中国古代的休闲思想可谓博大精深，“特别是以士大夫文人为主的休闲文化，是中国传统文化中很重要的组成部分，它与自然哲学、人格修养、审美情趣、文学艺术、养生延年等许多方面都发生着极为密切的关系。”休闲文化内容极其丰富，涉及人类所能进行的文化生活的各个方面，渗透进我们生活的每个方面和每个角落。人们在“自由时间”内，用于冰释疲劳、减轻压力、恢复精力、舒缓情绪、消除郁闷、释放能量、缓解紧张、开阔视野、增长见识、陶冶情操、提升境界等“非劳动”的活动方式，都属于休闲文化范围。

（四）地域广阔性

俗话说：“十里不同风，百里不同俗”。无论是南方还是北方，无论是城市还是山乡，处处都有休闲文化，这就使得休闲文化异彩纷呈，具有广泛的地域性。“北人骑马，南人乘舟”，不同的地域，休闲文化也呈现出很大的差异。从杏花春雨的江南，到大漠秋风的塞北，各地的风俗习惯具有很大的不同，可谓“一方水土养一方人”。表现在休闲文化上，北方人更喜欢参加摔跤、骑马、射箭、狩猎等相对雄迈粗犷的休闲活动，而南方人更热衷于读书、听戏、品茶、练字等相对细腻温婉的休闲活动。

（五）历史继承性

休闲文化源远流长，可以说自从有了人类就有了休闲文化。休闲文化是一种历史现象，有着自身的历史发展过程，应该说每一个社会、每一个历史时期都有与其相适应的休闲文化。休闲文化随着社会物质生产的发展而发展，并在发展的过程中呈现出鲜明的历史继承性。任何时代的休闲文化都不能割断与过去历史休闲文化的联系，都是建立在对以往休闲文化继承和创新的基础上，是对过去休闲文化的一种“扬弃”。可以说，一部人类社会的发展史，就是一部休闲文化的发展史。

二、中国休闲文化与西方休闲文化

（一）中国休闲文化

中国是一个有着休闲文化悠久历史的国度，古籍中记录休闲文化的内容也十分丰富，从《诗经》、《楚辞》、《汉赋》、《唐诗》、《宋词》、《元曲》、清代文人小品，到衣食住行、诗词歌赋、琴棋书画，都是休闲文化的产物。在中国古代人的观念中，“休”不仅具有不再从事劳作以休养身心的意义，还包括其他在空闲时间里人们主动开展的自我发展、自我欣赏的活动，如各种祭祀活动、节庆活动、集会活动。从这些丰富多彩的活动形式中，人们不仅能够以积极的方式调节体力、修身养性，而且还赋予活动以价值意义，提高休闲活动的文化内涵，体现了华夏民族对休闲持有的特殊认知和体验方式。自古以来，中国人有一个观念，他们把光天化日之下做的事称为“正事”，把关起门来做的事称为“闲事”，存在对他们所从事的活动有正事、闲事的价值判断。

在中国，传统文化一直受老庄哲学和禅宗思维方式的影响，因而也就产生了中国人所特有的传统的休闲价值观。从赏玩山水之中直觉地把握自然，把握如自然一样的人生的生命律动，从而悟解天地人生之道，达到自我实现、自我满足。休闲应该是心灵的驿站，可以驱逐精神的劳顿，安抚疲惫的心，使人得到一次精神的解脱，或者促进人的精神升华。

就休闲价值而言，中国古代典籍中历来不乏经典描述。但在这些著述中所表现出来的休闲价值，无外乎以下三种。

其一，是经世致用的价值。在242年前后，很多文人也以经世致用为标准来评判休闲的优劣。如当时地处江南的东吴太子孙和，针对当时社会上交游博弈（围棋比赛）之风盛行，曾组织人就这个问题进行过一次讨论。韦曜为此专门写了一篇《博弈论》。文中批评：今世之人多不务经术，好玩博弈，认为博弈技非六艺，用非经国，立身者不阶其术，徵选者不由其道。求之于战阵，则非孙、吴之伦也，考之于道艺，则非孔氏之门也。以诈伪为务，则非忠信之事；以劫杀为名，非仁者之意也。故空防日废业，终无补益。作者强烈地批评了博弈非实用之技，既无移风易俗之功，更非建功立业之技，反而容易助长投机取巧之心。这种强调经世致用的价值观，往往成为一些人取舍参与休闲活动的依据。

其二，是怡情悦性的价值。古人云：流水之声可以养耳，青禾绿草可以养目，观书绎理可以养心，弹琴学字可以养脑，逍遥杖履可以养足，静坐调息可以养筋骸。中国部分先人把休闲看成一种内在的审美体验和精神享受，远离物质功利，做到主体心境与天地自然的交流与融合，从而领悟到精神世界与客观世界的和谐统一。老子推崇逍遥自在、清净无为的人生境界，强调人应该“致虚极，守静笃”、“清净为天下正”，要活得自由自在，心性尤其要悠然散淡，做到清心寡欲，绝圣弃智，绝巧弃利；孔子主张“志于道，据于德，依于仁，游于艺”，以天道为依归，以道德为规范，以仁义为准则，以文艺修身养性，过一种格调高雅的生活；庄子崇尚“逍遥游”，在游玩中通过静观默察、自觉体悟的审美、参与，以物我相亲、物我同化达到物我两忘、物我齐一的状态，用全部身心去体验、感悟自然；陶渊明的“采菊东篱下，悠然见南山”；诸葛亮的“君子之行，静以修身，俭以养德，非淡泊无以明志，非宁静无以致远”。

其三，是尊德重行的价值。在中国古代休闲的价值取向中，注重品德修养和人格完善，常常体现为主体在休闲中赋予对象以社会化的道德内涵和伦理意蕴。众所周知，以孔子为代表的儒家思想既强调人际伦理和道德教化，倡导仁、义、礼、智、信等思想观念，又努力在道德伦理境界与自然山水、客观物象之间建立某种内在关联，赋予抽象的道德伦理以感性物体的依托和支撑，赋予感性物体以道德伦理的内涵和意蕴，在这些具象物体中传达出主体的人格魅力和精神境界。如孔子主张“射不主皮，为力不同科，古之道也。古者射以观德，但主于中鹄，不主于贯革。因人之力有强弱，不同等。”再如《论语・雍也》中记载：“智者乐水，仁者乐山；智者动，仁者静；智者乐，仁者寿。”《论语・子罕》：“岁寒，然后知松柏之后凋也。”不仅如此，在中国古代休闲思想中，厚德重品还体现为主体在休闲中赋予对象以个性化的人格蕴藉；在中国传统文化中，梅、兰、竹、菊素有“花中四君子”之称，松、竹、梅被称为“岁寒三友”。

我国休闲学研究的开拓者马惠娣女士认为，从休闲学的角度研究休闲的本质，应把休闲看作是人的一种存在状态、一种生命状态、一种精神状态，是人“成为人”的过程，是人的一生中持久的、重要的发展舞台。休闲的最好状态应是“以欣然之态做心爱之事”，休闲应成为人类美丽的精神家园。休闲是人的活动，是体现和实现人的全面性和丰富性的活动，是整合和提升人性的活动。要从人性的三个方面即人的自然属性、社会属性和意识属性及其整合提升上来理解休闲。在现代学者看来，休闲之价值体现在人通过从事休闲文化活动促进人的身体健康、身心愉悦、人的全面发展及人与自然和社会文化和谐统一。

（二）西方休闲文化

在西方，休闲思想源远流长，西方休闲思想的学术渊源和文化渊源起源于古希腊和希伯莱文化，并形成了西方人所固有的休闲价值观。西方的休闲思想最早可以追溯到古希腊的柏拉图，柏拉图说：“诸神怜悯生来就劳累的人们，因而赐予他们一系列节日，并有酒神（ Dionysus）、诗神（Muses）、太阳神（Apollo）相伴，由此他们的身心获得滋养，它们变得高大、正直。”柏拉图认为，不受现实生活烦扰的统治阶级，应该把所有闲暇时间用于沉思真、善、美等问题，使他们本身更加完美，从而巩固和加强其统治地位。亚里士多德认为：“休闲可以使我们获得更多的幸福感，可以保持内心的安宁。我们需要崇高的美德去工作，同样需要崇高的美德去休闲”。休闲应该成为人的一种生活方式，真正内化到人的心灵中，达到身体的无痛苦和灵魂的无干扰，达到人与自然的和谐统一的理想生活模式。人在休闲中的沉思状态是最好的“境界”，是一种神圣的活动。亚里士多德进一步把休闲誉为“一切事物环绕的中心”，并把休闲看成是哲学、艺术和科学诞生的基本条件之一，这一思想后来成为西方休闲文化的传统。葛拉其亚在总结亚里士多德的休闲概念并阐述自己的观点时，把休闲定义为“对要履行的必然性的摆脱”。在古代希腊人的观念中，休闲是一种以丰富和创造生命活动并完善以自我为目的的闲暇活动。古希腊人认为市政生活是其休闲生活的代表柏拉图、亚里士多德称休闲为只有衣食无忧的上层阶级、贵族和精英才能享有的权力。认为“休闲”不是个体性的，是在生命共同体中实现的。“休闲”不是自娱自乐，必须在人与人交往、人与自然互动的过程中实现。

《圣经》的“诗篇”中写道：（上帝对人说）“你们要有休闲，才能感悟到我是神。”（Have leisure and know that I am God.）休闲被认为是上帝赋予每个公民的神圣权利。另外，还认为休闲与美德、愉快、幸福密不可分。

近代启蒙思想家斯宾塞在其《闲暇教育论》中说：“这些种种趣味的陶冶和喜悦不但是重要的，而且在我们即将到来的时代里，这些趣味比现在会远远地占据人生的绝大部分。”

伟大的思想家马克思对休闲也有自己独到的见解。在马克思眼中，“休闲”一是指“用于娱乐和休息的余暇时间”；二是指“发展智力，在精神上掌握自由的时间”。在恩格斯看来，劳动人民拥有享受休闲的权利，休闲不仅是一个国家生产力水平高低的一种标志，而且也是衡量一个国家文明程度的一个标尺。

在很长的时间里，休闲被曲解为好逸恶劳、游手好闲或者是腐朽阶级惹人厌恶的不堪情趣。直到1899年凡勃伦发表《有闲阶级论》，传统的观念才开始松动。在文中凡勃伦注意到资产阶级新权贵在获得物质享受的同时已开始追求精神生活的丰富和享乐。休闲在当时是特定阶级的权利，从事生产的劳动人民是无从触摸的。凡勃伦提出休闲已成为一种社会建制，一种生活方式和行为方式，宗教、美学、学术讨论与休闲都有普遍性的联系。凡勃伦认为，富人已经形成了一个“有闲阶级”，对于他们来说，休闲并不是一个自我完善的机会，而仅仅是一个炫耀个人财富和拉大同普通百姓之间距离的一座桥梁。显然休闲由于财富、阶层和权力而发生了变化，休闲成了精英阶层的特权。然而自从休闲成为一种政治特权之后，人类争夺休闲权的斗争就一直没有停止过。《有闲阶级论》的发表标志着休闲学在美国的诞生。

现任世界休闲组织秘书长克里斯多弗·艾丁顿博士把这些定义总结为以下方面：自由时间（free timc）、活动（activity）、心灵状态（state of mind）、社会阶层的象征（symbol of social class）、行动（leisure as action）、反功利（ant-utilitarian）、整体观（holistic）。

第三节　休闲文化产业与休闲旅游开发

当今时代，从一定意义上讲，文化发展影响着经济发展，文化素质决定着经济素质，文化与经济相互交融，广泛渗透到社会生活的各个领域，对经济发展的推动、引导和支撑作用越来越突出。休闲正成为21世纪社会生产生活的重要特征。据英国《经济学家报》预测，21 世纪休闲产业将取代信息产业成为全球经济增长的最大推动力。专家预言，未来数年，休闲产业在中国将迎来发展的黄金期，休闲不再是少数人的专利，而将迈向大众化消费的时代。休闲文化推动着休闲产业的发展，休闲产业的发展又进一步促进休闲文化的繁荣进步。

一、休闲文化产业

休闲文化产业是指与人的休闲生活、休闲行为、休闲需求密切相关的产业领域，特别是以旅游业、娱乐业、服务业为龙头形成的经济形态和产业系统，已成为国家经济发展的重要支柱产业。

休闲文化产业是近代工业文明的产物，或者更确切地说，它是现代社会的产物。休闲文化产业发端于欧美，19 世纪中叶初露端倪。进入 20 世纪，随着科学技术的快速发展，与休闲文化相关的产业逐渐应运而生。20 世纪 70 年代进入快速发展时期。著名的未来学家格雷厄姆·莫利托在《全球经济将出现五大浪潮》一文中指出，到 2015 年，人类将走过信息时代的高峰期而进入休闲时代，休闲将成为人类生活的重要组成部分。休闲经济在整个国民经济中的地位将发生根本性变化，成为社会的主导经济并逐步发展为支柱产业，即休闲经济产值将在 GNP 中占 50%以上，并提供最大规模的就业市场，从而进入“休闲经济时代”。

（一）休闲文化产业的构成

1. 休闲基础产业

主要包括旅游业、文化休闲业和休闲体育业。旅游业是休闲产业的重要组成部分，是以旅游这种方式和活动提供相关旅游产品和服务来满足人们在休闲生活、休闲行为、休闲消费、休闲需求中的物质和精神文化需求的产业业态。文化休闲业是满足人们休闲消费中的精神文化需求的行业和部门，包括一切以精神文化内容来满足人们休闲需求的服务和产品。休闲体育业是休闲产业与体育产业的交叉部分，是以休闲为主要目的、通过体育活动的途径和手段来满足人们在休闲活动中的相关健身、娱乐、交际等物质和精神文化需求的产业。

2. 休闲延伸产业

主要包括休闲农业、休闲商业和休闲房地产业。休闲农业是农业与休闲业相结合的一种新型产业，它以农业为主题，充分利用农业自然环境和人文环境，来满足人们对农业的观光、休闲和体验等目的。休闲商业是指通过商业所提供的产品和服务以及通过商业活动本身来满足人们在休闲生活、休闲行为、休闲消费、休闲需求中的物质和精神文化需要的产业领域。主要包括商业游憩区、步行街、特色消费店等内容。

3. 休闲支撑产业

主要包括涵盖服装、用品、装备等在内的休闲工业，涵盖媒体、咨询、科研在内的休闲信息业，以及休闲中介业和休闲交通业。休闲产业的发展，意味着一系列传统产业的更新和功能的增加，也意味着城乡统筹的实现。

（二）休闲文化产业发展现状

1. 世界休闲文化产业

休闲文化产业是21世纪的朝阳产业，也是最具有发展潜力的产业之一。就世界范围来看，休闲文化产业已经成为西方发达国家的支柱产业，其产值约占到该国GDP的1/5。日本的娱乐业发展迅速，日产游戏软件充斥市场，其年产值早在1993年就超过了汽车工业的年产值。韩国在亚洲金融风暴中，经历了惊涛骇浪的考验，使其平安涉险的救星也是休闲文化产业。韩国的影视、歌曲已成为冲击全球、势不可档的“猎猎韩风”和“滚滚韩流”。英国休闲文化产业的年产值将近60亿英镑，从业人数约占全国总就业人数的5%。在许多发达国家和地区，居民文化消费已占据总消费额的30%以上。在欧美国家，休闲产业十分发达，据有关数据表明，美国的休闲产业已处于国民生产总值第一的位置，其就业人口占全部劳动力的1/4。因此也可以说休闲文化产业是当今世界所有产业中最为重要的产业。

2. 中国休闲文化产业

中央电视台《生活》栏目和国家统计局联合开展的“城市居民五年生活质量变化调查”表明，进入21世纪后，中国城市居民最向往的生活已从“经济富裕”转变为“身心幸福”，将更偏重“身体健康，心情舒畅”作为首选。有数据显示，2009年我国居民旅游休闲、文化休闲、体育休闲及其他休闲等休闲消费的规模在17 000亿元左右，相当于我国社会消费品零售总额的13.56%、GDP的5.07%。据国家旅游局预测，2020年全国旅游业总收入将达到33 000亿元，相当于国内生产总值的8%，休闲文化产业将真正成为我国国民经济的支柱产业。在中国第十个五年计划（2001~2005年）纲要中，第一次写进了居民的休闲问题，并明确提出要推行职工带薪休假制度，合理调整居民工作和闲暇时间。这充分表明，休闲作为生活方式成为建设全面小康社会的重要标志。据有关部门抽样调查，我国老百姓在节假日最想做的事情中，旅游休闲高居榜首，达46.46%。在西方经济发达国家，休闲产业已成为经济发展的支柱产业；而在我国，休闲产业也逐渐显示出其对国民经济的巨大拉动作用和发展潜力。休闲产业涉及与人的休闲生活、休闲行为、休闲需求等密切相关的产业领域，其产业范围涵盖旅游业、娱乐业、服务业和文化产业。休闲文化产业作为新的经济增长点，日益成为城市综合竞争力和可持续发展能力的基础指标和关键因素，成为21世纪中国经济全面、协调、可持续发展的最重要的支柱产业之一。

二、休闲旅游开发

（一）休闲旅游

休闲旅游是指以旅游资源为依托，以休闲为主要目的，以旅游设施为条件，以特定的旅游文化景观和服务项目为内容，离开惯常居住地而到目的地做短暂逗留并主要进行游览、娱乐、观光和休息等休闲活动，是指旅游者通过形式多样的度假、健身、消遣、娱乐、游憩等活动以满足开阔视野、增长见识、陶冶情操、放松身心、发展自我等需求的高层次旅游形式。

目前，休闲旅游已经成为当今世界旅游市场的热点与发展趋势。据世界旅游组织在全球范围内的调查显示："今后15年全球参加社会工作的人们每年将有50%以上的时间用于休闲，休闲经济将在旅游产业体系中占据首位，休闲旅游产业将是第三产业中最重要的产业。"随着我国经济持续增长，人民可自由支配收入增加，闲暇时间增多，以及旅游消费观念的提升，我国旅游市场也逐渐由观光旅游向休闲旅游转型。

（二）休闲旅游产业

中国社科院课题组将休闲活动划分为消遣旅游类休闲、文化娱乐类休闲、体育健身类休闲、怡情养性类休闲、社会交往类休闲和其他休闲等六大类，以前三者为主，同时结合其他领域的休闲消费。到2009年我国居民休闲消费最核心部分约为1.7万亿元，相当于社会消费品零售总额的13.56%，相当于GDP的5.07%。休闲旅游产业的特性是具有产业带动性、经济扩张性、融合渗透性和效应递增性。这些特性决定了休闲旅游业在区域产业发展中居于战略支撑地位。休闲旅游的快速发展，旅游产业链条的形成，不仅带动了相关联的餐饮、房地产、金融、通讯、物流、科技研发等产业发展，达到一业兴百业旺、一业起百业聚，而且越来越广泛深入地与其他产业相融合，衍生出各种新的旅游热点和旅游形态。如旅游与演艺相融合，诞生了以"唐乐宫"为代表的传统旅游表演和以"印象系列"为代表的大型实景演出；旅游与影视相融合，带动了各种影视基地的发展，也创新了各旅游目的地的营销方式；旅游与体育产业相融合，有了如今的奥运场馆游、体育设施游、大型赛事游；旅游与农业结合，形成了休闲农业、观光农业、农家乐等不同形态；旅游与工业融合，直接催生了工业旅游和工业遗产旅游的发展。

休闲旅游产业资源消耗少、环境污染小，是典型的投入低、附加值高、最具竞争力的产业。休闲旅游产业的发展，能够有效地促进信息、资金、技术在市域内、行业间流动，为经济发展带来充足的生产要素和旺盛的需求活力，推动工业、农业的结构优化和服务业内部结构的改善。

（三）休闲旅游产业开发

21 世纪，以休闲、旅游、娱乐、健身、艺术、文化传播等为主的“休闲经济”，将名副其实地成为世界支柱产业。目前，中国的休闲文化产业及休闲旅游产业虽然发展迅猛，但也面临着“瓶颈”因素的制约和市场培育的重任。很多休闲旅游景区不同程度的出现管理体制不顺、运营机制陈旧、承载负荷沉重、开发营销资金不足、人才匮乏、服务欠佳、品种单一、重复盲目建设等制约发展的因素。中国休闲旅游产业发展开始面临新的市场问题，面临着行业之间竞争日益增长的压力。

1. 重在引导

旅游业关联面很广，必须由政府主导才能整合各方资源做好休闲产业化，因此旅游行政部门应从政策层面加以引导，按照“政府引导、市场运作”的原则，引导休闲产业保持健康有序发展。设立休闲产业的归口管理机构，充分发挥政府公共管理和制订市场规则的职能，整合资源、监管市场、营造环境、促进投资，创造有利于休闲消费加快发展的体制、政策、投资及市场环境。

2. 重在支持

破解“三个瓶颈”：一是加速破解交通瓶颈，使游客方便进出，便捷到达；二是全力破解资金瓶颈，加大招商引资力度，争取项目配套资金，激活民间资本，利用金融资本，设立政府旅游发展基金；三是妥善破解体制瓶颈。加快改革旅游体制机制，形成适应休闲旅游大发展的组织管理架构。

3. 重在特色

每个休闲旅游城市都有自身的独特魅力，北京有大城之美，上海有时尚之美，广州有创富之美，成都则有生活之美。只有形成特色才会适应市场，产生效益，可持续地发展产业化。如杭州休闲产业发展，特色鲜明，游客到此可以荡波于西湖，感受西湖无处不在的柔美和悠闲的风韵；在灵隐寺宁静心灵，在青藤茶馆品味西湖龙井，看夜色中西湖的朦胧，体验杭州的茶文化；感悟历史文化深邃的宋城，心仪于中国丝绸历史那遥远的记忆，体验并分享着杭州市民充满个性的休闲生活……

4. 重在品质

外出度假休闲本身就是为了寻求与长住地不同的生活体验，随着城市生活水平的提高，人们不再仅仅满足于低级粗糙的发现式体验，而会更加注重享受式的体验，因此会越来越追求休闲产品的安全性与品质，尤其是服务品质；倡导提升“三个档次”：一是提升产品和项目档次；二是提升软硬件服务档次；三是提升宣传营销档次。

5. 重在文化

文化是明天的经济，产业经济的持续发展需要以繁荣的文化作为支撑。中国上下五千年的历史文化传承，丰富深厚，具有无穷的休闲资源，只有植根于当地文化才能发挥文化魅力扩展产业化。比如对于欧洲、北美这样的远程市场，杭州抓住了东西方差异来做文章。西方人喝咖啡，东方人喝绿茶。杭州除了茶文化外，还有丝绸文化、陶瓷文化。又如长沙灿烂深厚的湖湘文化正在逐渐成为增强这座城市“软实力”的强大动力。

6. 重在生态

全球变暖，城市空气、噪声污染，工作压力增大，人们越来越向往纯真原始的山水森林、乡村民俗民风，让人们体验原生态的自然与文化将是休闲产业化发展的根本方向。因此在休闲旅游产品的开发过程中，一定要注重生态旅游产品的开发和生态环境的保护。

7. 重在人才

发展休闲教育，大力开展休闲业急需人才的培训。重点进行休闲经济管理、休闲规划管理、休闲市场管理、休闲营销管理、休闲产业人力资源管理、休闲企业管理、休闲策划管理、休闲娱乐管理等课程的专业培训。营造良好的创业就业环境，大力吸引国内外的高级休闲管理人才。促进休闲研究领域的研究和国际交流。

8. 重在宣传

休闲文化产业的发展离不开宣传，通过宣传引导休闲消费理念，培育和扩大休闲群体，营造全民休闲环境。杭州每年都会走出去，到国内其他城市或其他国家，推介促销杭州的美食、茶叶、丝绸，还有杭州丰富的历史人文资源，这也是杭州发展休闲旅游、打响城市旅游牌的重要策略，取得了很好的成效。

9. 重在品牌

加强品牌建设应充分利用本地文化资源优势，着力打造一批休闲精品和知名品牌。如长沙大力打造旅游品牌、民俗文化品牌、艺术品牌，继续做大做强“电视湘军、出版湘军、动漫湘军、演艺湘军”等品牌，积极开发具有国际国内影响的休闲文化品牌并形成品牌链，提升长沙休闲产品的核心竞争力。

【案例】

在西方发达国家，人们往往把从事休闲产业的人誉为“亲善大使”，因为他们既运用智慧，又付出爱心，以一种特殊的品质和技巧传递爱的精神，帮助人们找到真正值得参与的活动，使这个世界变得安全、温馨和美好；使人在休闲中既丰富思想，又陶冶情操；使人的生命既丰富多彩，又获得价值的提升。据英国《经济学家报》预测，21 世纪，休闲产业将取代信息产业成为全球经济增长的最大推动力。英国自 20 世纪 90 年代以来，平均每户家庭的休闲开支占所有支出的 20%左右，休闲业产值达到 1 360 亿英镑，超过了汽车业和食品业，并仍将以每年 30% 的速度增长，休闲业所创造的工作岗位已占到全英国工作岗位的 1/5。

在美国，早在 20 世纪 90 年代初，用于休闲的花费就已达 1 万亿美元，占全美消费支出的 1/3，已经超过了珠宝和服装业，而且还提供了全美 1/4 的工作岗位。亚洲国家也在积极抓住这个机遇，2001 年，韩国的游戏产业大约形成了 200 亿美元的产值，一份研究报告表明，由于增长率高达 30%～40%，游戏业将成为该国最有利润的一个行业。

近 10 年来，我国台湾地区衣食住行花费占总消费的比例都在下降，唯独休闲娱乐消遣、教育和文化活动等支出从 15%增长到了 18.2%。

自 1995 年起，我国开始实行 5 天工作制，1999 年 9 月国家又实施了“三个长假日”，这意味着我国居民每年有 1/3 的时间是在闲暇中度过的。这一国家行为提出了一个十分值得注意的问题——休闲作为一个新的社会文化现象快速地向我们走来，中国大陆的休闲消费潜力显然更大，随着劳动生产率的进一步提高，在不久的将来，休闲经济将成为中国新的经济增长点。

（**资料来源**：杨秀丽，李森焱，毛惠媛. 中国传统休闲文化与西方休闲价值观[J]. 沈阳大学学报，2004（3）：67-69.）

【分析】

1. 谈谈为什么当前世界各国都高度重视休闲产业的发展。
2. 谈谈我国如何借鉴国外发展休闲产业的经验，设计休闲产业发展蓝图。

【思考题】

1. 简要阐述中西方休闲文化之间的比较。
2. 结合实例论述休闲旅游如何开发。
3. 谈谈你对中国休闲文化产业和休闲旅游开发的认识。

第八章　旅游养生文化

【学习目标】

- 熟悉养生文化的概念、主要环节、基本原则、影响因素
- 理解中国儒家、道家、佛家、医家等传统养生文化
- 掌握养生旅游的开发

【知识要点】

- 养生的概念、主要环节、基本原则、影响因素
- 儒家、道家、佛家、医家养生文化的特点
- 养生旅游的概念
- 养生旅游资源、养生旅游开发

第一节　养生文化概述

在漫长的人类历史发展过程中，健康与长寿是永恒的主题，一直以来都寄托着人们美好的期盼和不懈的追求，这也使得养生成了一种极具华夏民族特色的文化现象。传统养生文化是中华民族的瑰宝，它以阴阳五行、天人合一、气一元论、天人感应等中国古代哲学思想和脏腑经络等中医传统理论为指导，以世世代代劳动人民丰富的临床实践经验为基础，既汇集了我国历代劳动人民的辛勤和智慧，又糅合了我国传统文化的思想精华，源远流长、博大精深、异彩纷呈，形成了蔚为壮观又充满浓郁东方神秘色彩的参天智慧大树，在世界养生文化中独树一帜，为中华民族的繁衍昌盛和医疗保健事业做出了巨大的贡献。

一、养生的概念

中华养生的产生源于上古先民为抗御严酷的自然环境而创造的调整体力、防治疾病的保健方法，其最初形成源于为人治病的巫舞。“养生”一词，最早见

于战国时期的《黄帝内经·灵枢·本神》:“故智者之养生也，必顺四时而适寒暑，和喜怒而安居处，节阴阳而调刚柔，如是则僻邪不至，长生久视。”所谓“养”，就是保养、培养、护养的意思；所谓“生”，就是生命、生存、生长的意思。“养生”古代又称“摄生”、“道生”，就是指根据人体生命发展的规律，运用调神、导引、四时调摄、食养、药养等方法颐养生命、强身健体、预防疾病，保养生命以达延年益寿、强身健体的意思，强调主动按照自然的规律去调理心身、养护生命，从而达到延年益寿的一种保健方法。“养生”的内涵极其丰富，外延极其宽泛。一切优化人类生存环境，提升人类生活质量的调养活动都可以称作“养生”。在欧美国家，“养生”（wellness）这一新生词汇产生于1961年，由美国医师 Halbert Dunn 提出，是由 wellbeing（幸福）和 fittness（健康）结合而成。

二、养生的主要环节

中华养生观认为，各种养生方法都是通过调身、调息、调心等，以修炼人身三元——精、气、神。把“精、气、神”视为人体生命存亡的关键所在，认为只要精足、气充、神全，自然能够祛病延年。

（一）调和阴阳

《内经》中说“生之本，本于阴阳”，又说“阴平阳秘，精神乃治”。阴阳调和则精神充旺，邪不能侵，病不能至，从而益寿延年。因此养生之道在于阴阳调和。

（二）流通气血

气者血之帅，血者气之母，二者相伴，贯通周身，熏濡百节，气血流通则生机正常，气血滞塞则淤结病生。因此养生首先要流通气血。

（三）培补精气

人始生，先成精，精气为生命之本、繁衍之源。故精乃阴气之本源，精盛则本壮，气化之源旺。养生需要培补精气，补精以滋源，补气以助化精。

三、养生的基本原则

（一）顺应自然规律

《素问·四气调神大论篇》提出“春夏养阳，秋冬养阴，以从其根。”人的生命活动应该遵循自然界的客观规律，因此养生也需要顺应四时阴阳消长节律，主动地采取各种养生措施适应其变化，保持机体内外环境的协调统一，就能避邪防病，保健延衰。《黄帝内经》中早就提出顺应四时阴阳变化的养生保健办法，主张在春夏之季，气候由凉转温、阴消阳长、万象更新之时，人体也应朝气蓬勃，多做户外活动，使阳气更加充足。秋冬之季，气候由温转凉，阳消阴长，肃杀寒冷之时，人体必须注意防寒保暖，避之有时，使腑气不要妄泄。阳气得以保养，疾病就不易产生，人体就会健康延寿。

（二）注重精神调养

养生要注重精神调养，尽量地避免外界环境的不良刺激对人体的负面影响，积极地治疗躯体疾患，并通过养生活动善于自我心理调摄，通过经验认识及思想活动过程来转移情绪情感反应，消除其不良刺激，保持良好的心境。

（三）重视形体锻炼

运动养生是养生活动中的一个重要内容。形体的锻炼，不仅可以促进气血流畅、强筋健骨、肌肉发达结实、脏腑功能健旺、增强体质，还能以“动”济“静”，调节人的精神情志活动，促进人的心理健康。

（四）遵循饮食规律

“食能排邪而安脏腑，悦情爽志以资气血”。饮食与人体健康之间存在着十分密切的关系。因此要遵循饮食规律，辨饮食之宜忌与利害，膳食的调配要尽可能地全面、合理、互补，做到膳食平衡。

（五）谨防病邪侵害

慎避外邪，谨防病邪侵害，是养生的重要原则。因此养生应该做到“虚邪贼风，避之有时”，“避其毒气”，同时实施药物预防，谨防病邪入侵，保持机体健康。

四、养生的影响因素

中国传统养生文化提倡“天人合一”的理论，认为“人身小宇宙，宇宙大人身”，一个人的生命、身体、健康和疾病都和自身的生理状况和周围的自然环境有着密切的关联。

（一）客观因素

中国传统养生文化特别注重先天遗传以及所处的自然环境和社会环境对人体健康的影响，认为这些客观因素与人的寿命长短有着直接的关系。

1. 先天遗传

健康长寿与先天遗传存在着密切的关系。东汉王充在《论衡》：“夫禀气渥则体强，体强则命长；气薄则其体弱，体弱则命短。”明代张景岳提出：“先天强厚者多寿，先天薄弱者多夭。”

2. 自然环境

自然环境与健康长寿之间存在着密切的联系，优美的环境、适宜的水土有利于健康长寿。古人多主张在幽静、向阳、背风、水清、林秀、草芳的地方结庐修养，故多择名山大川、幽雅清静而居。古人云：流水之声可以养耳，青禾绿草可以养目，观书绎理可以养心，弹琴学字可以养脑，逍遥杖履可以养足，静坐调息可以养筋骸。

3. 社会环境

影响人们健康长寿的因素除了先天遗传和自然环境之外，社会环境也同样起着至关重要的作用，社会地位的变更势必影响人的情志活动，从而形成致病之源。

（二）主观因素

在中国传统文化中，养生从来就不局限于研究机体本身的运动变化和发展规律，而总是与养性立德以及治国安邦有机地结合在一起。汉代华佗的弟子吴普就说过：“善摄生者，要当先除六害，然后可得保性命延驻百年。一者薄名利，二者禁声色，三者廉货物，四者损滋味，五者除佞妄，六者去妒嫉。”

《黄帝内经》辩证地把影响人体健康的因素归结为“六淫”和“七情”，并把人体之外的其他自然因素统称为“外邪”。在此基础上提出了“情志调节”这一极为重要和极具民族特色的至今仍然是中国养生学精髓的养生学原则。《黄帝内经》认为“外邪”之所以会使得人们产生疾病，影响健康的主要原因在于“七情”的大起大落会导致人体免疫机能下降，“外邪”得以趁虚而入，降低人体健康水平，诱发疾病。因此要祛病强身，保持健康长寿，就必须尽量保持平淡、恬静、温和的心境，尽可能避免感情的大幅波动，做到平心静气。在“情志调节”原则的指导下，重点发展出了导引、行气两大类养生术。

第二节　中国传统养生文化

中国的养生文化有着十分悠久的历史，养生文化典籍汗牛充栋，浩如烟海。养生文化作为中华传统文化的重要组成部分，在数千年历史长河中，植根于一定的宇宙观、人生观、生命观及对人体的认识，在特定的价值体系和文化环境中，形成了丰富的思想意识与独特的活动模式，深刻地影响着中华民族的社会生活、文化生活以及人生哲学。二千多年前，随着社会生产力水平的发展，生活水平逐步提高，人们比以往任何时候更加留恋生活，追求长寿。到了战国后期，人们对生命现象的认识不再停留在经验积累和感性认识的基础上，而是在阴阳五行图式等中国传统哲学和文化的基础上，总结人们长期以来在生产生活实践中积累下来的丰富的医疗健身养生实践，构筑了注重整体、强调平衡的中国古代养生理论模式。此后随着时代变迁和社会发展，中华传统养生思想在汲取先秦诸子百家的哲学思想和古代医学思想，特别是道家思想、儒家思想、易学思想和古代巫术、神仙方士等实践活动的基础上，形成了别具一格的具有显著东方文化传统特色的养生方法及思想体系。

中国传统养生哲学的内容异常丰富且有不同的思想派别之分，从外在的锻炼身体、就医问药、饮食起居、房中秘术等，到内在的思想修养、意念品质、蓄精养神等，都体现着养生的含义。在中国传统文化中，各种养生学派异彩纷呈、蔚为壮观，其中以儒、道、佛、医家为代表的中国养生哲学，奠定了中国传统养生思想的基础构架。在中国历史上，道家、佛家、儒家、医家都对练养术倾注了极大的热情，做出过重大的贡献，推动了中国养生文化的发展。

一、儒家养生文化

儒家的养生哲学是儒家道德哲学的反映，体现了儒家对人生价值、养生目的的认识。儒家修身养心、仁寿相兼、重礼和节、养生延年、演练六艺、调养情性的养生理论对我国传统养生学形成和发展具有积极而深远的意义。儒家积极出世，着眼于匡世济民，“修齐治平”，推崇尊德重行、乐群贵和，倡导经邦济世，强调“内圣外王”。因此养生文化在儒家学说中占的比重较小，也没有形成有关养生文化的专门著作。但我们仍然能够看到，在儒家的典籍著作中处处闪耀着养生文化的光辉思想。

（一）孔子的养生思想

儒家经典《论语》中记载有孔子在衣、食、住、行方面的一些养生思想和实践。在饮食方面，孔子不但要求“食不厌精，脍不厌细”，“食饐而竭，鱼馁而肉败不食，色恶不食，失饪不食，不时不食，不正不食，不得其酱不食……”即食物变颜色了不吃，变味了不吃；陈旧的粮食不吃，不新鲜的鱼和肉不吃，不新鲜的蔬菜不吃，烹调不当的食物不吃，佐料放得不妥的饭菜不吃，从市场上买回来的酒和熟肉不吃。并且强调“食无求饱”，“唯酒无量，不及乱”。同时要求“食不言，寝不语”。孔子不提倡“耻衣恶食”，“恶食”意即挑食、偏食，与饮食上“食不厌杂”的现代营养学中的科学配膳、平衡配膳的理论一致。在衣着方面，孔子睡觉“必有寝衣，长一身有半”，洗澡“必有明衣”，夏天则穿凉爽而又透汗的葛布单衣。孔子还提出“君子有三戒：少之时，血气未定，戒之在色；及其壮也，血气方刚，戒之在斗；及其老也，血气既衰，戒之在得。”

从人的少、壮、老三阶段的不同身心状况出发，提出相应的养生之道，堪称开创阶段养生理论之先河。

在孔子看来，以德立身是养生的重要根基，主张“仁德润身”，提出“仁者寿”，“大德必其得寿”的观点。孔子认为，天道以中庸为法，过犹不及，因此养生要谨守中庸之道，才能颐养天年。

（二）孟子的养生思想

作为儒家“亚圣”的孟子早就提出过“修其身而天下平”的口号，而修身的方法则在于“存心养性”，认为“夭寿不贰，修身以俟之”。孟子有“其为气也，配义与道”的养生论点和“我善吾浩然之气”的养生方法。孟子认为“养心莫善于寡欲”，养生首先要节制自己的欲望，一个人欲望太多，会导致身心疲惫。还主张用积极思维和积极锻炼的方式，以保持人体器官的健康，不会因废弃不用而过早的衰蔽。《孟子·告子》中说：“心之官则思，思则得之，不思则不得也。”历史和现实早已证实，古往今来的长寿老人，大多是积极思考勤于用脑者。科学研究证明，人老首先由大脑和心老开始，经常地、科学地用脑可以延缓衰老。

（三）荀子的养生思想

荀子提出“动静合节”的养生观点。“养备而动时，则天不能病。”指出人身体的好坏和寿命的长短取决于后天的保养条件是否完备和是否因时而运动。一个人平时注意保养身体，经常运动，就是上天也不能使他生病。荀子身体力行，平时常用导引行气的方法锻炼身体。荀子还提出了以礼节制诸欲以养心的理论，它代表了儒家对养生学的一致看法。荀子认为，人有欲念，但不能过分，应加以节制。一个人的血气、意志、知虑，都要扶弱抑强，使之平和；饮食、衣服、动静、居处，都要有礼和节。此外荀子还总结出治气养心之术，“血气刚强，则柔之以和”的辩证法则，认为如果能够做到这些，则可益寿延年。

儒家养生特点是以人与社会为核心，以礼制心，注重内心修养和社会实践，强调修养与修身的重要。儒家关注生命、重视修养、崇尚健康的养生思想，为积极进取的人生态度打下了思想基础。

二、佛家养生文化

佛家养生，注重的是以“修行”来达到灵肉的升华解脱，促成生活的和谐自在。佛家倡导主动出世，强调人的来世追求，着眼于来生幸福，超越现实社会。所以要求具有理想人格的佛门圣僧断绝无明烦恼而达到涅槃境界，感悟人情，洞穿世态，大彻大悟，追求精神上的解脱与超越。佛家崇尚觉悟本心、明心见性，主张清净虚幻禁欲苦修、积德行善，规劝人们脱离红尘皈依佛教，参禅悟佛，斩断尘缘、了绝凡根。佛家认为，世界皆空，人生皆苦，为了摆脱痛苦，就要通过修炼去消灭欲望。作为中国化的佛教，禅宗既不像儒家那样执著，也不像道家那样洒脱，而是在“世出世”之中，追求一种超越的精神境界。从出世法而言是“修道”，从入世法而言即“养生”。禅宗认为人的真心本性容易受到虚妄贪求的遮蔽，世俗尘缘的牵累，从而迷失本心，达不到真如境界。应该跳出三界外，不在五行中，斩断尘缘、了绝凡根、明心见性、觉悟本心，方能摆脱因果报应和生死轮回，复归大道。在修养方法和实现途径上，早期佛家主张坐禅静修，而后世禅宗则倡导顿悟成佛。禅定中的修炼过程强调调身、调息、调心，是用一念统摄万念、意守一念而达到无所守为基本原则的。禅宗要人消除执著，保持一颗“平常心”，遵循着豁达、闲适、超然、洒脱的生活态度和生活方式，体现着中国人一种特有的生存智慧。佛家人生哲学蕴含着涵养生命的大智慧，对养生有着独到的视觉和认识。

（一）养生先养心

佛家虽不执著于身，但视身为道本，身安则道隆。佛家养生注重的是以“修行”来达到灵魂与肉体的升华和解脱，思想上修习禅定，生活上厉行戒律，完成人格的清净圆满，促成生活的和谐自在，成就心灵的安详明慧，拥有人生的福乐功德。佛家僧侣、信众有注重养心调身的传统，认为养生先养心，在数千年的修行生活中，积累了丰富的调心经验，为化度众生提出了养生必先养心的养生理念。佛家认为，凡事有因果，各人的身体状况与他的心理状况、生活习惯、客观环境息息相关，调整心态是养生的根本。佛家还认为，众生的烦恼在于人心的贪、嗔、痴三毒，要想革除烦恼，必须除去三毒。佛家以养性听命为宗，以“戒、定、慧”为中心，以内心修养为手段，以求涅槃成佛，追求死后升天和来世之幸福。佛家养生文化，以修性之法为主。佛家修习禅定，能够获得安住仪式，行慈境界、除烦恼、远离爱欲等十种利益，是为明心见性，趋向真如的人生修养而设。与此同时，其防病治病的目的也是明确的。

佛家戒、定、慧三学，是养生之道的重要部分，其中戒律生活是凡夫符合圣德的道德规范；禅定是身心平衡与宁静的修养；智慧是觉悟真理，掌握因果规律，观照人生实践的根本。此外如持斋可以慈悲人心；节食能排宿垢以清脏腑；念佛使人心印佛德；持咒是为清净身、口、意三业；礼佛可以化我慢健身腰；经行可以散血气；赞诵可以畅心志；六度可以顺法性、除六弊；四摄可以和众生而利乐，如此等等皆方便中事。众生的烦恼痛苦，来自于无知与执著，所以佛家的养生关键，在于开智慧、悟真理、破私我的执著，转法理的拘泥，使人人从根本上显明人性中的贞妙之德，开发潜能，使身心康健，寿命延长。

（二）养生须素食

佛家主张素食，认为素食出健康。佛家素食追求营养平衡，人们从素食中可以获得平衡的营养成分，这可从长寿高僧每日食谱与现代健康素食食谱的对比中得到印证。对于五味，佛教也从提高人的健康水平的角度，提出了有价值的看法。佛经《摩诃止观辅行》告诉人们：适度的酸味，对肝脏有益，却会损脾脏，所以脾病不可吃酸；适度的辛味，对肺脏有益，却会损肝脏，所以肝病不可吃辛；适度的苦味，对心脏有益，却会损肺脏，所以肺病不可吃苦；适度的咸味，对肾脏有益，却会损心脏，所以心病不可吃咸；适度的甘味，对脾脏有益，却会损肾脏，所以肾病不可吃甘。佛教素食是增进健康的减食法。佛教认为，减食也是增进健康的最有效方法之一。《摩诃止观辅行》就曾告诉人们：吃得少，心智才能清明。唐朝高僧百丈怀海禅师曾列出寺院生活的二十条要则，其中的第四条说："疾病以减食为汤药"。佛教素食还可以影响人的道德情操。佛教认为，修行者食肉会产生十八种过失，其中有的过失就直接与人的道德情操有关。据《佛说勿食众生肉》说，吃肉会使修行者的慈心不生，所以不应该食肉。

佛家素食养生的主张符合现代营养学理论。据世界健康组织研究结果证明，人们每天所必需的四种物质：奶类、蛋白质、谷类及蔬果类，都可以从素食中获得。同时，素食会增强人的脑力。大脑细胞的养分主要是麸酸、维生素B及氧气等，食物中以谷类及豆类等含麸酸、维生素B最多。所以许多高僧因吃素食，不仅思维敏捷，而且与常人相比，智慧与判断力都更有优势。而佛家的减食观点也可以从现代营养学的角度得到验证，现代营养学认为，适当地少吃东西，才能让胃得到休息，减轻身体机能的过度负荷，使生理组织的活力得到恢复。有很多疾病，就是由于饮食太多引起的。饮食过量，会伤及胃肠，还会使过多的养分留存在体内。脂肪或维生素A、D、E、K四种油性的维生素过多，不能排出体外，会造成血管硬化等疾病。减少或适量饮食，还可以减少毒素的积累，这些对于强身健体无疑是有益的。

三、道家养生文化

道家以自然恬淡、少私寡欲的生活情趣，清净虚明、无思无虑的心灵境界，以及由这种生活情趣与心灵境界为主，以养气守神等健身方法为辅的良好的生理状态三者共同构成的人生哲学，既是一种长生方法又是一种人生境界。道家注重研究人的生命发展，重视自然、社会、心理、生理之间的关系，提出了一整套养生的思想、理论和方法体系，从而有力地推动和促进了中国传统养生文化的发展。道家消极避世，着眼于个性自由，回避社会，更注重的是保存人的自然本性，追求自身的心灵自由和精神解脱，要求“见素抱朴，少思寡欲，绝学无忧，乐天安命，涤除玄览。”道家追求天然本性、自由意志，崇尚乐天安命，强调清心寡欲，引发人们对生命尊严和意志自由的向往和追求。道家养生文化是中国古代养生文化的主流和主体，不仅理论全面系统，而且功法众多，是形成体系的一种养生学说。追求长生不死、修道成仙，是以老庄为代表的道家修炼的重要指导思想。

（一）老子的养生思想

老子是著名的养生理论家和实践者。《史记·老子韩非列传》称：“盖老子百有六十余岁……以其修道而养寿也。”老子提出“清净无为”、“返朴归真”、以静养生的理念，主张顺乎自然，清净无为，见素抱朴，少私寡欲，致虚极，守静笃，知足常乐，与世无争，使心灵经常处于恬淡宁静的状态。老子认为，天地万物和人类，按其本性都是自然而然的，并非人为的，只有当人体与自然保持和谐，达到人与自然合一的境界，才能保持人的健康，人与自然之间若失去平衡，就可能发生疾病，导致死亡。人的生命过程是一种自然过程。所以老子主张“人法地、地法天、天法道，道法自然”。

道家在养生上主张“形神双修”，这比西方医学单纯注重“养形”自然要高出一筹，更符合于现代医学模式。在老子看来，“少私寡欲”是“形神双修”的奥秘所在。他认为各种物质欲望虽是人的生理需要，但如果过分追求，就会造成“五色令人目盲，五音令人耳聋，五味令人口爽，驰骋畋猎令人心发狂”的恶果。所以老子从贵生立场出发，极力主张“去甚、去奢、去泰”。认为只有在精神上做到“恬淡虚无”，才能使精神处于安静、乐观的良性状态。

老子不但提倡“养形”、“养神”，而且也提倡“养气”，提出了一系列的行气导引的养生之术。老子说：“专气致柔，能婴儿乎？”要求修练者把气结聚起来，全身放松，呼吸自然，从形体到精神，做到如同婴儿那样。行气导引治疗本是道家的养生方法，后被中国传统医学广泛地用于防治疾病。中医学根据老子的“静为躁君”和“致虚极、守静笃”的原则，要求通过意守丹田和气息锻炼，排除一切杂念，做到“外不劳形于事，内无思虑之患”，使大脑活动完全处于虚无、宁静状态，增补元气，流通百脉，改善呼吸、循环、消化、神经、内分泌等系统的生理功能，从而达到延年益寿的目的。

老子还提出了“长生久视”的养生途径，认为要想“长生久视”，最重要的是“载营魄抱一能无离”，“专气致柔能婴儿”，“涤除玄览能无疵”，“呼去吸来息由我”，即要能使人的血肉之躯与灵魂合一而不分离。这里的呼和吸息更是涉及到了气功养生的具体方法和具体步骤。

（二）庄子的养生思想

庄子的养生思想和养生方法继承了老子养生之道，并且自己编制了一整套导引、吐纳的养生方法。庄子提出“恬淡虚无”、“任其自然”的养生思想，认为要想返老还童，延年益寿，进而由人到仙，就只有修道，并提出了多种修炼方法，其中最有影响的是下面四种。

第一，导引　《庄子·刻意篇》指出：“吹响呼吸，吐故纳新，熊经鸟申，为寿而已矣。此导引之士，养形之人，彭祖寿考者之所好也。”

第二，坐忘　是指彻底忘怀一切，“忘乎物，忘乎天，其名为忘己。忘己之人，是之谓入于天”，身心要与道合一。“堕肢体，黜聪明，离形去智，同于大通，此谓坐忘。”庄子主张“清静无为”，要求“忘我、无欲”，认为“万物无足以挠心者，故静也”。清静养神以保形体，即：抱神以静，形将自正，神将守形，初步揭示了静动结合以养神，更有利于健康长寿。

第三，心斋　就是要摒弃一切情欲，保持虚静的精神状态的一种修养方法，“唯道集虚，虚者，心斋也。”

第四，守一　“至道之精，窈窈冥冥；至道之极，昏昏默默。无视不听，抱神以静，形将自正。必静必清，无劳汝形，无摇汝精，乃可以长生。目无所见，耳无所闻，心无所知，汝神将守形，形乃长生。慎女内，闭女外，多知为败。我为女遂于大明之上矣，至彼至阳之原也；为女人于窈冥之门矣，至彼至阳之原也。天地有官，阴阳有藏，慎守汝身，物将自壮。我守其一，心处其和，故我修身千二百岁矣，吾形未常衰。”

（三）后世道教的养生文化

与老庄哲学有着理论渊源关系的道教养生家，更是直接从“道法自然”的观点出发，丰富和发展了“顺应自然”的养生理论与方法，认为人体只有能够仿效天地运动的形式和时机来进行养生活动，才可以长生久视。道家内炼养生门派功法众多。据不完全统计大约有三千六百多家门派，俗称三千六百法门。仅大的划分类别，就有如呼吸吐纳、存想内视、导引按摩、辟谷服饵、香汤沐浴、饮食养生、药物养生、房中节欲、内丹修炼等等，内容丰富齐全，无所不包。并且有关养生内炼的文献典籍也汗牛充栋、浩如烟海。道家以炼性寿命为宗，内炼养生，强调进行性命双修、道德双修、神形兼修、动静兼修。

道教养生一是通过精神修炼，通过摒去利欲，收心习静等，做到处物而心不染。二是通过呼吸修炼。三是形体修炼，包括按摩、导引、拳术等内容，强调吐纳在前，屈伸在后，使呼吸运动和躯干运动密切联系起来。四是内丹，修内丹能将人体内的精、气、神凝聚起来，使人耳目清明，手脚轻捷，益寿延年。而道教关于清净无为、抱一守中、养神守形、专气致柔等观点对中国人的养生观、生命观和休闲观都有着直接的影响。

道家提倡重生贵生，提出“我命由我不由天”的积极养生内炼之言，只要坚持积极进行性命双修，穿透阴阳太极变化之理，与太极弦同频共律，就不但能祛病强身，健康长寿，而且可以即世修炼成真。

四、医家养生文化

自古以来，中国本土医学就将养生视为医学不可缺少的组成部分。医家养生观主张以自身身体为核心，以生命运动为宗旨，保持健康的体魄为最高目标。医家养生以防病治病作为主旨养生方法，一方面运用药物、针砭等各种外在方法祛除疾病，另一方面通过身心自我调节，主动地顺应自然规律，把握自身之阴阳运化，强调体内外环境平衡。医家养生是一种积极的、扩张的、经世的，既不像儒家养生那样以“齐家治国平天下”为目的和理想，也不同于道家的消极和收敛的避世，更不是佛家追求的解脱自在、超越生死轮回的涅槃境界和出世之想，而是主张以自身身体为核心，以生命运动为宗旨，保持健康的体魄为最高目标。

祖国传统医学重视阴阳五行，认为构成世界最基本的物质的“木火土金水”，它所相对应的则是自然界中的“春夏中秋冬”，而对于人体来说则是“肝心脾肺肾”，我们应采取的相应的措施清、调、补，以维持人体、生态、自然的平衡。在了解五行与自然界关系的基础上，分析可能发生的疾病，因而推演出方位、季节、邪气、脏腑及口味的变化，五官九窍的感应及神经的反射，无处不在提醒着你的身体改变的预兆，由此可做到未卜先知，防患未然，预防保健，强体健身、清除体内毒素、调节体内机能、补充均衡营养，延年益寿。这即是祖国传统养生文化独到之处。

祖国医学重视形体与精神统一的观点，认为人的生理现象与心理现象是互相联系的。《黄帝内经》指出“养神者，必知形之肥、瘦、营、卫、气、血之盛衰。……心为君主之宫，主神明。……呼吸精气，独立守神，肌肉若一。”

祖国医学在天人相应论的思想指导下的养生理论与方法，很重视顺时养生。顺时养生要求起居适应气候变化，以预防疾病，延年益寿。《灵枢·本神篇》说：“智者之养生也，必须四时而适寒暑，和喜怒而安居处，节阴阳而调刚柔。如是则僻邪不至，长生久视。”

《黄帝内经》又称《内经》，成书于西汉时期，非一人一时之著作，是世界上现存最古的、最完整的一部医学著作。历代医家称《黄帝内经》为医学之经典，万古遵循之大法，尊之为“医家之宗”。中国医学史上每一个重大的学说、成就的问世，以及有杰出的医学家出现，无不与《黄帝内经》的理论体系和指导思想有着密切关系。《黄帝内经》的主要观点如下所示。

（1）“法于阴阳” 顺应天时，顺应四季气候以养生，保护生机，认为阴平阳秘、阴阳和谐平衡是人体最健康的状态，提倡“春夏养阳，秋冬养阴。”

（2）“和于术数” 主张动以养形导引、按摩、气功、无所不包。

（3）“食饮有节” 包括饮食和五味不能偏嗜。清乾隆帝吸取了短命皇帝们的教训，总结出“酒勿醉，色勿过”等饮食养生术，结果活到了88岁。唐代大医家孙思邈活到了102岁，他的养生名言是：“大寒与大热，且莫贪色欲，醉饱莫行房，五脏皆翻复，欲火艾慢烧，身争独自宿。”按照营养保健要求，膳食中不可忽视食物纤维，膳食上不偏食，荤素结合，粗细搭配。《皇帝内经》中说到“兹食肥甘足生大疔”，意思是过量吃肉就会产生疮疡类疾病，现代研究更是发现与糖尿病、心脑血管疾病、肝胆病、癌症等慢性疾病复发密切相关。

（4）“起居有常，不妄作劳”。指四季的作息制度与劳逸的适度，以防“过用病生”。

（5）“恬淡虚无”，注意精神调摄。同时已认识到长生不死是不可能的，寿命的极限（即天年）是“度百岁乃去”。

另外，根据《黄帝内经》的观点，一个真正健康的人应该符合以下三个条件。①合天时，“处天地之和，从八风之理，法于阴阳，和于术数”。②合人事，“适嗜欲于世俗之间，无意嗔之心，行不欲离于世，被服章，举不欲观于俗，外不劳形于事，内无思想之患，以恬愉为务，以自得为功”。③养肾惜精，“志闲而少欲，心安而不惧，形劳而不倦，恬淡虚无，真气从之，精神内守，病安从来”。

《黄帝内经》的这些闪烁着人类智慧，并逐渐被现代科学所证实和认可的结论，奠定了中国古代养生学的基础。

总之，在某种意义上，中国传统养生文化是儒、道、佛、医互补的养生文化。正是儒、道、佛、医四者的养生文化合流，奠定了中国传统养生文化的基础构架，也造就了中华民族蔚为壮观的传统养生文化，博大精深，源远流长，异彩纷呈。正如史学家所指出的：当欧洲还在中世纪的黑暗中艰难行进，当印度正为政治和宗教上的长期分裂而苦恼，当玛雅文化神秘地消失在南美丛林之时，唯有古老的中国养生文化以它的丰富、发达和先进令世界瞠目。

第三节 养生旅游及其开发

随着社会经济的发展，生活水平的提高，人们越来越重视健康和长寿。于是养生旅游作为一种崭新的旅游形式应运而生，并迅速成为时髦的旅游形式风靡整个世界。养生旅游是一种以养生为目的特征，满足消费者追求放松、心态调整、康体健身、医疗护理的要求的新型旅游形式。随着社会经济的发展和人们生活水平的提高，养生旅游会得到越来越大的发展，具有极其广阔的发展前景。

一、养生旅游的概念

养生旅游是指人们离开居住地，前往拥有养生文化资源的旅游地进行的以强身健体、修身养性、康复保健、延年益寿为主题的旅游活动，它是集养生资源、休闲文化和旅游服务为一体的旅游活动。养生旅游既为养生，亦为旅游，是养生与旅游有机结合的一种新型旅游形式。养生是养生旅游的主要目的，旅游是养生旅游的重要途径，在旅游中养生，在养生中旅游。养生旅游起源于20世纪30 年代的美国、墨西哥。我国的养生旅游始于2002 年海南省三亚保健康复旅游和南宁中药养生旅游，随后在四川、山东、安徽、黑龙江等省市发展迅速，于2007 年演绎成为全国时尚旅游热点。

二、养生旅游资源

养生旅游的开发离不开具有一定养生品质的旅游资源，养生旅游资源是开发养生旅游的基础。养生旅游资源可以分为自然养生旅游资源和人文养生旅游资源。

（一）自然养生旅游资源

1. 空气

作为养生旅游资源的空气包括山地空气和海滨空气。山地空气中富含有益于人类长寿的空气负离子。海滨空气中含有较高的碘、氯化钠、氯化镁和臭氧。其中碘含量是大陆空气含碘量的40倍，不仅能补充人体生理需要，还有杀菌灭毒作用。

2. 山地

山地环境对人体健康有利的高度范围是中、低山区，即海拔高度在 500～2 000m 左右的区域。中国著名的山地气候养生地——庐山、黄山、武夷山、武当山、莫干山、峨眉山等，海拔高度大多都在 500～2 000m 之间。

3. 水体

水体养生旅游资源主要包括海滨养生旅游资源和温泉养生旅游资源。海滨的空气、沙滩、海水、气候和阳光都能成为很好的养生旅游资源。中国的大连、北戴河、青岛、烟台、厦门、三亚等都是著名的海滨养生地。温泉可促进机体的免疫功能，有强身健体、延年益寿的作用。

4. 生物

生物养生旅游资源包括动物养生旅游资源和植物养生旅游资源。动物养生旅游资源，在于动物脂肪中含有一种能延长寿命的物质——脂蛋白，可以预防高血压等血管疾病。植物养生旅游资源，主要在于植物释放的气味，很多植物都具有防老抗衰作用。

（二）人文养生旅游资源

1. 养生术

中国古代有关养生术的典籍非常丰富，从先秦到明清各代都有很好的养生术总结，如彭祖养生术、儒家、道家、佛家养生术等。

2. 武术

中国武术文化源远流长、博大精深，但作为养生旅游资源的主要包括太极拳和气功。

3. 文化

文化养生旅游资源主要是以琴、棋、书、画“文房四宝”为主体的中国传统文化，有助于舒筋活络，怡养心神，陶冶情操，延年益寿。

4. 医学

医学养生旅游资源主要是指传统中医，主要包括食养、食节、食忌、食禁的饮食养生和利用药养、药治、药忌、药禁等药物保健养生，以及针灸、按摩、推拿、拔火罐等医疗养生技术。

三、养生旅游开发

21 世纪，追求健康长寿成为逐渐富裕起来的中国人生活的主题。现代科学表明，人类 60%～90%的疾病与生活压力高度相关。养生旅游的悄然到来，带动了养生旅游产业的发展。一些拥有养生旅游资源优势的旅游景点或风景名胜区、旅游胜地，都在开始构筑养生旅游产业。旅游景点或风景名胜区较多的是利用已有的自然旅游资源，推出“养生游”、“养生之旅”、“休闲养生旅游”等养生旅游产品。如2005年12月，峨眉山利用清新的空气、优美的环境、迷人的景色，推出休闲养生游；2007年4月，黄山市徽州区围绕“2007中国和谐乡村游”主题年活动，推出“休闲养生在徽州”五大系列乡村旅游产品；四川泸州方山旅游区推出的“方山休闲养生之旅”、“休闲养生深度6日游”、“养生强身休闲之旅”、“夏日休闲养生旅游”等。

（一）医疗养生旅游

医疗养生旅游是以医疗与护理、治疗与保健、康复与休养为主题，以健身活动与医疗护理项目为特征的旅游活动，是指在某些景色秀美的旅游地或场所，利用其天然的保健疗养资源、医学人才和设施集中、先进且医疗费用低廉的优势，满足旅游者的养生保健和疾病治疗的目的的一种新型旅游产品。这种新型旅游产品融旅游与医疗保健养生为一体，具有带动性强、涵盖面广、经济利益大等鲜明的特点。从医疗美容整形、心血管诊断、手术服务，到中医康复诊断，医疗养生旅游涵盖了形形色色的健康服务。医疗养生旅游产品是利用医学人才和器材集中或者医疗费用低廉等优势，吸引患有某些疾病的旅游者前往医疗的吸引物，是许多国家增加其旅游吸引力的重要手段。其主要针对人群为富裕的老年人、白领女性、外国游客及有治疗疾病和康复保健需求的特殊人群，其产品主要有中医养生类保健旅游产品、康复疗养类保健旅游产品、医疗美容美体类旅游产品。我国的医疗保健旅游主要是以中药材基地、中医院和中医药博物馆为依托。

目前，在国际上，医疗养生旅游已经形成了一定的规模。据预测，到2010年国际医疗旅游行业的年营业额将上升到400亿美元。在亚洲，医疗养生旅游已经成为每年带来数十亿美元的新兴产业。日本医疗技术先进举世公认，日本凭借其先进的医疗技术，大力发展医疗旅游。泰国2005年医疗保健旅游的外汇收入已经达到了5.61亿美元。此外，印度、新加坡等国家也早已打响医疗保健服务的品牌。2005年到印度治病的外国人多达15万，而且预计这一数字还将以每年15%的速度递增。近年来，新加坡加大开拓医疗保健旅游市场的力度，2005年共接待外国病人40万，同比增长25%，预期可带来约38.8亿港币的收益。韩国在青岛设立了“韩国医疗观光服务中心”，旨在通过医疗观光的形式，向全球游客提供韩国先进的皮肤美容、整形、健康检查、韩国医术等外科医疗服务。我国的医疗保健旅游，与新加坡、马来西亚、印度等国家相比起步较晚，目前我国医疗保健旅游开发较快的地区主要有北京、海南三亚、广西桂林、湖北宜昌、香港、台湾等地。

（二）环境养生旅游

优美的环境、清新的空气、闲适的氛围、良好的服务，都能让人心旷神怡、耳目一新，从而取得很好的休闲养生目的。据世界卫生组织全球性调查，大约75%的人群呈亚健康状态。因此如何保持人类健康长寿，是世界亟待解决的一个重大课题。

环境养生旅游是以一定的旅游资源，如温泉、森林、海滨、高山等自然景色优美、生态环境良好的疗养胜地作为依托，通过开展各种保健项目活动达到休闲养生和疾病辅助治疗的目的，是生态旅游与保健养生旅游的有机结合。环境养生旅游是一种以健康为主题、达到养生和休闲效果的时尚体验旅游，是休闲度假旅游的重要组成。环境养生旅游的开发，借助温泉、森林、海滨、高山等养生旅游资源，大力开发各类保健养生度假区，开发各类特色住宿，开设各种保健疗养医院，开发各类洗浴养生产品、保健食品、药品及其他相关医疗保健产品，开发科普考察基地，开发各类养生休闲旅游娱乐项目等，以满足人们多样化的保健养生需求。

各种类型环境养生适宜选择一览表

类型	养生资源特色	适宜养生人群
高山	气候；空气；光照；绿色食品；药品	高血压；贫血；哮喘病；动脉硬化；肺结核及其预防等
森林	空气；气候；绿色食品；药品	慢性疲劳症；失眠症；神经衰弱；心脏病及其防治等
海滨	气候；光照；海水；沙滩	高血压；肺气肿；哮喘病；神经衰弱；喉炎；鼻炎
温泉	特效矿物质；温泉水	心血管疾病；消化系统疾病；皮肤病；糖尿病；高血压等

迎合当前国际旅游发展趋势，开发养生旅游项目已经成为时下许多地方的旅游发展战略。无论是在云蒸霞蔚的仙山道观练习武术气功，还是在晨钟暮鼓的佛家寺院吃斋念佛参禅，将钟灵毓秀的仙山胜景和玄妙空灵的佛道文化结合起来，打造感受福寿胜地、修身养性的旅游品牌，成为众多佛教和道教圣地发展旅游的重点。各地纷纷结合自身的资源优势和特色，打造休闲养生旅游的项目和品牌。环境养生旅游尽管起步较晚，但发展势头较好，具有广阔的发展前景。当前我国环境养生旅游项目遍布大江南北，集中分布在名山大川和知名景区以及经济文化相对比较发达的地区，并有进一步发展壮大的趋势。各地在发展环境养生旅游的过程中，不断地进行探索和实践，也产生了一些成功的范例。

道家洞天福地的安徽天柱山景区早在几年前就将养生旅游品牌推广到俄罗斯和东南亚等地，成为安徽省一条重要的国际旅游精品线路，每年都吸引着俄罗斯、日本、韩国等国家的数万名游客纷至沓来。四川彭祖山风景区，打造成国内独有、世界唯一以长寿养生为特色的文化旅游风景名胜区，享有“中华养生文化第一山”的美誉。“世界长寿之乡”广西巴马用神秘奇特的自然环境和人文景观大力发展生态养生旅游。为了大力提升巴马长寿养生休闲旅游品牌的知名度和影响力，以“长寿之乡”为品牌优势，协调中央电视台和各省电视台等各大媒体、香港文汇报，以及日本、俄罗斯、新加坡等国的媒体到巴马采访报道养生休闲旅游；通过每年举办的巴马国际长寿养生学术研讨会（旅游节），引起国内外媒体高度关注。

温泉、海滨、清新的空气、宜人的气候、热带雨林、丰富的南药资源，海南拥有优越的发展休闲养生的旅游资源和环境优势，成为众多养生旅游者的首选之地。2003年非典期间，海南不失时机地打出“健康岛”、“生态岛”的招牌。海南大力发展温泉养生、海滨养生、山地养生、森林养生等休闲养生旅游项目，打造休闲养生旅游品牌，致力于把海南打造成为世界的度假村，中国内陆的后花园，理想的第二居住地。“要想身体好，常来海南岛”，成为海南发展休闲养生旅游的宣传口号。

（三）饮食养生旅游

俗话说：“治病不如防病，药疗不如食疗”。中国传统食疗养生文化认为食疗对人体具有调和阴阳、滋养脏腑、补益气血、调节情感等作用，为养生之本。唐代名医孙思邈是食疗养生宗师，其主导思想是节制饮食，以食疗病，延年益寿。中国传统饮食文化认为，饮食宜清、淡、软、简;忌腻、厚、生冷、杂。我国幅员辽阔，物产丰饶，拥有十分丰富的膳食旅游资源，很多都可以用来开发饮食养生旅游，具有非常广阔的发展前景。随着人们对生活品质追求的提升，越来越多的人注重饮食养生，对“吃”也越来越讲究，这样也使得各地的饮食养生旅游风生水起。日本的养生旅游大力推广其饮食文化，使游客在品尝美味料理的同时，能够完成营养的摄取，做到健康饮食。韩国人为游客提供了各式养生美食，比如肉质鲜美的鳟鱼、富含大量维生素A的野生珍贵山野菜山紫菀等等，还充分利用山林植物的药性，加工制作成各种美食，吸引了大批国外游客。

列为中国四大道教名山之一的休宁县齐云山以神奇秀美的卓越身姿和底蕴深厚的道教文化，吸引着众多慕名的香客及游人纷至沓来。齐云山在继承、创新中将“道教文化”转化为“养生旅游产品”，让游客品味道家饮食养生，以及药与茶结合等众多养生产品。徐州在举办彭祖文化国际旅游节期间，以“品彭祖美食，观彭祖文化”为口号，以养生、保健为主题的彭祖养生美食宴席，集中推出一批彭祖养生菜肴和徐州特色名宴、名菜、名小吃，大力弘扬彭祖饮食养生文化。亳州作为中华药都，神医华佗的诞生地，出炉“中华药都·养生亳州”行动计划，加快构建中药产业、养生文化旅游产业和中医医疗保健服务体系，积极发展饮食养生旅游，把中药作为烹饪的辅料，做出的菜肴不仅味道鲜美，而且滋补养颜，健康养生吸引了四面八方的游客前来体验。广西南宁市郊有亚洲最大的药用植物园，游客到此不仅能观赏药园，还能喝中药保健茶、吃药膳、洗药浴、购买特制的中草药配方。

（四）体育养生旅游

体育养生旅游是一种将体育、养生与旅游有机结合的一种特殊的健身方式、养生模式和休闲形式，以体育作为内容、以旅游作为载体、以养生为目的，养生推动开发，体育提供资源，旅游带来市场，兼具养生、体育和旅游共同属性，是旅游业未来发展的重要新生力量。随着现代社会经济的飞速发展，人们的健康意识的提高和消费观念的转变，作为一种既能够强身健体，又能够愉悦身心的休闲养生旅游方式越来越受到人们的关注、喜爱、认同和热情参与，体育养生旅游这一健身休闲方式在我国正在悄然兴起。体育养生旅游作为一项朝阳产业具有巨大魅力和发展前景。

中华传统养生思想为中华传统体育养生的萌生、发展提供了肥沃的养料。宇宙生成论和天人论，阴阳五行论和八卦九宫说以及中华传统医学思想，是中华传统体育养生的哲学和科学基础。《吕氏春秋》率先提倡动形养生，认为经常运动身体可强身健体。东汉名医华佗模仿虎、鹿、熊、猿、鸟的动作，创编了“五禽戏体操”，作为练身强体之功法。

在诸多现代休闲方式中，体育运动日益成为减轻压力、保养和增进健康，并获得一种乐观向上的精神姿态的主要途径，成为大众所普遍钟情的一项养生休闲活动。在当代，随着运动休闲的普及和人们对休闲形式多样化的追求，越来越多的人参与到体育运动中去，从中愉悦心身、强身健体、延年益寿，也能享受中华民族悠久灿烂的传统养生文化。被誉为“亘古无双胜境，天下第一仙山”的道家圣地武当山发展以登圣山祈福，赏瑰丽山景，观武术表演，修养生动功、静功，听养生讲座等旅游项目为主的体育养生旅游。

【案例】

广西巴马被誉为全球长寿第一村，而此殊荣要得益于巴马独特的生态自然环境，尤其是独特的阳光、空气、健康水和地磁力，为健康长寿提供了丰富的环境资源。更是有来自全国各地的人长住巴马养生，少则一月半月，多则一年两年。

巴马立足优势，科学规划，努力打造中国旅游强县、中国广西休闲养生度假中心，长寿旅游业迅猛发展。据了解，仅2009年1～10月，全县就接待游客75.74万人次。其中到巴马休闲养生度假的“候鸟人”达到12万人次，成为全国一道独特的旅游风景线。

无疑，巴马逐步成为了世界独一无二的养生旅游圣地。巴马曾先后荣获“中国王牌旅游目的地”、“中国王牌旅游景区”、“广西优秀旅游县”等众多荣誉。当然入选“中国最美的小城”，必将迅速提升巴马的知名度和国际影响力，促进巴马经济社会的可持续发展。

不得不提的一点还有，已经有风险投资进驻巴马大力开发巴马长寿养生生态项目，该项目以“控制、保护、开发”为指导思想，以生态旅游、养生度假为产业方向，重在保护巴马自然生态资源，恢复原生态文化特征，引导和发展现代有机农业，打造一个集养生度假、有机农业、高端净水为一体的世界级生态文明样板，使巴马成为人与自然最佳和谐的典型，休闲养生康复的最佳和谐地。

据悉，该项目首期规划投资约30亿元人民币。重点把百魔洞开发成集长寿养生、民俗体验、休闲娱乐为一体的AAAA级旅游景区和综合型养生度假基地，占地面积约2500亩，按功能养生区、商务养生区、度假养生区等三个不同的功能区域来建设。把龙洪景区打造成以高端客户为目标人群，以家居养生与度假为功能定位，具有特别地理个性、有文化影响魅力的国际知名社区，开发时段为2010～2015年。

此外，西部大开发战略实施10年来，巴马以项目建设为重点，以改善民生为出发点，大力加强社会各项事业建设，有效促进了全乡经济社会发展。

据当地电台报道，西部大开发10年来，巴马下辖西山乡水利、交通、生态和教育卫生等基础设施建设明显改善。到目前，新建蓄水池34座，水柜90多座，架设电线78千米，还新建屯级公路55条近150千米，380多户1 700多人告别了危房和茅草房，全乡共实施生态林保护达32万亩，退耕还林近6 000亩，使全乡的森林覆盖率达68%。

当然，作为生态养生基地，巴马并非孤例。都江堰市因水而兴，因堰成名，生态环境绝佳。在灾后旅游重建中，当地充分依托和利用生态资源、道文化、水文化、养生文化等旅游优势，紧紧围绕世界遗产观光、中国式养生、运动休闲“三位一体”的产品体系，着力打造“道山、圣水、生态、田园”四大主题片区和“世界遗产观光、中国式养生、运动休闲、特色乡村度假”四大产业基地。

（**资料来源**：张惠.“生态养生”走俏，产业轮廓渐趋明朗[N].中国商报·直销导报，2010-8-17.）

【分析】

1. 根据上述材料，分析巴马生态养生旅游为何走俏。
2. 根据材料的提示，你认为生态养生旅游开发需要注意哪些方面的因素？

【思考题】

1. 简要阐述养生的概念、主要环节、基本原则、影响因素。
2. 谈谈你对儒家、道家、佛家、医家等中国传统养生文化的认识。
3. 简要分析养生旅游的概念、养生旅游资源。
4. 谈谈如何进行养生旅游开发。

第九章　旅游生态文化

【学习目标】

- 熟悉生态文化与生态旅游
- 理解中国传统生态文化
- 掌握中国传统生态文化的挖掘和利用
- 了解低碳生态旅游及其发展策略

【知识要点】

- 生态文化与生态旅游的概念
- 儒家、佛家、道家等中国传统生态文化
- 中国传统生态文化的挖掘和利用
- 低碳生态旅游及其发展策略

第一节　生态文化与生态旅游

一、生态文化

（一）生态

1. 词源

汉语中的“生态”一词源于古希腊，来自“生态学”一词，是从英文“ecology”翻译而来。“ecology”一词源于希腊文，由两个希腊词根“ikos”（住所、栖息地或生境）和“logos”（科学、学问）演化而来，合起来的意思就是“关于生物的生活环境的科学”，即“生态学”。生态学（ecology）的产生最早也是从研究生物个体而开始的，是研究生物“住所”的科学。因此从“生态学”派生出来的“生态”一词，其含义就是生物与环境的关系。“生态学”（ecology）作为一个学科名词最早是由亨利·索瑞（H D Thoreau）于 1858 年提出，但没有给它下定义。真正将“生态”——生命与环境的关系当作独立的科学研究对象并确定其为一门独立学科的，一般认为是从德国生物学家海克尔（E Haeckel）起始的。1866年，海克尔在《有机普通形态学》一书中第一次给“生态学”以科学定义：生态学是研究生物有机体与其所处环境之间相互关系的科学。1895年植物生态学创始人瓦尔明奠定了植物生态学的基础。1935年英国生态学家坦斯利提出生态系统的概念，即有机体必然与它们的环境形成一个自然生态系统。

2. 词义

（1）“生态”的传统词义

①显露美好的姿态　南朝梁简文帝《筝赋》：“丹荑成叶，翠阴如黛。佳人采掇，动容生态。”《东周列国志》第十七回：“（息妫）目如秋水，脸似桃花，长短适中，举动生态，目中未见其二。”

②生动的意态　唐朝杜甫《晓发公安》诗：“邻鸡野哭如昨日，物色生态能几时。”明代刘基《解语花·咏柳》词：“依依旎旎、嫋嫋娟娟，生态真无比。”

③生物的生理特性和生活习性　秦牧在《艺海拾贝·虾趣》中写到：“我曾经把一只虾养活了一个多月，观察过虾的生态。”

（2）“生态”的现代词义　生态现在通常指生物之间以及生物与环境之间的相互关系与存在状态。既包括生物之间的相互关系，又包括生物在一定的自然环境下生存和发展的状态，也指生物的生理特性和生活习性。“生态”代表着一种关系，一种生物体与其所处的环境之间的关系。生物是一个开放的系统，必须不断地从外界环境中摄取食物、水分、氧气等，以及需要适宜的温度和阳光才能得以存活。简单地说，生态就是指一切生物的生存状态，以及它们之间和它与环境之间环环相扣的关系。

如今生态学已经渗透到各个领域，“生态”一词涉及的范畴也越来越广，人们到处在用“生态”一词，例如生态环境、生态关系、生态平衡、城市生态、农业生态、生态工程等。人们常常用“生态”来定义许多美好的事物，如健康的、美的、和谐的事物均可冠以“生态”修饰。

（二）生态文化

生态文化作为一种新的文化选择，赋予人类社会发展领域的每一种文化现象以生态文明的含义。生态文化是生态文明建设的核心和灵魂，生态文明建设要靠生态文化的引领和支撑。生态文化是人类向生态文明过渡的精神铺垫，也是自然科学与哲学社会科学在当代相互融合的文化发展趋势。弘扬和建设生态文化必须正确认识生态文化的基本含义、价值观基础及其与生态文明的关系，分析和把握生态文化的结构要素及其相互关系，用现代创新精神为生态文化提供良好的发展环境。

1. 概念

生态文化有广义和狭义的区别。广义的生态文化是指人类在处理与自然的关系的社会历史发展过程中所创造的物质和精神财富的总和。它是一种生态价值观，或者说是一种生态文明观，它反映人类新的生存方式，即人与自然和谐的生存方式，主要包括物质的、政治（制度）的、精神（文化）的和社会的四个层面。狭义的生态文化是一种社会文化现象，即以生态价值观为指导的社会意识形态，是尊重生态规律的文化，是渗透于物质文化、制度文化和精神文化之中，体现人与自然和谐相处的生态价值观的文化。

2. 内涵

生态文化的内容十分广泛，其中包括生态哲学、生态伦理、生态科技、生态教育、生态传媒、生态文艺、生态美学、生态宗教文化等要素。除此之外，生态宗教文化、生态传媒文化也是生态文化内涵体系的要素。这些要素互相依存、互相促进，共同构成生态文化建设体系。

3. 核心

生态文化的核心是建立人与自然普遍和谐的关系：在精神层面上，要抛弃人是自然的主宰的狭隘观念，树立尊重自然、保护环境的思想观念，实现人与自然的和谐发展和共同繁荣；在制度层面上，要按照公平平等的原则，建立人与自然界伙伴共同体，实现环境保护制度化，在全社会建立自觉保护环境的机制；在物质层面上，要摈弃肆意掠夺自然的生产方式和生活方式，道法自然，创造新的技术形式和新的能源形式，既满足社会对产品的需要，又保护自然生态的完整，实现人与自然的“双赢”。

4. 目标

生态文化是在全球性的生态危机面前，人类对未来作出的新的文化选择。生态文化的目标是倡导一种健康的生产方式和生活方式，最大限度调动全社会的力量，尊重自然规律，以最科学合理的方式进行生态保护和改善。它不是猎奇、占有和损害，而是友好和善待。它既不仅仅是控制，也不仅仅是治理，而是一种关爱，一种从始至终的关爱，一种植根于千千万万的政府官员、专家学者、社会人士以及无数普通百姓的自发的对生态环境的关爱。生态文化就是从人统治自然的文化过渡到人与自然和谐相处的文化。

5. 基本要求

生态文明对生态文化建设的基本要求是，确立生命和自然界有价值的新的文化价值观，摒弃传统文化中“反自然”或“人统治自然”的错误观念，走出

“人类中心主义”的思想桎梏，形成以生态伦理、生态正义、生态良心、生态责任等为主要内容的生态文化价值体系，培养人们理性处理人与自然关系的高度自觉和文化修养，建设以人与自然平等、和谐、互惠互利为价值观基础的新文化。同时加强生态理论研究，提高人们对生态问题和生态保护的理性认识，指导生态文化和生态文明建设的实践。

生态文化作为一种社会文化现象，具有广泛的适用空间，是一种世界性或全人类性的文化。20世纪以来，人类在重视自身生存的生态环境保护过程中，逐渐产生的一系列的环境观念、生态意识，以及在此基础上发展起来的一系列有关生态环境的文化科学成果，诸如生态伦理、生态教育、生态科技、生态文学、生态艺术以及生态神学等，不仅表明生态学思维方式对人类社会的渗透，也展现出一种生态文化现象正在全球蔓延。

二、生态旅游

生态旅游作为一种新的旅游形式，产生于20世纪80年代。工业革命以来，人类生产方式和生存方式不断变化，生存环境危机日益凸显资源短缺、环境污染、生态恶化已经成为摆在当前世界各地面前的一个严峻问题，经济的发展与资源的利用和环境的保护所构成的矛盾已成为当今世界各国所共面临的重大挑战。随着旅游活动的蓬勃发展和旅游资源的不断开发，传统旅游业发展方式中存在的问题，如只顾眼前利益而忽视旅游资源的可持续利用，只注重经济利益而忽视旅游的社会效益和生态效益等，已经成为旅游业进一步发展的严重障碍，传统的大众旅游形式所带来的生态环境危机也日益引起人们的关注。在此背景下，回归自然、保护生态环境已成为现代人类的一种时尚追求和历史使命，低碳经济、绿色消费普遍受到欢迎，在此基础上逐渐形成了将环境保护与旅游活动紧密结合的新的旅游方式——生态旅游。生态旅游作为绿色旅游消费，一经提出便在全球引起巨大反响，生态旅游的意识迅速在全球普及。

（一）生态旅游理论

1. 概念

“生态旅游”这一术语，最早由世界自然保护联盟（IUCN）特别顾问、墨西哥专家谢贝洛斯·拉斯喀瑞（Ceballas-Lascurain）于1983年首先提出，他在《生态旅游的未来》一文中指出，生态旅游是“游客位于相对原始的自然区域，学习、欣赏和享受风光、野生动植物及当地古今文化的旅游”。当时就生态旅游给出了两个要点：其一是生态旅游的物件是自然景物；其二是生态旅游的物件不应受到损害。但是直到1992年“联合国世界环境和发展大会”的召开，在世界范围内提出并推广“可持续发展”的概念和原则之后，生态旅游才作为旅游业实现可持续发展的主要形式在世界范围内被广泛的研究和实践。1993 年国际生态旅游协会把其定义为具有保护自然环境和维护当地人民生活双重责任的旅游活动。

在国内，虽然旅游与环境这个与生态旅游密切相关的问题早在上世纪 70 年代初就引起了旅游界的注意，但是“生态旅游”这一概念是经由国外传入我国并逐渐被接受的。直到 1993 年 9 月，在北京召开“第一届东亚地区国家公园和自然保护区会议”通过了《东亚保护区行动计划概要》的文件，才标志着生态旅游概念在中国第一次以文件形式得到确认。1995 年在西双版纳召开了“中国首届生态旅游研讨会”，发表了《发展我国生态旅游的倡议》，标志着我国对生态旅游的关注和生态旅游研究的起点。1994 年，中国成立了生态旅游协会；1995 年 1 月，中国旅游学会在云南西双版纳发表了《发展我国生态旅游的倡议》，标志着我国学术界正式给予生态旅游地位。1995 年，中国生态旅游研究会把生态旅游的定义为“生态旅游是在生态学的观点、理论指导下，享受、认识、保护自然和文化遗产，带有科普色彩的一种特殊形式的专项旅游活动。”

生态旅游的本质是人们对传统旅游形式所导致的生态破坏和环境危机的反思和矫正。生态文化作为一种先进文化是建设生态文明的前提和条件，是人类中心主义的价值取向过渡到人与自然和谐发展的价值取向的重要体现，是人类实现生态环境保护与经济社会发展相协调的可持续发展战略的必然选择。

2. 内涵

“生态旅游”概念一经提出，世界上很多组织和研究者都从不同的角度对生态旅游进行了界定，至今尚未有一个统一认可的定义，对生态旅游的内涵也众说纷纭。当前国内外关于生态旅游概念的阐述主要可以概括为：“保护中心说”、“居民利益中心说”、“回归自然说”、“负责任说”、“原始荒野说”、“环境资源说”等，它们各自分别从不同的角度对生态旅游概念进行分析和解释。

生态旅游的内涵应该更多地强调对自然景观的保护，是可持续发展的旅游。生态旅游是一种以生态原理为指导，依赖于当地原生、和谐的生态系统资源，注重环境保护和管理，强调社区的参与和居民利益的保障，满足旅游者观赏与体验生态环境、丰富生态知识、进行环境教育并促进地方经济发展的一系列生态需求的，生态、经济、社会三方面效益的统一的特殊旅游形式和可持续旅游发展模式。

3. 目的

尽管对于生态旅游的概念和内涵至今没有一个统一的标准，但是关于生态旅游的目标却得到了基本的认同：生态旅游应该保护自然资源和生物的多样性、地域传统文化的完整性、维持资源利用的可持续性，实现旅游业的可持续发展。为了更好的实现这一目标，生态旅游应该促进地方经济的发展，唯有经济发展之后才能真正切实地重视和保护自然；同时，生态旅游还应该突出对旅游者的环境教育意义，通过生态旅游活动，普及生态知识，唤醒人们的环境意识，使游客自觉旅行生态义务，共建生态文明；生态旅游的经营管理者也更应该重视和保护自然。生态旅游是面向社会、联系社会的主要窗口，也是人们认识自然，亲近自然，了解自然的主要窗口。生态旅游作为一种存在方式，向社会展现一种可持续发展的“绿色”休闲方式，是人类亲近大自然、回归大自然，向大自然学习生存智慧的课堂。

4. 资源

按照生态旅游资源的属性，可以把生态旅游资源分为自然生态旅游资源系统和人文生态旅游资源系统两大类型。

（1）自然生态旅游资源系统，主要包括以下四类。

一是地文生态旅游资源，包括地质景观生态旅游资源，如岩石、矿物、古生物化石、火山、地震遗迹等；地貌景观生态旅游资源，如山岳景观、岩溶景观、海岸地貌等。

二是水体生态旅游资源，包括河流、湖泊、温泉、瀑布、海滨等。

三是气候天象生态旅游资源，包括宜人的气候、天象奇观等。

四是生物生态旅游资源，包括森林生态旅游资源、草原生态旅游资源、古树名木与奇花异卉、珍稀动物及其栖息地等。

（2）人文生态旅游资源系统，主要包括以下两类。

一是人工自然型生态旅游资源，包括园林生态旅游资源、农业生态旅游资源、森林公园、植物园、动物园（含野生动物园）、自然保护区、风景名胜区、野营地等。

二是人造文化型生态旅游资源，包括历史文化遗产、民族风情、特种纪念馆和纪念地等。

5. 类型

（1）森林休憩生态游　它是人们在天然或人工的森林生态环境里所从事的以休憩活动为主兼有其他活动的旅游活动。以吉林长白山、湖北神农架、云南西双版纳热带雨林等为代表。

（2）草原风情生态游　我国草原的主要类型为温带草原，集中分布在东北地区西部、内蒙古、黄土高原北部以及海拔较高地区的高山草甸。以内蒙古呼伦贝尔草原等为代表。

（3）湿地观鸟生态游　湿地是一种多功能、独特的生态系统。在我国湿地鸟类占全国鸟类总数的26％，且种类丰富多样。自然而然，观鸟活动便成为众多湿地最热门的专项旅游活动。以江西鄱阳湖越冬候鸟自然保护区、青海湖鸟岛等为主要代表。

（4）沙漠探险生态游　沙漠是在干旱、极端干旱的地区，降水量不足 200毫米，蒸发量超过 200 毫米的条件下，地表裸露，植物生长极为贫乏之地。以罗布泊沙漠等为主要代表。

（5）农业体验生态游　主要包括乡村生态旅游和观光农业旅游。

（6）海洋度假生态游　未受污染的沙滩和海水，充足的日照阳光，温暖湿润的海洋气候是吸引人们到海滨或海岛旅游的重要条件。以广西北海银滩及海南三亚亚龙湾等为主要代表。

（7）山岳观赏生态游　主要以五岳、佛教名山、道教名山等为代表。

（8）湖泊风光生态游　主要以长白山天池、肇庆星湖、青海湖等为代表。

（二）生态旅游实践

近年来，以回归自然，保护生态环境为主题而开发的生态旅游，由于顺应环保趋势，因此发展速度相当迅猛。目前全世界生态旅游的年产值大约为 200亿美元。据世界旅游组织 WTO 预测，今后的生态旅游和大自然旅游几乎占所有国际旅游的 20%。到 2000 年，全世界涌向大自然的人次将突破 30 亿。人们以奔向大自然怀抱的方式，观光、度假、疗养、运动、探险已成为不可阻挡的时代发展潮流。世界各国纷纷根据各自的国情，开展生态旅游开发和宣传促销，形成各具特色的生态旅游。

1. 国际生态旅游实践

在国外，生态旅游发展较好的西方发达国家首推美国、加拿大、澳大利亚等国。不少发展中国家成为生态旅游目的地，其中加勒比海地区和非洲野生动物园成为生态旅游热点区域，具有代表性的有肯尼亚、坦桑尼亚、南非、博茨瓦纳、加纳等国。在美洲生态旅游较发达的地区是亚马逊河流域，代表国家有哥斯达黎加、洪都拉斯、阿根廷、巴西、秘鲁、智利、美国、加拿大等。在亚洲，最早开展生态旅游活动的地区出现在印度、尼泊尔和印度尼西亚以及马来西亚等地。此外英国、德国、日本、澳大利亚生态旅游也有所发展。

生态旅游被认为是实现旅游业可持续发展首要的、必然的选择，在世界范围内得到普遍重视和迅速发展，并将成为 21 世纪国际旅游业的旅游新时尚。为了在世界各地积极推广生态旅游，联合国把 2002 年命名为“生态旅游年”。

2. 中国生态旅游实践

我国的生态旅游主要依托于自然保护区、森林公园、风景名胜区等发展起来的。1982 年，我国第一个国家级森林公园——张家界国家森林公园建立，将旅游开发与生态环境保护有机结合起来。1996 年 6 月，生态旅游学会在武汉首次召开了国际生态旅游学术研讨会。1999 年，以“人与自然”为主题的“中国昆明 99 世界园艺博览会”和国家旅游局的“99 生态环境旅游”主题活动将我国生态旅游研究开发推向高潮。2009 年 1 月 1 日，由国家旅游局、海南省人民政府主办的 2009 年中国生态旅游年启动仪式在海南省三亚市举行。在中国大地奏响了“走进绿色旅游，感受生态文明”的华彩乐章。生态旅游开发较早、开发较为成熟的地区主要有香格里拉、西双版纳、澜沧江流域、鼎湖山、广东肇庆、新疆哈纳斯、长白山等地区。

随着环保观念的日益深入人心和可持续发展战略的实施，我国生态旅游也获得了长足的发展。目前，我国生态旅游形式已从原生的自然景观发展到半人工生态景观，旅游对象包括原野、冰川、自然保护区、农村田园景观等，生态旅游形式包括游览、观赏、科考、探险、狩猎、垂钓、田园采摘及生态农业主体活动等，呈现出多样化的格局。特别是在近阶段以来，很多开展生态旅游的区域地处西部或者边远贫困山区，旅游业被资源禀赋良好的西部和贫困地区当成了优势产业，成为产业结构调整的重要替代产业。生态旅游这种兼顾经济、社会、生态效益的旅游形式更是倍受推崇，成为西部地区和边远贫困地区脱贫致富、坚持可持续发展的重要选择。

三、生态文化与生态旅游的关系

生态旅游与生态文化有着必然的、深层次的联系。生态旅游模式在本质上是一种培育生态文化，注重观光体验和倡导绿色休闲的旅游形式。生态文化渗透在生态旅游之中，生态旅游是对生态文化的阐释与实践，从生态旅游发展历程和生态旅游主客体属性两个方面都渗透着生态文化的内涵。

（一）生态旅游发展历程的生态文化内涵

追寻生态旅游发展的历程，无论是在生态旅游起源阶段，还是生态旅游发展过程，又或是生态旅游一贯追逐的目标体系都体现出生态文化的内涵。纵观生态旅游的发展历程，任何新鲜元素从纳入生态旅游系统到最终的具体实施都具有积极的生态文化价值，生态文化蕴含的价值观是这些新鲜因子孕育的源泉，生态旅游是对生态文化的积极实践。

（二）生态旅游主客体的生态文化内涵

回归自然的心理倾向是人类繁衍的共同特点，生态旅游者的旅游动机是生态文化的驱使。生态旅游资源是吸引旅游者“回归大自然”的客体，又是生态旅游形成和发展的物质基础。生态文化在生态旅游资源利用、环境建设中占据十分重要的地位。

生态旅游和生态文化之间的关系密不可分，生态文化是生态旅游的灵魂，而生态旅游则是生态文化的重要载体，是展示和传播生态文化的平台。生态文化既表现在生态区域管理者的思想、行为中和当地居民的思想、行为中，又表现在旅游者的思想、行为中。因此生态文化在生态旅游的整个过程中得以充分体现，而生态旅游的整个过程中都贯穿着生态文化的要求和影响。生态旅游促进生态文化体系建设，生态文化的宣传扩大了生态旅游知名度和对社会的影响力，两者相互促进、相互支撑、共同发展。

生态旅游与生态文化之间的完美结合正是生态旅游旺盛的生命力和强大的吸引力所在。开展生态旅游的根本目的，就是要通过生态旅游活动，普及生态文化知识，唤醒人们的环境意识，使人们自觉履行生态义务，共建生态文明。生态旅游是人们亲近自然，了解自然的主要窗口，在生态文化体系建设中具有不可替代的作用和地位。

第二节　中国传统生态文化

中国传统生态文化是在几千年的农业文明的生态实践中逐渐发展和成熟的。中国历朝历代都有保护生态环境、规范人们生产生活行的相关律令。以儒、释、道为中心的中华文明，在几千年的发展过程中，形成了系统而丰富的生态伦理思想。

一、儒家生态文化

儒家文化是我国传统文化的主流。儒家重视自然，强调不以人类为中心，而与天道相统一，重视人与自然的相互关系，强调人的发展与自然的和谐，因而包含了丰富的生态思想。

（一）哲学基础：天人合一

“天人合一”是中国哲学的基本问题，是中国传统文化的一贯主张，也是儒家生态观的基本概念和哲学基础。儒家生态智慧的核心是德性，天地的大德是生生不息地化育万物，认为天地自然万物的本性与人的本性是一致的，人应禀承这种生生之德，遵循天地自然规律，与自然和谐相处，使万物生生不息，使天地充满生机，从而实现人与自然的统一。儒家还进而提出了“万物一体”的思想。强调不仅要“亲亲”，而且要“爱物”，把天地万物与自己视为一体。儒家强调人是自然界的产物，是自然界的一员，人与自然是统一的。“天人合一”强调了人与自然的和谐共生的统一关系，构成儒家生态伦理的哲学基础。

儒家通过肯定天地万物的内在价值，主张以仁爱之心对待自然万物，讲究天道人伦化和人伦天道化，通过家庭、社会进一步将伦理原则扩展至自然，体现了天人一体的价值取向和人文精神。儒家认为所有生命出自一源，生于同根，所以人们应该尊重所有生命，爱护天地万物，合乎道德地对待所有其他生命及其生存环境，发自内心地尊重和关爱生命，真诚地产生“万物一体”、“民胞物与”的生态关怀，对养育人类生命的自然界产生报恩情怀。

（二）理论核心：仁民爱物

儒家认为既然天地间万物同为一体，则天地万物就不再是与人无关痛痒的外在之物。儒家生态伦理强调“仁民而爱物”。这种“仁爱”不仅存在于人与人之间，而且存在于人与物之间。人必须像爱护自己的手足那样爱护万物，根据动植物的自然生长规律进行砍伐和田猎，把是否有利于维护生态系统的完整、稳定、平衡作为评判人类生活方式、科技进步、经济增长及社会发展的终极标准。

德及禽兽草木是中国古代自然保护的一个思想基础，是儒家仁的思想的扩展。儒家生态伦理以其仁心感通生命，儒家把人对同类的怜悯之情投射到动物身上，使人类产生一种尊重和保护生物生存的强烈的情感动力，为生态伦理学提供了科学所不能给予的“情理”支持。充分体现了儒家“仁民爱物”的博大精神，最终通向一个人物和谐、生机勃勃的理想世界。

（三）行为规范：以时禁发

儒家倡导仁爱天地万物，但并不否定人类的合理需求，而是主张“以时禁发”，强调按照自然的节奏、生命的节律来“取物”，做到“取之有道”。“以时禁发”，就世间万物皆有自身秩序与生长规律，只有遵照秩序和规律合理取用，把自然资源的开发利用与保护紧密结合起来。这样才能使自然资源“不夭其生，不绝其长也”，使百姓“有余食”、“有余用”、“有余材”。

（四）生态实践：倡行节制

儒家不仅主张“以时禁发”，取之有道，而且强调取用有节，坚决反对灭绝性破坏行为。倡行节制，是儒家生态伦理思想的主流和内核。从孔子开始，历代儒家都提倡节制之德，甚至把节俭作为衡量政治清明的重要标准，做到“取之有道，用之有节”，以实现国富民安。自然资源是有限的，并非取之不尽、用之不竭，人应节制欲望，从而利于物种繁衍，维护生态平衡，使自然资源的开发和利用与人类的生产和消费进入良性循环状态。“天地之道，可一言而尽也，其为物不贰，则其生物不测。”（《礼记·中庸》）

在儒家的这种思想影响之下，古代人们对春天打猎的禁忌规定：一年中，春天“禁止伐木”、“毋焚山林”，夏天“毋伐大树”、“驱兽毋害五谷，毋大田猎”，秋天“草木黄落，乃伐薪为炭”，冬天“命渔师始渔”。这是传统文化对自然规律的把握，蕴含着深刻的生态文化。儒家传统生态文化以直接的生存经验为基础，真切地把握了人类生存与自然界的有机联系，深刻地洞悉到了人类只有维持与自然界长期的和谐共生关系，才有可能获得持久健康的长生共存。

二、道家生态文化

当代著名的人文主义物理学家 F 卡普拉所说：“在伟大的诸传统中，据我看，道家提供了最深刻并且是最完善的生态智慧，它强调在自然的循环过程中，个人和社会的一切现象以及两者潜在的一致。”澳大利亚生态哲学家西尔万和贝内特说：“道家思想是一种生态学的取向，其中蕴涵着深层的生态意识，它为‘顺应自然’的生活方式提供了实践基础。”英国著名的中国科学史家李约瑟说：“就早期原始科学的道家哲学而言，‘无为’的意思就是‘不做违反自然的活动’，亦即不固执地要违反事物的本性，不强使物质材料完成它们所不适合的功能。”美国著名的生态伦理学家霍尔姆斯·罗尔斯顿也说：“道教徒的方法是对自然进行最小的干涉：无为，以不为而为之，相信事物会自己照管好自己。如果人类对事物不横加干扰，那么事物就处在自发的自然系统中。”

道家的生态智慧是一种自然主义的空灵智慧，其生态伦理思想以生命为基础，通过敬畏万物来完善自我生命。道家强调人要以尊重自然规律为最高准则，顺应自然，达到“天地与我并生，而万物与我为一”的境界，以崇尚自然效法天地作为人生行为的基本皈依。

（一）物我一体的整体观念

道家生态伦理论是建立在物我一体的整体观念之上的，以道生万物、人天同源为其理论基础。老子认为，道既是天地万物的本源母体，也是支配制约天地万物的总规律和总法则。道是天地万物运行的规律，是宇宙运行最本质、最普遍的规律，万物都产生于道，又都遵循着道。道家高度重视自然的作用和力量，认为人也是天地万物的一部分，是天地万物进化发展的产物，因而也是道的作用的结晶，反对以人役天，劝导道法自然，以大自然为自己效法的对象和行为的法则。人只有遵循自然法则而为，才能够使自己合乎自然的要求，为自然所接纳和认可。

道家强调人与其他自然万物同源于道，天地万物和人“皆含道性”，认为人与其他事物相互平等，从而要求人们像对待同胞兄弟那样关爱自然、保护自然，切实保证与其他所有自然万物在空间上的平等性，在利益上的平等性，在地位上的平等，从而实现人与自然协调发展。在道家看来，天地万物与人同源同根，天地万物就应该跟人属于同类，人与其他自然万物的关系就是平等的关系，因此就应当像对待人一样，平等地、仁慈地对待其他自然物。

（二）好生恶杀的悲悯情怀

道家强调积德行善，认为这样方能得道成仙。道家以及以后的道教所讲的“生命”并不局限于人的生命，也包括动植物的生命，甚至其他天地所有的自然存在。所以道家的行善不仅对人而言，也包括对待动植物和天地，要求“好生戒杀”，善待一切生命。道家包括以后的道教不是以人为中心，而是以生命为中心的。“上天有好生之德，万物有贪生之心”，道教的许多清规戒律就包含许多戒杀动植物的条文，而且各大道教教派戒律大都把不杀生看做是第一戒。为了强化“好生戒杀”的戒律，道教还运用了宗教的“善恶报应”的理论，许多道教经书以善恶报应的方式直接论述了关爱保护动植物必定会得到善报，而伤害动植物必定会受到恶报。值得注意的是，道家强调的“好生恶死”，强调保护自然万物，但并不是一味地盲目保护，而是认为应该依照自然规律行事，合理地开发利用自然资源。人们为了生活的需要，可以食用那些有害的或已经成熟的动植物，但决不可伤害那些还没有长成的或怀有胎儿的动物，不可食用幼小的植物。道教认为对于已经伤害人，其罪宜死的虎狼之类的动物，杀之反为有功。而人如果只是出于自己的爱好和需要而圈养野生动物，如斗蟋蟀、拍蝴蝶、养八哥画眉、弄猢狲、系猿养鹿等，实际上也是在伤害动物，“牢养调弄曰戏杀”，亦为有过。可见在道教的生态伦理思想体系中，“好生”也不是随心所欲地“好”，“恶杀”也不是绝对的不杀，而是要求遵循自然规律行事，“顺天理人心行事”，按照自然之道合理地开发利用自然万物。道教正是这样以“生命”为中心，解决了人与其他天地万物之间的关系，使得人的生命、动植物的生命和天地的自然存在都得到应有的保护和尊重。把对人的情感投射到动物身上，真切地表现出对于动物的同情。应当说，道教提出要保护动物以及一切生命体，是带着深厚感情的，带有一种对于生命的普遍的慈悲和怜悯之心，并且要求以“慈心于物”的生命道德情怀去善待他们，关爱他们。

（三）知和曰常的平衡思想

道家强调“知和”亦即保持和睦共处。道家从物我为一的整体观念出发，十分讲求人与自然的和谐，强调天地人的有机统一和维护生态平衡，把知常知和提到生态伦理的核心地位。道家认为，天地万物是一个有机关联的整体，自然界有其自身发生发展的内在规律。人作为大自然的一部分和“道”的化生物，法地则天，效法自然，理应遵循自然的规律和法则。天道自然而无为，圣人无为故无败。老子强调“为无为”，即用人类自己的作为去实现自然的和谐和生态的平衡。

道家强调“知常”亦即认识自然规律。自然界存在着不依人们意志为转移的客观规律，天地万物拥有它就能生存，失去它就会灭亡。对人来说，遵循自然规律就会顺畅通达，违背它会自取败辱。所以真正有道德的人莫不尊重和顺应自然规律。

道家不仅强调“知和”，而且也强调“知常”，并把“知常”与“知和”统一起来，提出了“知和曰常”的命题。“道”作为天地万物生存发展的规律，就是阴阳和谐。正是由于这种阴阳和谐状态的形成和维持，万物才得生存发展；失去这种状态，万物就会终止其生存发展。知道和谐也就是理解和把握了“道”，因此崇尚自然也就是崇尚和谐。

（四）知足知止的开发原则

道家不仅强调认识和把握自然规律，维护自然界的生态平衡，而且也强调适度地开发和利用自然资源，把开发自然资源同保护自然资源有机地结合起来。老子认为，和谐是天地万物生存发展的一大法则，也是人类行为应当遵循的一大准则。对于人类来说，不仅要“知常”、“知和”，而且还要“知足”、“知止”，即认清事物自身所固有的限度，适可而止，以限制或禁止自己贪得无厌、竭泽而渔、杀鸡取卵式的对自然界的开发利用。老子说：“祸莫大于不知足，咎莫大于欲得，故知足之足，常足矣。”（《老子》四十六章）老子又说：“甚爱必大费，多藏必厚亡。知足不辱，知止不殆，可以长久。”（《老子》四十四章）贪得无厌、过分地索取某种东西必然招致重大的花费与损耗，过多的贮藏、聚天下之财尽归己有也必然招致更多的亡失。知道满足就不会受到屈辱，知道适可而止就不会带来危险，这样就可以保持长久。“夫亦将知止，知止所以不殆。”（《老子》三十二章）知道适可而止，才能远离危险，避免祸患。在老子看来，“知足”和“知止”是密切相关的。“知足”含有适可而止的因素，“知止”也包有知道满足的内容。既然天地万物都有自己的限度，人的行为就应当有所“禁止”；既然人的行为应当有所“禁止”，人的欲望就应当有所满足、有所克制。

庄子继承和发展了老子的思想，强调顺其自然、适可而止，认为“达生之情者，不务生之所无以为；达命之情者，不务知之所无奈何。”（《达生》）洞悉生命真实意义的人，不追求生命所不必要的东西。庄子强调，开发利用自然必须顺其自然，必须懂得适可而止。人们不要随意改变所受的使命，不要强求事情的成功。凡是过分过度的，都必定会带来祸害。在庄子看来，强求事物成功是危险的。

（五）钟情自然的审美情趣

道家生态伦理思想还包括热爱和钟情大自然，寄情山水，酷爱自然，以大自然为真善美的源泉，讴歌和赞美大自然，在自然中寻求安慰和精神寄托，实现人与自然之间的心灵和情感沟通。庄子继承和发展了老子“道法自然”的思想，认为自然的不仅是真的善的，而且更是美的。在庄子看来，“天地有大美而不言”《(知北游》)，大自然的美是一种至高至大而又不自我表现的美。庄子逍遥游是一种艺术化的人生态度，将身心与大自然融合，达到“天地与我并生，而万物与我为一”的美好境界。在庄子看来，现实中的旅游是不自由的，他受着种种条件的限制，不自由的旅游不是真正的旅游，真正的旅游应该是“逍遥之游”：具有自由性和非功利性，不知所求。人只有投身于大自然的怀抱，与大自然融为一体，才能够真正体会到自然的奥妙与善美，生发起热爱自然进而热爱生活的壮志豪情。在庄子看来，自然界的山川草木，鸟兽虫鱼各以其自然的本性持续和生存，装点着自然界并使其生机盎然，妙趣无穷，它们完全能够给人许多温馨和启迪，许多安慰和感染，成为人生快乐和幸福的源泉。在与自然景物的交融互参中，发掘着宇宙的奥秘、人生的真理，倾吐着对大自然的无比思念，寻找一个不同于世俗和政治的人生，在自然中体察着宇宙的本心和人生的情趣。在庄子看来，自然界的山川草木，鸟兽虫鱼各以其自然的本性持续和生存，装点着自然界并使其生机盎然，妙趣无穷，它们完全能够给人许多温馨和启迪，许多的安慰和感染，成为人生快乐和幸福的源泉。老庄道家酷爱自然、钟情山水并以自然为师为友的精神观念，深刻地影响了一代又一代中国知识分子的心灵，使他们投向大自然的怀抱，去和自然万物沟通对话，由此激发起热爱自然、热爱生活的热情，并浇铸着他们的品性人格，使他们创作出不少讴歌自然景物、赞美祖国大好河山的作品，从而大大拓展了中国伦理文化的精神空间，提高和升华着中华民族的人文精神。

三、佛家生态文化

佛教是探求人生苦难如何解脱，普度众生的宗教，其终极目标是如何让众生离苦得乐，生存于一个适宜的生存环境之中。佛教对现实人生问题的关注与现实人类苦难的思考，促使其主张人与自然和谐相处的生态理论。佛教本身不是生态伦理学，但是从人和自然的关系方面审视佛教，可以发现佛教蕴含着丰富而深刻的生态伦理思想，具有独特的生态伦理观。诚如英国历史学家汤因比（Amord Joseph Toynbee，1899—1975）论断的："佛教把自然的包罗万象和一切众生普遍存在的生命之法，作为自己根本的宗教。换句话说，佛教的第一宗旨要做到跟宇宙和生命中存在的'法'相一致，并从中指出人与自然走向融合、协调的道路。"佛教生态伦理观基本特征集中表现在以下五个方面。

（一）整体观

佛教生态观的哲学基础就是缘起论。建立在缘起论哲学基础之上的佛教生态观认为万物互为缘起，世上没有任何事物可以离开因缘而独立产生和存在，而是"此有故彼有，此无故彼无"的相依相成，共同构成宇宙整体，这就是佛教所谓的整体论。按照佛教"依正不二"的思想，生命主体与生存环境作为同一整体相辅相成、密不可分，一切众生皆具有存在的同一性、本质的同一性和至善的同一性。同样，人类不能脱离自然环境而存在，人类生活所需最终都必须从自然环境中获取。在整体论的基础上，大乘佛教发展出大慈大悲、天下一体的菩萨情怀，要求人类善待世间万物。

（二）无我论

从缘起论出发，佛教认为世界上的一切事物，没有不变的本质，只是相对的存在，这就是佛教的无我论。原始佛教一开始就确立了"诸行无常，诸法无我"的法印，大乘佛教从"缘起性空"观念出发，发展出"空"的思想，指出诸法由因缘和合而生，从而没有固有的自性，否定人与万法存在不变的自性。佛教的无我论通过对人我执和法我执的破除，否定了世间万物的存在实体性，摈弃对生命主体和世间万物的执着眷恋态度，从而否定了生命主体自身的优越感及其在世界中的优先权，认为万物即我，我即万物，万物都是与我平等的有佛性的生灵之物，都享有与人平等的权利，最终对一切范围的自我中心论的彻底否定。其所强调的善恶报应，旨在强调人类必须对自身行为负责，认为我们所处的环境是由我们人类所造的善业或恶业造就的，因而我们对所处的环境状态负有不可推卸的责任。佛教"无常无我"思想与生态文化思潮对人类中心主义的批判是一致的，而它从内在减少人的贪欲的主张，能够从源头上断绝生态破坏的根本。

（三）生命观

佛教的生态智慧的核心是在爱护万物中追求解脱，通过参悟万物的本真来完成认知，提升生命。佛家主张“无情有性”观点，认为万物皆有佛性，众生平等，都有生存的权利，都有存在的价值，这不仅包括有情识的动物，也包括无情识的植物、无机物。一切生命既是其自身，又包含他物，善待他物即是善待自身。禅宗更是这样，认为“郁郁黄花，无非般若；青青翠竹，皆是法身”。佛教正是从一切生命都具有贪生畏死的感受出发，从慈悲的立场和避免杀生恶业的角度，主张“大慈与一切众生乐，大悲祓一切众生苦”，把“勿杀生”奉为“五戒”之首。佛教慈悲天下的菩萨情怀不是简单的世间悲悯慈爱，而是慈为“无缘大慈”，内心深处毫无特定对象地给予万物以快乐，无条件、无分别，不分亲疏，甚至没有人与动物的区别、生物与非生物的区别；悲则为“同体大悲”，悲苦的对象是人我一体、平等无碍。佛教慈悲思想的实践主要侧重于“布施”和“不杀生”两个方面。“布施”主张善待万物，“不杀生”强调坚决反对残害与漠视生命，极力主张顺世重生。中国佛教还特别反对战争和刑杀，并提出断酒肉、素食、放生等主张。

（四）净土观

一直以来，西方极乐世界的生态环境被视作佛教生态理想。佛教所描述的极乐世界秩序井然，“处处皆有七重行列妙宝栏，七重行列宝多罗树，及有七重妙宝罗网，周匝围绕四宝庄严，金宝、银宝、吠琉琉福、颇胝迦宝，妙饰审绮”；极乐世界蕴藏有丰富的优质水，“处处皆有七宝池，八功德水弥满其中……多福众生常乐受用”；极乐世界遍布树木鲜花，“诸池周围有妙宝树，间饰行列，香气芬馥。诸池中，常有种种杂色莲花。”

（五）生态实践

佛教要求信徒奉行素食、戒杀、放生、节俭、节欲等日常生活理念，佛教建筑的环保特征、植树造林的环保行为等方面都体现了佛教生态伦理实践。其中，素食、戒杀、放生体现了对世间生命的尊重和爱护；佛教节俭惜福、少欲知足、勤俭理财等简朴生活观是一种超越单纯物质生活追求，注重内在高层次精神自觉的符合生态观念的生活方式。佛教建筑的环保特征主要体现为佛教建筑与周边自然环境协调的生态伦理实践特征。植树护林等环保行为则主要表现为佛教僧侣和信徒的环保意识和环保实践。历代僧人具有良好的生态意识，非常重视植树护林和环境保护，以至于“可惜湖山天下好，十分风景属僧家”。我国绝大多数名刹古寺坐落于名山胜景之中，自然环境优美雅致，寺庙建筑群与大自然交相辉映，独特的人文氛围与奇特的自然景观融于一体。据统计，我国3批国家重点风景名胜区中，以宗教景观为重要内容的占47.9%。因此佛寺名山往往成为游客朝山进香、旅游观光、回归自然的理想场所。

第三节　传统生态文化的挖掘和利用

“这是最好的时代，这是最坏的时代……”英国作家狄更斯名著《双城记》开篇这句话，可以用来形容世界当下的状态。工业文明的出现，使社会生产力有了新的飞跃，人类利用自然的能力飞速提高。在“人是自然的主宰”思想支配下，对自然的征服和统治变成了对自然的掠夺和破坏，人类在改造自然取得辉煌成就的同时也遇到了诸如人口失控、环境污染、资源短缺、气候变暖、能源枯竭、物种灭绝等严重的生存危机，人与自然的和谐也面临着有史以来最严峻的挑战。生态环境问题已经成为一个世界性的、划时代的话题。开始重新审视人类的生存理念和行为准则，改变对自然的态度，对于生态危机的解决和人类社会的生存和发展具有极其重要的现实意义。一些西方生态学家提出生态伦理应该进行“东方转向”。1988 年，75 位诺贝尔奖得主集会巴黎，会后得出的结论是：“如果人类要在 21 世纪生存下去，必须回到 2 500 年前去吸取孔子的智慧。”

一、“天人合一”观念有助于实现人与自然环境协调发展

从 20 世纪 60 年代开始，人类对自身与自然关系的反思迅速升温。罗马俱乐部在《世界的未来——关于未来问题一百页》的报告中指出：“人之初，步子小，以后逐渐加快，最后向权力奔跑，建立了自己的统治，但往往是建立在‘大自然的灰烬’上的。而且不顾自己是否已经超越极限，是否正在自掘坟墓。”英国著名经济学家 E.F 舒马赫在《小的是美好的》一书中认为，我们时代最重大的错误之一是“现代人没有感到自己是自然的一部分，而感到自己命定是支配和征服自然的一种外来力量。人类甚至要向自然开战，却忘了即使赢得了这场战争，人类自己也处于战败一方。”1972 年，联合国发表了《人类环境宣言》；90 年代以后，《里约环境与发展宣言》《二十一世纪议程》《关于森林问题的原则声明》《联合国气候变化框架公约》和《生物多样性公约》等一系列有关环境问题的国际公约和国际文件相继问世，标志着实现人与自然和谐发展已成为全球共识。

在中国传统文化中，人与自然的关系通常被表述为天人关系。中国传统文化主流侧重于主张“天人合一”，认为人既然本于自然，又要依赖自然，理所当

然应该尊重自然，遵循自然运行的客观规律，不把人从人际关系中孤立出来，而且也不把人同自然对立起，从而达到人与自然的和谐。天中有人，人中有天，主客互融的天人合一思想，构成了中国文化的显著特色。中国传统的这种“天人合一”观，反映了小农经济的典型特征。这种经济形态不管是最基本的生产资料还是起码的生产条件都表现出对于自然过于依赖。在中国，小农经济的生产方式决定了人们对土壤、雨水、阳光、气候等自然条件有着特殊的依赖，而农业最基本的生产资料本身就是自然界的产物。为了生存，人们必须尊重自然、顺应自然。人们把自己的生产、生活、生存都归功于自然界的恩赐，人们在那种不可抗拒的外力面前无能为力，只有祈祷老天爷开恩，风调雨顺，从而对其感恩戴德，充满敬畏之情，不敢有丝毫的冒犯和逆忤。因此中国文化是从小农自然经济生产方式的角度和出发点来阐释“天人合一”的观念，主要地是把自然作为崇拜的对象而不是研究和征服的对象，作为想象的对象而不是作为探究的对象。人在自然面前永远是奴仆，自然界更多地被当成人格神，赋予道德人伦上的意义。

人们应该继承和发扬“天人合一”思想的合理内核，注重自觉遵循自然规律，通过制定生态伦理的原则和规范，维护自然生态系统的稳定和谐，调节和控制人对自然界的行为，以建立人和自然共同繁荣、协调健康、和谐共存的关系，以合人与自然的发展，这也是人类的根本利益所在。必须清楚，人类不是也不应该是自然界的统治者和征服者，只能是大自然家庭中平等的一员。人与自然的关系不是统治者与被统治者，征服者与被征服者的关系，而是一种亲密平等的关系，以合人与自然共同繁荣、协调健康的发展。正如王国维所说：“夫自然界之物，无不与吾人有利害之关系。”人类应自觉遵循自然规律和社会规律，通过制定生态伦理的原则和规范，调节和控制人对自然界的行为，以建立人和自然和谐共存的关系。在人和自然的关系上，我们应该“取其精华”，吸取、继承和发扬中国传统生态文化“天人合一”、“道法自然”思想中所包含的生态环境伦理意识、原则。“去其糟粕”，剔除其在论证中所包含的带有神秘主义和宗教迷信色彩的消极因素，结合现代科学文化知识和先进的科学工具，保护生态环境，维护生态平衡。

二、“众生平等”的观念有助于实现人与其他生物共生共存

根据世界资源基金会 2006 年所发布的《地球生命力报告》，仅从 1961 年到 2003 年，人类的活动已经造成生命地球指数下降了约 30%。从上个世纪 60 年代以来，人类对生物圈影响的“生态足迹”已经增长了 3 倍，超出地球生态系

统再生能力的1/4。如果照此趋势继续恶化下去，到2050年，需要两个同样的地球才能养活整个人类。

佛教倡导的众生平等、生命轮回的众生平等观念可以引导人们从观念上净化自身，重新审视物欲，达到对其他生命存在价值的重新认识。因为归根到底生态可持续发展的关键是消费观念的转变，而宗教在其中可起到积极的促进作用。如美国学者莱斯特 R 布朗所言："作为价值观念的源泉及监护人，宗教在向持续发展社会过渡中，应起到重要的作用"。无论是传统儒家所倡导的"仁爱"、"博爱"、"民胞物与"、"待时而发"的思想，或是道家所提倡的"道通为一"、"物我一体"的思想，又或是佛家提倡的"众生平等"、"同体慈悲"、"依正不二"、"无情有性"、"好生戒杀"的慈悲理念，都体现出平等和同情博爱思想，强调人与人之间平等、人与其他生物之间平等，强调对他人，对其他生命主体性的尊重、关怀以至敬畏，共同形成了以"天人合一"为基本理论框架的整体生命哲学基础。中国传统生态伦理信念一旦深入人心，在当今社会成为一种处理人和自然关系的主导思想，就真正能够促使人和自然和谐，促使人类、动物以至植物在内的整个生态系统的和谐发展。因而中国传统生态伦理信念对当代生态危机的解决提供了有益的思路。在我们旅游开发过程中应该做到兼顾其他生物的生存空间，尽力禁止侵占其他生物的生存和发展空间，从而保护动物的多样性，使人与其他生物能够协调共存于地球这个美丽的家园之中。

三、"待时知止"的观念有助于实现自然资源的保护和持续利用

环境恶化，资源短缺已使超常发展和消费巨增的人类面临着生存挑战。按传统生产方式和人类无节制的消费方式，地球提供给人类的资源能维持多久？"狭小"的自然空间还能容纳多少人类生产生活所产生的垃圾、废物、废气？有限的地球最终能够承载多少日益庞大的人群？人类今后的发展之路应该如何走？

其实中国人民很早就注意利用自然资源和保护自然的相互关系，认识到自然资源是有限的，并非取之不尽、用之不竭，人应节制欲望，从而利于物种繁衍，维护生态平衡，使自然资源的开发和利用与人类的生产和消费进入良性循环状态。中国传统文化中主张"以时禁发"，强调按照自然的节奏、生命的节律来"取物"，做到"取之有道"，认识到只有重物节物才能使万物各按其规律正常地生生息息，人类才有取之不尽，用之不竭的生活资源。"以时禁发"的生态伦理观念和规范对后世影响很大，历代统治者据此制订了一系列政策法令，对生态环境保护起到了积极作用。秦汉以后，自然保护的规范进一步演变为法律、法令，以法律形式规定了生态环境保护方面的基本制度，强制人们遵守。除了

"以时禁发"外，中国传统文化看到了只有实施可持续发展、保持资源不枯竭，才能永葆世世代代长治久安。因此倡行节制，要求人们节制物欲，合理利用资源，反对人为地破坏，注意发展生产，强调"取之有度，用之有节"，坚决反对灭绝性的破坏行为，甚至把节俭作为衡量政治清明的重要标准，认为只有做到取用有节，才能实现国富民安。

中国传统文化要求人们节制物欲，合理利用资源，反对人为地破坏，注意发展生产，强调取用有节，坚决反对灭绝性的破坏行为，甚至把节俭作为衡量政治清明的重要标准，做到"取之有度，用之有节"，以实现国富民安。因此我们在旅游开发过程中，必须注重保护资源环境，维护生态平衡，走一条资源节约型、环境友好型的生产发展之路。要学习和借鉴中国传统生态伦理文化，树立保护自然资源的意识，走低碳环保路线，按照节能减排、保护生态的原则进行旅游开发，建设资源节约型和环境友好型的旅游景区景点和旅游设施，保护好和利用好旅游资源，从而实现经济、社会、生态三效益兼顾的旅游发展。

总之，以儒、释、道为代表的中国传统文化蕴涵着十分丰富的生态文化资源，对于我们当下所面临的严峻的生态环境危机提供了丰富的可以借鉴的文化资源。结合当前实际，批判地吸收和借鉴，对于旅游资源开发和生态环境保护，实现经济效益、社会效益和生态效益有机统一的可持续发展都大有裨益。

第四节　低碳生态旅游文化

随着全球气候逐年变暖，灾难性气候屡屡发生，资源短缺与经济发展之间的矛盾日益突出，经济社会发展日益受到能源和环境制约，人类的生存环境与健康安全面临着严峻的挑战和严重的危害，尽快转变当前经济社会发展方式已经变得刻不容缓。低碳经济作为应对全球气候变化、保障能源安全的基本途径和战略选择，正在全球范围内得到普遍关注和广泛认同，已经成为当今世界经济发展的主要趋势。尽管旅游业作为所谓的"无烟工业"，具有承接低碳经济发展模式转型的天然优势，是应对气候变化和响应节能减排的优势企业。但是并不是不产生任何环境污染，不排放任何温室气体，根据世界旅游组织 2008 年出版的《气候变化与旅游业：应对全球挑战》的研究报告显示，以 2005 年为例，整个旅游发展中的 CO_2 排放量达到了 13 亿吨，其主要来源于旅游交通、旅游住宿和旅游活动三个方面，占人类活动所有 CO_2 排放量的 4.9%，而在人为因素引起的全球气候变暖的影响率上，整个旅游部门占到了 5%~14%，虽然这一比重目前并不很大，但根据预测，如果维持旅游业现有的发展方式和增长速度，到 2035 年旅游部门中的排放量将增加 152%，而整个旅游部门对全球变暖的影响率将增加 188%。由此在低碳经济背景下，旅游业如何实现低碳模式日渐成为时下热门的讨论话题。

一、低碳经济与低碳旅游

（一）低碳经济

所谓低碳经济（Low-carbon economy）指在不影响经济和社会发展的前提下，通过技术创新、制度创新和观念转变，降低能源和资源的消耗，尽可能最大限度地减少温室气体的排放，从而减缓全球气候变化，实现经济和社会的可持续发展。低碳经济是以低能耗、低污染、低排放为基础的经济发展模式，其实质是能源高效利用和清洁能源开发，核心是能源技术创新、能源制度创新、节能减排技术创新、产业结构转型升级和人类生存发展观念的根本性转变，目的是减少二氧化碳等温室气体排放，应对全球气候变暖导致的生态环境恶化，维持和改善人类的生存和发展。低碳经济几乎涵盖了所有的产业领域。“低碳经济”概念最早见于政府文件是在 2003 年的英国能源白皮书《我们能源未来：创建低碳经济》，指出低碳经济是通过更少的自然资源消耗和更少的环境污染，获得更多的经济产出。低碳经济概念一经提出就迅速引起诸多国家的广泛关注，逐渐成为当今世界经济发展模式的新潮流，并可能演变成为规制全球经济社会发展的新规则。

发展低碳经济，缓解全球的能源与气候危机，解决人类面临的生存与发展困境已经成为全球共识，世界各国纷纷行动起来，以自己的方式来践行节能减排责任。前世界银行首席经济学家尼古拉斯·斯特恩强调全球现在以每年 GDP1%的投入，可以避免将来每年 GDP 的 5%~20%损失，呼吁全球向低碳经济转型。美国参议院早在 2007 年 7 月就通过了《低碳经济法案》，德国希望到 2020 年实现国内的低碳产业超过汽车产业，而中国则承诺到 2020 年单位 GDP 的碳排放将在 2005 年的基础上下降 40%～45%，作为约束性指标纳入国民经济和社会发展中长期规划，并制定相应的国内统计、监测、考核办法。

（二）低碳旅游

低碳旅游，是指在旅游发展过程中，通过运用低碳技术、推行碳汇机制和倡导低碳旅游消费方式，通过食住行游购娱的每一个环节来体现节约能源、降低污染、减少排放的理念，尽可能地减少碳足迹，降低碳排放量，以低能耗、低污染、低排放为基础来获得更大的旅游经济、社会、环境效益的一种可持续的绿色环保旅游发展形式。低碳旅游是顺应低碳经济的发展而产生的，是在低碳经济的大背景下产生的一种以实现旅游业可持续发展的新的旅游观念和旅游形式。旅游业相对其他产业来说能耗低，在节能减排方面更具优势。

低碳旅游概念的正式提出始于 2009 年 5 月，根据世界旅游业以及航空、海运和陆路运输业的联合调查写成的世界经济论坛“走向低碳的旅行及旅游业”报告。报告显示，旅游业碳排放占世界碳排放总量的 5%，其中运输业占 2%，纯旅游业占 3%。我国第一次正式提出低碳旅游的概念是在同年 12 月国务院颁布的《关于加快发展旅游业的意见》，提出推进节能环保，倡导在旅行中尽量减少碳足迹与二氧化碳排放，实施旅游节能节水减排工程，明确提出“倡导低碳旅游方式”。低碳旅游被认为是助推“低碳经济发展”的时尚方式，将成为旅游业可持续发展的未来方向和必然趋势。

二、低碳旅游发展策略

（一）严格推行节能减排制度，制定和实施低碳认证制度

《国务院关于加快发展旅游业的意见》中明确指出要“推进节能环保，实施旅游节能节水减排工程。积极利用新能源新材料，广泛运用节能节水减排技术，实行合同能源管理，实施高效照明改造，减少温室气体排放，积极发展循环经济，创建绿色环保企业。”同时明确提出，五年内将星级饭店、A 级景区的用水用电量降低 20%的目标。因此要积极响应国家旅游节能减排号召，始终贯彻旅游产业低碳发展理念，重视节能减排政策的科学制定和严格落实，从政策、制度到法律、法规等方面对旅游产业发展进行全面规范和约束，制定具体详细的节能减排目标和措施。加快完善行业低碳准入标准，实施低碳认证制度，建立健全旅游环境影响评价制度，推行旅游碳汇机制，实行严格的节能减排标准，对旅游业相关的交通运输、旅游景区、住宿餐饮、休闲娱乐、旅游商品等制定科学、完善、操作性强的低碳旅游评定标准，进行严格评定分级。建立科学的管理制度和有效的监督机制，加强环境监管能力建设，完善节能减排统计监测和考核实施办法，强化节能减排目标责任制，将节能减排全面落实到工作运行中的每个细节，确保完成国家分解下达的节能减排任务。

（二）实行相应的激励政策，鼓励企业参与低碳旅游经营

低碳旅游需要企业的广泛参与，政府需要通过政策，从资金、政策、土地等方面加大对旅游景区低碳项目建设的扶持力度，提高旅游企业的低碳意识，鼓励旅游企业参与低碳认证，激励旅游景区及涉旅企业加快推进低碳旅游经营

方式。对于那些不采用低碳发展模式的旅游企业征收费用，对于那些积极采取低碳发展模式的旅游企业，可以通过财政补贴、贷款方便和税收优惠等给予政策优惠，鼓励其表现和示范效应，以便推动低碳旅游生产的发展。同时可以着手探索在一些在旅游业发展上相对发达的地区建设低碳旅游示范区，使其成为低碳旅游实践的领路人和先锋军，采用先示范，后总结经验，再逐步推广的模式，发挥其低碳旅游实践的示范和带动作用。

（三）加强宣传和教育，鼓励和引导游客的低碳旅游消费

旅游者是践行低碳旅游的主体，低碳旅游离不开普通游客的广泛参与。因此旅游管理部门需要大力宣传和广泛开展低碳旅游消费方式宣传教育，倡导公民选择低碳旅游消费方式，强化游客的低碳意识，吸引游客体验低碳旅游，在旅行中尽量减少碳足迹与二氧化碳的排放，比如个人出行中选择旅游住宿时，尽量选择带有“绿色标签”的旅游酒店或青年旅馆；优先考虑各种绿色食品、生态食品；采取节俭的方式，不铺张浪费，自带洗漱用品、携带环保行李、住宿环保旅馆、避免使用一次性塑料餐具、节约用水用电、选择二氧化碳排放较低的旅游交通工具、抵制过度包装的商品、不要求频繁更换床单被单等；优先选择体育、运动、康体等低碳旅游体验活动，积极参与碳中和旅游活动，参加植树造林等碳补偿或碳抵消的旅游消费方式，增加碳汇以弥补因为交通运输、旅行消费所造成的碳排放等。

另外，低碳旅游还需要发动旅游地社区居民的参与、宣传、引导和监督，充分发挥主人翁意识。

（四）创新制度和技术，推动节能减排技术的开发和应用

转变发展方式，调整产业结构，在市场机制基础上，通过制度框架和政策措施的制定和创新推动能效提高技术、能源节约技术、温室气体减排技术、清洁能源技术、可再生能源技术、新能源技术的研发和应用，提高能源资源使用效率，推动社会经济实现高能效、低能耗和低碳排放的发展模式转型。积极研究探索建立旅游低碳补偿机制，设立节能专项资金，重点支持节能减排技术改造、节能新技术新产品推广应用、发展新能源产业和循环旅游经济。通过旅游网站宣传低碳旅游，同时也实现旅游宣传方式的“低碳化”。加强对太阳能、风能等清洁能源的使用范围和使用力度，加快低碳技术的在旅游行业的广泛应用。

（五）加强引导和监管，促进旅游企业低碳措施的贯彻与落实

1. 加强对旅行社低碳经营的监管与引导

旅行社是实施低碳旅游的重要组成部分，在低碳旅游发展过程中起着表率作用。旅行社应该积极推出低碳旅游产品，开辟低碳旅游线路，贯彻以自然生态和物种资源系统最小干扰原则，以选择资源节约型和环境友好型的旅游景区景点为重点做好低碳旅游项目线路的设计，让游客真正体验低能耗、无污染、低排放的低碳旅游形式。同时应根据接待游客的数量，主动从旅游收益中拿出一部分资金做碳排放的补偿活动。

2. 加强对旅游交通低碳经营的监管与引导

旅游交通在节能减排方面，应以科技发展为支撑，加快推进综合运输体系和城际间运输通道建设，大力发展绿色低碳交通，尽快淘汰污染排放严重的旅游交通工具，积极使用清洁能源旅游交通工具，鼓励交通运输企业采取的各项节能减排措施，并制定相应的奖励制度。在游客出行安排过程中，尽量提高交通系统和交通工具的使用效率，提倡使用公共交通，同时通过技术革新、提高燃效，降低旅游交通工具的碳排放量。在各个景区内推广公共化、轻型化、节能化及新能源的交通工具，鼓励游客以徒步、自行车、畜力车或其他交通方式替代机动车辆。在旅游发展条件相对较好的旅游景区景点建设节能减排方面的示范工程，为其他地方发展绿色低碳旅游交通做出示范和表率。

3. 加强对旅游饭店低碳经营的监管与引导

旅游饭店是碳排放大户，应该在食、住、行等方面倡导绿色消费，采取各种有效措施进行节能减排，推行低碳经营方式。还要加强酒店智能化应用，提高运行效率，及时全面引进节能减排技术。在酒店大堂的温度控制和灯光控制、客房温度的控制、楼层温度控制、室内照明控制和设备区等方面的实施智能化应用。鼓励和引导住宿餐饮行业采用低碳绿色饭店经营模式，加强绿色饭店标准体系建设，积极利用新能源和新材料，广泛运用节能节水减排技术，不断提高节能减排新产品、新技术的利用率，实行合同能源管理，实施高效照明改造，减少温室气体排放。同时加强对饭店员工的节能减排教育，将节能减排措施贯彻到饭店管理的各个环节。

在住宿方面，倡导建设低碳宾馆饭店，采用新型节能设备和建筑材料，减少化石能源消耗，推行建筑节能，引进节能减排技术，尽量减少饭店能源、资源和生活物质的使用，减少碳消耗和碳排放。不主动免费提供一次性洗漱用品和塑料袋，使用纸质餐具替代塑料餐具。各地饭店协会可以统一印制倡导低碳生活的小卡片分发给各个旅游饭店，由饭店放入客房、餐厅，倡导游客低碳消费方式，号召住店客人对被单、床单允许“一客一洗”，节约水资源，减少污染排放。

在餐饮方面，制定旅游餐饮低碳化行业标准，避免使用一次性餐具，提倡健康素食，使用节能厨具等，深化低碳减排。饭店善意提醒游客在餐饮消费时量入为出，注意节约，杜绝浪费。结合各地资源能源优势，饭店优先使用当地食材，推广使用太阳能、风能、电能等新型清洁能源从事餐饮生产和服务。

4. 加强对旅游景区低碳经营的监管与引导

低碳景区的建设与管理是开展低碳旅游的关键。景区景点要进一步加强节能减排力度，从旅游规划就开始注入低碳理念，严格执行旅游规划，在景区景点建设过程中推行节能环保材料，努力实现景点景区内各项基础设施尽量使用新能源产品，打造低碳旅游景点景区。要求游客使用景区提供的清洁能源交通工具或者使用畜力车、人力车或者步行方式进入核心景区，禁止旅游团大巴车、私家车进入核心景区，有效减少核心景区内的汽车尾气排放。增设低碳导游，设置低碳通讯、饮食、住宿服务以及垃圾废物的分类回收处理等。

推行节能减排、发展低碳旅游是一项复杂的系统工程，需要社会各方的广泛参与。另外，在旅游发展的过程中还存在着各种各样的问题，发展节能减排和低碳旅游的体制机制尚需进一步完善，许多配套的政策、措施还没有及时跟上。因此很多问题还需在低碳旅游发展过程中逐步加以解决。

【案例】

“生态旅游”这个概念，是世界自然保护联盟于1983年提出的。随着时间的推移和社会的发展，其内涵不断丰富，但有两个基本点却没有改变，即生态旅游的对象是自然景物，生态旅游的对象不应受到损害。目前以“走进自然、感受生态”为主旨的生态景区，成为人们度假休闲的好去处，日益受到都市人的青睐。但令人遗憾的是，有的地方在生态旅游问题上存在着认识上的偏差，许多游客在旅游时并不清楚对保护环境负有什么责任，出现了一些有意或无意破坏生态的现象。据中国人与生物圈国家委员会提供的一份调查显示：我国已有22%的自然保护区由于开展生态旅游而造成保护对象遭受破坏，11%出现旅游资源退化。对此，我们应当引起高度重视并采取有力措施加以整改。

在现实生活中我们看到，有些人将生态旅游视为一种户外休闲娱乐活动，或视为普通的景区旅游，对吃、住、行、游、购、娱传统旅游的6大要素要求较高，要求在旅游途中能够获得都市中的享受，气不喘、汗不出、泥不沾、雨不淋、日不晒就能观赏到世界顶级的美妙风光。为了满足这种物质享乐型旅游的需求，有的旅游开发商和旅游经营部门，热衷于在生态旅游景区内筑路修桥、架设缆车、增开车辆等，为游客提供交通便利，并大兴土木，修建宾馆、商店、饭店、桑拿、舞厅等服务设施，使生态旅游区成为“山沟里的都市”。这不仅助长了奢靡之风，更导致了生态旅游区景点的商业化、城市化和人工化，使一些自然美景和自然资源受到损毁。

还有一些地方对是否适宜进行生态游缺乏精心周密的科学考证，盲目开发，将一些原本不具备条件的区域强行建设成所谓的生态旅游区，其结果事与愿违，不但劳民伤财，更使林木、水源、植被、物种等遭受严重破坏。因此“名不副实”的生态旅游危害极大。

生态旅游是科技含量很高的产业，发展生态旅游必须要坚持科学发展观。这对于经营者来说，必须遵循“保护第一、开发服从保护、开发促进保护”的原则。对景区要实行严格的功能分区，自然保护区的核心区应禁止任何活动，缓冲区只允许进入从事研究观测活动，只有实验区才可允许从事旅游等活动。同时，要科学确定、严格控制生态旅游容量，把游客数量确定在自然环境承载能力范围之内，这样既能保护生态环境，又可促进了旅游业的健康发展。而对于游客而言，参加生态旅游，要树立生态保护意识，见到鸟虫鱼兽不要去打扰，学会静观默察、敬天悯物，并通过摄影、写生、自然探究等活动，充分感悟和审美自然，不要随便丢弃果皮、塑料袋等杂物，不要攀登和折摘树木，不要污染水源，做到“除了照片，什么都不带走；除了脚印，什么也别留下”。

热爱自然、保护生态、善待环境，这是生态旅游的重要意义。只要这样，才能使生态旅游拥有一个可持续发展的美好未来，把那份大自然的原始美丽留给我们的子孙万代。

（**资料来源**：牛斌武. 中国22%自然保护区遭破坏，生态旅游“名不副实”[N]. 光明日报，2010-3-15.）

【分析】

1. 根据上述材料，分析导致我国生态旅游遭到严重破坏的原因。
2. 根据材料的提示，谈谈生态旅游的开发应该注意哪些事项。

【思考题】

1. 简要阐述你对生态文化和生态旅游的整体把握。
2. 谈谈你对中国传统生态旅游文化的认识。
3. 简要阐述中国传统生态文化的挖掘和利用。
4. 谈谈旅游管理部门如何进行低碳旅游管理。
5. 谈谈旅游企业如何进行低碳经营。

第十章　旅游制度文化

【学习目标】

- 掌握旅游制度文化的内涵
- 了解我国旅游法规和旅游管理模式的基本概况
- 熟悉旅游行业标准的类别
- 理解旅游伦理建设概况

【知识要点】

- 旅游制度文化的内涵及特征
- 我国的旅游法规体系和旅游管理模式
- 旅游行业标准的类别
- 良好旅游伦理关系的建立

第一节　旅游制度文化概述

一、旅游制度文化界说

文化是一种社会交流及社会传递，通过特定的途径，被社会成员共同获得。这种获得共同文化的特定途径，其实就是文化得以交流和传递的制度文化。文化的存在只有被认同和学习时才是有意义的。而被认同和学习的实现，必须依靠一套相关的制度规则。在此，制度文化就将文化与制度统一起来了。当制度体现为规则时，它必然反映了文化的价值，文化的精神，文化的理念。而当文化体现为规则时，它必然采取或风俗、或习惯、或制度的形式。从某种意义上可以说，没有文化价值的制度是不存在的，没有制度形式的文化也是不存在的。

制度文化作为文化整体的一个组成部分，既是精神文化的产物，又是物质文化的工具。作为物质文化和精神文化的中介，制度文化在协调个人与群体、群体与社会的关系，以及保证社会的凝聚力方面起着不可或缺的显著作用，深刻地影响着人们的物质生活和精神生活。

旅游制度文化是旅游文化的行为方式层面，是以旅游法律法规、旅游行业标准、管理模式、旅游伦理为主要形式来指导约束旅游活动的规定、标准等的总和，其目的是在于保障旅游活动的文明健康发展。

旅游制度文化是旅游文化的一个组成部分、一个子系统、一个层面，位于旅游文化的中间层次。旅游制度文化与旅游精神文化、旅游物质文化的有机结合，形成旅游文化的复杂整体。

旅游制度文化作为旅游文化的一个组成部分，既是旅游精神文化的产物，又是旅游物质文化的工具。旅游制度文化作为旅游精神文化的产物和旅游物质文化的工具，构成了人类旅游行为与活动的习惯、规则。作为人类旅游行为和活动的习惯、规则，旅游制度文化也主导或者制约了旅游精神文化与旅游物质文化。

旅游制度文化是旅游文化的集中体现，反映和维系着旅游文化的物质层面、精神层面构成的整体。旅游文化整体的协调互动必须依赖一个良性有效的秩序，这唯有通过旅游制度文化才能达到。

二、旅游制度文化的构成及内容

旅游制度文化是由三个层面构成的：一是传统、习惯、经验与知识积累形成的旅游制度文化的基本层面；二是由理性设计和建构的旅游制度文化的高级层面；三是包括机构、组织、管理模式等的旅游实施机制层面。

从最普遍的意义上讲，制度可以看作是一个社会的游戏规则，是社会中个人所必须遵循的一套行为规范。根据不同的划分方法，旅游制度可以分为不同的类型。从旅游制度与旅游业的从属关系划分，可分为内在制度与外在制度：旅游内在制度，包括国家、地方政府的旅游管理制度及旅游行业和企业管理制度等旅游外在制度包括一切与旅游相关的外部制度和政策，如宪法秩序、行政区划体制、土地制度等。从制度的正式性划分，可以分为正式制度与非正式制度。正式规范通常以法律的形式固定下来，对违反者有特定的惩罚。非正式规范是不成文的，但往往能够被社会成员普遍理解。最重要的规范往往是社会中绝大多数人公认的规范。

三、旅游制度文化的特点

（一）约束性

旅游制度文化的内涵包括各种成文的和习惯的旅游行为模式与旅游行为规范。制度文化是保证服务质量，提高旅游层次，促进旅游业健康发展的必不可少的因素，具有保证方向和指南的意义。

（二）双重性

旅游制度文化作为一种系统或体系具有二重性。一方面它是人类旅游活动的产物；另一方面，它又必然成为限制人类不规范旅游活动的因素。旅游制度文化与旅游物质文化的关系是相辅相成的。一方面旅游物质文化的发展推动着旅游制度文化的发展；另一方面旅游制度文化对旅游物质文化又具有强大的反作用，它可以推动、也可以阻碍旅游物质文化的发展。

（三）差异性

旅游制度文化以物质条件为基础，受人类的经济活动制约。因此人类在社会实践中逐步形成的旅游制度文化，因地域、民族、历史、风俗的不同，而异彩纷呈，表现为多样性。

（四）变异性

文化的变异性是指文化随着历史和时代的发展而改变的特点，它是文化的基本特征之一。文化的传承性是相对的，文化的变异性是绝对的。制度文化也是如此。旅游制度文化作为旅游精神文化的产物和旅游物质文化的工具，一方面构成了人类旅游行为的习惯和规范，另一方面也制约或主导了旅游精神文化与旅游物质文化的变迁。

第二节　旅游法律法规

一、旅游法律法规界说

旅游法律法规是调整旅游活动领域中各种社会关系的法律规范的总称。法律的概念有广义和狭义之分。广义上讲，法律泛指一切规范性文件。狭义上讲，仅指全国人大及其常委会制定的规范性文件。在与法规等一起谈时，法律是指狭义上的法律。

旅游法律法规是一个法律规范体系，它是由国家制定或认可的调整旅游活动中所产生的各种社会关系的法律规范的总称。就我国的情况而言，广义的旅游法应当包括全国人民代表大会及其常务委员会制定的旅游法律；国务院制定的旅游行政法规；国家旅游行政主管部门制定的部门规章；地方性旅游法规以及我国政府缔结、承认的国际旅游公约和规章等。

专门的旅游法则是指旅游基本法，即规定一个国家发展旅游事业的根本宗旨、根本原则和旅游活动各主体根本权利义务关系的法律。

我国的旅游基本法由全国人民代表大会及其常务委员会负责制定并颁布实施，目前该项法律正在制定过程中。

旅游法是用以调整旅游活动中各种社会关系的，因而体现了旅游活动的特点，这是旅游法区别于其他部门法的一个基本标志。例如旅游者与旅游经营者在旅游活动中所形成的权利与义务关系，旅游企业之间因经营旅游业务而产生的协作关系等，都属于旅游法律规章调整的范围。有些社会关系虽然发生在旅游活动当中，却不属于旅游法调整的范围，如旅游者在旅游活动中所从事的商务活动等。

二、旅游法律法规的作用

（一）对旅游事业的发展进行宏观调控

国家通过制定旅游法律法规，确定旅游业发展的基本原则、基本方针和产业政策，对旅游业进行有效的宏观调控，把旅游业纳入整个社会和经济发展之中，使旅游业的发展能够起到促进社会和经济发展的作用。

（二）明确旅游活动各主体权利与义务

国家通过制定旅游法律法规，明确参与旅游活动各主体的权利和义务，保护其合法权益。旅游法律规范把旅游法律关系中各主体的权利和义务固定下来，使其在法律规定的范围内行使权利，履行义务，取得合法利益。当其合法权益受到侵害时，可以依法请求保护并获得赔偿。

（三）规范和引导旅游活动行为

旅游法律法规为旅游法律关系中各主体的行为提供了行为模式和判断标准。其合法有效的行为将依法受到保护，违法无效的行为则不受法律保护，造成法律后果的要依法承担法律责任。可见旅游法律规范的制定和实施，对参与法律关系的各主体无疑起到了规范、引导、教育和警示的作用。

（四）为旅游业的发展提供了法律保障

旅游法律法规明确了旅游活动主体的权利、义务、责任和行为规范，对旅游活动中的各种社会关系起到了恰当合理的调整作用，维护旅游业发展的正常秩序，为旅游业的发展奠定法律基础，提供法律保障。

三、旅游法律法规体系

旅游法律法规是一个法律规范体系。从法的分类角度看，它既包括国内法规范，又包括国际法规范；既有实体性规范，又有程序性规范；既有私法性规范，又有公法性规范。

（一）我国旅游法规体系

1. 从立法主体看，我国旅游法律以及与旅游相关的法规可分为五种

（1）旅游法律　它是由最高国家权力机关全国人民代表大会或其常务委员会通过并颁布实施的，如《中华人民共和国旅游法》。

（2）旅游行政法规　它是由我国最高行政机关国务院在其权限范围内发布的命令、决定等规范性文件，如《旅行社管理条例》《导游人员管理条例》等。

（3）旅游部门规章　它是由国家旅游行政管理部门在其权限范围内颁布的相关命令、决定、规章等规范性文件，如《旅游景区质量等级评定管理办法》《旅行社质量保证金暂行规定》等。

（4）地方性旅游法规　它是指由省、自治区和直辖市的人民代表大会及其常务委员会根据本地区旅游发展的具体情况和实际需要，在法定权限内制定并发布的，及省、自治区人民政府所在的市和经国务院批准的较大的市的人民代表大会及其常务委员会制定的，仅限于本辖区内适用，如《四川省旅游管理条例》等。

（5）地方政府旅游规章　它是指由省、自治区和直辖市的人民政府制定的有关旅游规章及决定和命令等规范性文件，仅限于本辖区内适用，如《云南省旅游行业管理暂行规定》等。除以上立法机关外，香港特别行政区和澳门特别行政区也享有单独的旅游立法权。

2. 从法规的内容看，我国现行旅游法规以及与旅游相关的法规主要有五种

（1）旅游资源开发、利用和保护方面的法规　如《中华人民共和国文物保护法》《风景名胜区管理暂行条例》等。

（2）旅游行业和企业管理方面的法规　如《旅行社管理条例》《导游人员管理条例》《旅游涉外饭店星级的划分及评定》等。

（3）旅游交通运输方面的法规　如《中华人民共和国民用航空法》《中国民航旅客、行李国际运输规则》《汽车旅客运输规则》等。

（4）旅游者权益保护方面的法规　如《中华人民共和国消费者权益保护

法》《旅游投诉暂行规定》等。

（5）旅游市场管理方面的法规　如《旅游统计管理办法》《外国政府旅游部门在中国设立常驻代表机构管理暂行办法》等。

除了专门的旅游立法之外，我国现行的一些法律如《中华人民共和国民法通则》《中华人民共和国刑法》《中华人民共和国消费者权益保护法》《中华人民共和国公民出入境管理办法》《中华人民共和国海关法》《中华人民共和国森林法》《中华人民共和国环境保护法》《中华人民共和国文物保护法》，都在不同程度上对旅游社会关系起到了调整作用。

（二）国际性旅游法律法规

国际性旅游法律法规是指我国缔结或参加的国际性旅游条约、协定、宣言、决议、法案和管理等。一旦这些条约、协定与国内规定相冲突时，只要该冲突条款不属于我国声明保留的条款，应当优先适用。其主要有《统一国际航空运输某些规则的公约》《关于旅馆合同的国际协定》《世界旅游宣言》（《马尼拉宣言》）、1995 年世界旅游组织在索菲亚会议上通过的《旅游权利法案》《旅游法规》等。

第三节　旅游行业标准

一、旅游行业标准界说

旅游行业标准在本质上是一种旅游行业技术法规，是对旅游设施、服务质量和产品设计等涵盖旅游诸要素的技术要求。

旅游标准化工作是旅游行业各项工作的技术基础，是提高旅游业整体效能，实现科学管理的重要手段，为旅游行业管理工作的规范化和科学化，起到了积极的促进作用。如《旅游饭店星级的划分与评定》国家标准颁布以后，目前全国旅游星级饭店的总数已达 12 930 家，其中五星级饭店 288 家、四星级饭店 1 307 家、三星级饭店 4 747 家、二星级饭店 5 928 家、一星级饭店 660 家。我国饭店业整体服务质量得到了提高，受到境内外游客的充分肯定。《旅游区（点）质量等级的划分与评定》实施以来，全国 A 级旅游景区（点）的总数已达 2 258 家，其中 4A 级 671 家、3A 级 531 家、2A 级 928 家、1A 级 128 家，很大程度上改变了我国旅游区（点）管理和服务长期落后的面貌，促进了我国旅游区（点）

加快迈向保护、开发、建设、经营和管理的新高度，旅游标准化工作在提升旅游服务质量方面起到了巨大作用。

旅游标准化的出现，也是基于市场规律、企业需求的有机结合，是引导企业完善内部管理机制、强化标准化服务、提升竞争力的有效措施。如《旅游饭店星级的划分与评定》《旅游区（点）质量等级的划分与评定》等国家标准之所以取得成功，关键因素就是适应了市场经济内在规则的要求。旅游标准化的实施，让越来越多的旅游企业认识到，优质服务就是企业的形象、信誉和品牌是增强市场竞争力、提高企业效益的有效法宝。

二、旅游行业标准的分类

（一）旅游业国家标准和行业标准

根据国务院标准化行政主管部门批准的旅游行业标准管理范围，对需要在全国或旅游行业范围内统一规范的下列技术要求，应制定国家标准或行业标准：旅游业基础、信息、通用标准；旅游标志、术语标准； 旅游基础设施和项目设施标准；旅游服务质量标准；旅游规划和资源普查标准；旅游专门产品和质量标准；旅游安全、卫生、环境保护和劳动保护标准；旅游业标准规划体系所规定的其他标准。

旅游业国家标准分为强制性标准和推荐性标准。保障人体健康和人身、财产安全的标准和法律、法规规定为强制执行的标准是强制性标准，其中包括：保障旅游生产、经营、管理和劳动安全的标准；旅游规划建设标准；公共场所卫生、旅游餐饮卫生、环境保护标准；重要的旅游通用术语、符号、代号、标志和文本格式标准。其他旅游业标准均为推荐性标准。强制性标准一经批准发布，各旅游企业必须贯彻执行。凡在旅游生产、经营活动中提供的产品和服务，都必须符合标准要求。不符合安全、卫生、环境保护要求的产品和服务，禁止生产、销售和提供。推荐性标准是国家推行的建议性和政策性标准，鼓励各方积极采用。推荐性标准被国家旅游局规定强制执行，或被作为合同依据时，则推荐性标准在其有效范围内也应强制执行。

据了解，在旅游发达国家，政府主管部门只负责标准制订的组织和协调，旅游标准的制定主要是由民间机构来完成的。由政府指定协会，如标准协会或行业协会，制定国家标准，主要是覆盖法律法规以外的与旅游有关的社会公共服务方面，这些标准基本上都是推荐性的。

总的来说，对提供的产品和服务必须制定国家标准，无国家标准的，应制定行业标准。开发新产品和服务必须充分考虑标准化的要求，不准向社会提供不符合标准化要求的产品和服务。非国家标准则一般是由行业组织或民间机构自发完成的，有的企业还自己制定企业标准，从而使标准更加贴近市场的需求。

国家标准和行业标准的贯彻实施，由国家旅游局批准施行。各省、自治区、直辖市旅游行政主管部门应根据国家旅游局的统一部署，结合当地实际情况制定具体实施办法。

（二）旅游行业国际标准

像国际标准化组织（ISO）、世界旅游组织（WTO）这样的国际化组织都有成型的旅游业质量标准体系。我国在制定单项质量标准的同时，应加强对质量标准体系的研究，积极采用国际标准和国外先进标准，特别是国际标准化组织、世界旅游组织及旅游发达国家和专门机构的标准，积极与国际接轨；积极参与国际标准化活动，参加有关国际标准的研究、制定工作，维护国家和旅游行业的利益。

三、旅游行业标准制定的原则

（1）有利于保障旅游安全、提高服务质量和管理水平，维护旅游企业和旅游者的合法权益。

（2）有利于合理利用旅游资源、保护环境、达到可持续发展；推广科学技术成果，提高经济效益，满足经营和管理的需要，做到技术先进，经济合理，安全可靠，操作可行。

（3）有利于促进对外合作与国际交往。

（4）行业标准、企业标准不得与国家标准相抵触，企业标准不得与行业标准相抵触，各相关标准之间应统一、协调、配套。

（5）鼓励直接采用国家标准和国外先进标准，积极参与制定国际标准。

（6）符合国家和旅游业的有关政策，支持和配合有关法律、法规的贯彻与实施。

四、我国旅游业国家标准、行业标准的编制

20多年来，我国旅游标准化建设在提高行业服务质量、增强企业竞争力、拓展市场管理手段等方面取得了显著成效。我国目前已发布的旅游标准中，与质量有关的标准很多，但还没有形成完整的质量标准体系。

我国旅游标准化发展规划的目标是，通过努力在旅游基础、旅游质量、旅游资质、旅游设施、旅游信息、旅游安全和卫生、旅游环境保护等方面构建起一个完整的旅游标准化体系。

根据旅游业近期和长远发展的客观要求，我国有关部门研究提出了《旅游业标准体系表》，从基础标准、设施标准、服务标准、产品标准、方法标准等六个类别及“食、住、行、游、购、娱、综合”等七个方面，对标准制定工作做了全面规划，并全力抓好组织实施。至今为止，经国家标准主管部门审定并颁布实施的标准已有《内河旅游船星级的划分及评定》(GB/T 15731—1995)、《导游服务质量》(GB/T 15971—1995)、《旅游服务基础术语》(GB/T 16766—1997)、《游乐园（场）安全和服务质量》(GB/T 16767—1997)、《标志用公共信息图形符号 第1部分：通用符号》(GB/T 10001.1－2001)、《标志用公共信息图形符号 第2部分：旅游设施与服务符号》(GB/T 10001.2－2002)、《旅游区（点）质量等级的划分与评定》(GB/T 17775—2003)、《旅游规划通则》(GB/T 18971—2003)、《旅游资源分类、调查与评价》(GB/T 18972—2003)、《旅游厕所质量等级的划分与评定》(GB/T 18973—2003)、《旅游饭店星级的划分与评定》(GB/T 14308—2003)等多个国家标准，以及《旅游饭店用公共信息图形符号》(LB/T 001—1995)（已并入国标GB/T 10001.2－2002)、《旅游汽车服务质量》(LB/T 002—1995)、《星级饭店客房客用品质量与配备要求》(LB/T 003—1996)、《旅行社国内旅游服务质量要求》(LB/T 004—1997)、《旅行社出境旅游服务质量》(LB/T 005—2002)《旅游公共信息图形符号》《饭店客用品质量与配备》《旅游汽车服务质量》《国内旅游服务质量规范》等多个行业标准。此外，由国家旅游局研究制定并颁布实施的《中国优秀旅游城市检查标准》实际上也是一个很重要、很适用、很有宏观指导作用的标准，其在推动旅游城市实施政府主导性战略，改善城市旅游宏观发展环境，完善城市现代化旅游功能，促进城市旅游业大发展中的突出作用，甚至要超过已经颁布实施的一些单项旅游行业标准。

一些即将发布的行业标准有《导游IC卡技术规范》《旅行社计算机管理系统技术规范》等。一些已立项的国家标准有《旅游公寓（别墅）星级的划分与评定》《旅行社资质等级的划分与评定》《旅游餐馆设施与服务规范》《旅游购物场所设施与服务规范》《旅游娱乐场所设施与服务规范》《旅游滑雪场设施与服务规范》《旅游咨询中心设施与服务规范》《游览船设施与服务规范》《旅游电子商务技术规范》《旅游饭店计算机管理系统技术规范》《旅行社入境旅游服务质量》《旅游汽车公司资质等级的划分与评定》《旅游汽车设施与服务规范》《国家旅游度假区》《国家生态旅游区》《饭店服务指南》《旅游区（点）服务指南》等。

第四节　旅游管理模式

一、旅游管理模式概说

旅游管理模式指管理所采用的基本思想和方式，是指一种成型的、能供人们直接参考运用的完整的旅游管理体系，通过这套体系来发现和解决旅游管理过程中的问题，规范旅游管理手段，完善旅游管理机制，实现既定目标。

旅游管理模式是人类文化活动的过程和产物。在旅游业的发展过程中，人们通过无数的旅游管理实践，积累了对于旅游管理的理性认识，形成了各种基于不同背景和现实的旅游管理模式。研究旅游管理模式的意义，就是通过探索旅游经营管理活动的最基本方式与规律，为旅游经营管理选择最适合、最优化的方式，促进旅游业健康快速发展。

世界旅游组织对旅游管理模式的定义，是指管理主体对旅游资源转化为旅游产业经营活动过程的整套方法体系，它包括机构设置、权限划分、运行机制等方面的体系和制度。根据这一定义，并综合中国旅游业近年来的发展轨迹，可以将旅游业的管理模式大致分为政府包办型、政府主导型、市场主导型等几种。

二、政府包办型管理模式

这一模式就是由政府统一领导，统一经营、统一对外，旅游企业都是清一色的公有制，政企合一，两权不分。如1978年之前，我国的旅游管理机构主要任务是从事从中央到地方的外事性、政治性的接待工作，一切都由政府包办。20世纪80年代初确立的旅游管理体制虽然淡化了外事接待职能，强化了经济职能，但却以权力过分集中、政企不分、宏观管理职能软弱、微观包办干预过多为特征。这一旅游管理模式造成的弊端是明显的。由于旅游业受到计划经济条件下形成的观念、方法和政策的严重制约，政府高度集权，一切靠行政命令行事，容易造成旅游管理乃至旅游项目开发与规划缺乏科学性，重复建设使资源浪费严重，旅游业管理水平低，旅游从业人员服务意识不强，效率效益低下，旅游企业亏损严重。这样的体制很快就显示出不能适应国家改革开放大形势和我国旅游业飞速发展的需要。

三、政府主导型管理模式

此模式是在以市场为基础来配置资源的前提下，由政府组织、发动和协调各种社会主体的力量，以加快旅游业健康发展的管理模式，此管理模式与政府包办型的管理体制是有所区别的。政府包办型的管理模式，尽管由于经济发展水平、行政管理体制、具体国情的不同，各国政府主导型旅游管理模式的表现形式和具体内容有所差别，但政府主导型的管理模式不等于政府包办一切，也不等于以行政手段、计划方式来配置资源，也得不出逆市场经济的发展潮流而动的结论。实行政府主导型管理模式现已被视为我国旅游业发展的一条经验，也是有中国特色的旅游业发展模式。我国把政府主导型作为推动旅游发展的一种模式是有明确内涵的：一它不是排斥市场；二不是政府包办一切；三不是政府与市场之间没有分工，而是坚持以市场为基础配置旅游资源，以优化的制度安排、更强化的政府管理职能，形成领导重视、部门联动、社会参与的旅游发展格局。随着社会主义市场经济体制的逐步确立，学术界有观点主张对这种模式进行调整，个别省市也提出“政府支持，市场主导”的发展思路，这类观点在理论上有一定的支持性论据，但在实践中仍有不少问题需要深入研讨和界定。

四、市场主导型管理模式

此管理模式的特征是旅游市场的运转并非由政府来主导，而是主要依靠成熟的市场机制来维持。不仅旅游经营的任务由各种社会经济组织来自主进行，而且大量具体的社会事务也由社会性的组织机构按照社会规则或市场规则来完成，即所谓“小政府大社会”的目标。虽然也实行旅游行业行政和旅游行业组织以及其他社会性的组织机构管理相结合的方式，但旅游行业行政的主要任务就是市场促进和形象塑造提升。对旅游业的管理比较注重指导性、间接性和服务性。在此管理模式中，旅游行业协会的作用非常重要，是政府宏观管理和企业微观运营管理的中介工具，可以减少宏观调控失灵和市场失灵。政府可以把那些主要靠市场调节、社会能够管好的职能逐渐委托或者授权给行业协会，比如委托行业协会进行资格证考试和培训工作，管理旅游质量保证金，进行旅游标准化工作等。在一些市场经济比较成熟的国家和地区，大都实行以市场为主导的旅游管理模式。但市场主导型管理模式并非完美无缺，如忽视长期利益和行业总体利益等。

第五节　旅游伦理规范

一、旅游伦理的概念

由于旅游伦理的研究尚处于起步阶段，旅游伦理概念尚未达成共识。通常谈到伦理，就会想到道德，二者经常被视为同义词，人们也常常将“伦理道德”作为一个词加以使用。伦理与道德的确具有极为密切的关系，就适用范围来说，二者均同属于人文世界某种规范系统，表现为人类加诸彼此及自身的规范与评价，既涉及社会层面的责任问题，也涉及个人层面的德性发展历程。尽管二者的关系密切，但伦理与道德的区别还是存在的。从语言学的角度来看，“伦”指次序，所谓伦理实际上是指长幼尊卑的道理，这和道德最初的含义是指个人走路的德性是有所不同的。总的来看，伦理偏重于社会层面，而道德偏重于个人层面。从这个意义上来说，旅游伦理是指在旅游活动中关于旅游者的社会责任与赏罚标准的规范体系，具体包括旅游伦理意识、旅游伦理关系、旅游伦理实践等内容。

本书将旅游伦理理解为：狭义上来说，是与旅游活动密切相关的旅游行为主体，如旅游企业、旅游者、政府以及旅游媒体和协会等其他组织所应遵守的职业道德和行为规范；广义上来说，一切推动旅游业健康发展的旅游行业内部道德规范和行业外部对旅游业起作用的道德准则，旅游伦理涉及的主体主要包括旅游发生地和旅游目的地国家和地区的政府组织及非政府组织、旅游开发商、旅游及相关企业、旅游企业人员、旅游目的地居民和社区、旅游媒体等。

旅游伦理问题之所以受到关注，主要是因为旅游者各种有悖伦理的行为及其对旅游目的地的旅游环境与文化传统所造成的负面影响。1999 年世界旅游组织率先制定了《全球旅游规范》，试图借助伦理道德力量的支持，消除旅游发展中的各种消极因素和负面影响，保证旅游的可持续发展。进入 21 世纪以来，旅游伦理的研究又伴随着生态旅游、旅游可持续发展新思维的推进得到进一步的强化，成为各国政府、旅游组织和旅游学界关注的一个焦点。

二、旅游伦理的基本关系和主要内容

旅游伦理基本规范是一个复杂的系统，按其所协调的基本关系主要包括四个方面的内容。

（一）在人与自然的关系方面，要尊重爱护自然，实现人与自然的和谐

这是旅游伦理的一个基本规范。这个规范用来调节旅游活动中人与自然的关系。人本是自然的有机组成部分，然而当人从自然中相对分离出来后不断加剧对自然的索取，以至与自然越来越疏远、隔离、冲突。当人们意识到这种状况不仅破坏了自然生态平衡，而且降低了自身的生活质量时，亲近自然、回归自然便成了人们的内在需求。旅游是拉近人与自然距离的有效途径，但由于人们长期与自然处在隔膜状态之中，因而在旅游中人们身体融进了自然，心灵却没有与自然沟通。攀折盗窃花卉树木，偷猎偷吃保护动物，随地乱抛废弃秽物，乱建乱修楼堂馆所等与自然对立冲突的现象屡见不鲜。可见人们要亲近自然，回归自然，则应当在旅游中尊重自然，爱护自然，实现与自然的高度和谐。旅游可以说是人作为自然之子融入自然母亲的怀抱，人们在旅游中千万不能以自己的恶性损伤母亲的身躯，刺痛母亲的心灵。

（二）在人与文物古迹的关系方面，要尊重保护文物古迹，实现人与历史的和谐

这是旅游伦理又一个基本规范。人们为什么喜欢游览名胜古迹，观赏历史文物呢？恐怕不只是被其古朴瑰丽的外形所吸引，更重要的是被其深邃辉煌的历史文化而陶醉。人是历史的产物，每个人都承载着一定的历史文化。人们对未来生活的期盼和设计是不能离开历史轨迹的。然而当人们越来越以现实功利的心态面对未来的时候，却容易忽视历史，乃至割断历史。这样人们就有可能失去自己的精神家园，自己的根。失去历史感的人生是飘浮的人生。可见，人们需要通过游览名胜古迹，观赏历史文物来感受历史，了解历史，以更好、更从容地面对现实和未来。要真切地感受历史，充分地了解历史，则应尊重和保护浓缩着历史精华的文物古迹。尊重保护文物古迹就是尊重保护历史。那么偷盗文物，破坏古迹的行为是反历史的恶行，是剥夺社会公众认识历史文化权利的恶行。对这些恶行不仅要进行法律制裁，而且要进行道德谴责。

（三）在旅游服务者与游客之间以及旅伴之间的关系方面，要相互尊重、相互关心、相互帮助，实现人际关系的和谐

这是人们用来调节旅游活动中人与人关系的道德规范。旅游活动既是个体行为，也是群体行为。即使是个人探险这样的活动，也离不开其他人的帮助。在旅游活动中人们都要面对和处理一系列的人际关系。事实上，处在高度紧张、竞争激烈、人情淡漠状态中的人们，在旅游活动中不仅仅要去亲近自然、回归自然、感受历史、了解历史，而且要去追求人际关系的轻松、愉快和温馨。营造人际关系轻松、愉快、温馨的氛围，主要依赖人们的道德素养，人们发自内心的相互尊重、相互关心、相互帮助。如果人们在旅游途中权利被侵害，遭遇人情冷漠，这种旅途不仅充满艰辛和危险，而且对人是一种人际关系的精神折磨。人们在旅游中所接触的人主要是陌生人，人们所要处理的人际关系主要是与陌生人的关系。调节陌生人之间关系的道德规范可以说是我国社会道德的“第六伦”。我国古代处理五伦关系的传统道德是熟人关系中的道德。“生人有助”应当成为现代社会中处理生人关系的道德规范。在旅游活动中调节人际关系的道德规范集中体现了社会伦理“第六伦”的特色，特别需要深入人心，发扬光大。

（四）在人的身心关系方面，实现身心关系和谐

在旅游活动中还有一个重要的关系需要人们认真对待，这就是人们对待自我的关系，即人们的肉体存在与精神世界的关系，常被称为身心关系。身心关系和谐是指人们物质世界丰富，精神世界充实，二者达到平衡。然而在现实生活中人们的身心关系往往失衡，突出表现在精神世界的苍白、空虚。旅游是实现身心和谐的一条非常有效的途径。旅游是旅行游览的总称，其侧重点是游览，而不是旅行。游览所需要的境界是精神世界的自由自在，无拘无束，快乐愉悦。正如《庄子》中所说的：“游，不系也”。人们在旅游中所感受到的幸福不只是物质生活享受，更重要的是精神世界的这种境界，是身心高度和谐。要达到这种境界，人们在旅游活动中应当尊重自我，实现个性发展的需要。只要尊重自我选择的权利，就会在探索未知，丰富情感，磨练意志等方向取得丰硕的收获。同时人们在旅游活动中还应当提升自我，将自己的人格从实有向应有发展。身心和谐是一种高度统一和完整的人格体现。人们在旅游活动中注重陶冶情操，提升自我，有助于实现身心和谐的理想人格。可见尊重自我，提升自我，实现身心和谐，是人们在旅游中用来调节身心关系的道德规范，是旅游伦理的重要内涵。

从旅游伦理基本关系包含的内容来看，以上这四个方面侧重从伦理学而不是从旅游业的角度解释旅游伦理的概念。旅游伦理涉及的主体应包括旅游发生地和旅游目的地国家和地区的政府组织及非政府组织、旅游开发商、旅游及相关企业、旅游企业人员、旅游目的地居民和社区、旅游媒体等。

三、良好旅游伦理关系的建立

良好旅游伦理关系的建立无非从加强旅游伦理教育、完善旅游监管机制、提高旅游者和旅游从业人员的文化素质、加强旅游政策的伦理导向等方面入手。教育的途径包括社会教育、学校教育、职业教育、家庭教育、自我教育等。旅游监督管理机制包括法律监督、行政监督、舆论监督、社会监督和群众监督等。

建立良好旅游伦理关系的主体不仅仅包括旅游企业（景区、旅行社、饭店、其他与旅游有关的企业）、旅游者，还应该包括政府、旅游行业协会等其他组织。各主体之间以及主体内部都有自己的伦理规范，如企业与企业之间，政府与旅游者之间等。只有将这些方面都统筹处理好，才能营造旅游业可持续发展的内部和外部环境。

（一）从旅游者来看

在旅游地等公共场所，要相互尊重和关心、互相帮助、诚实守信、文明礼貌、遵守公共秩序、爱护公物；要尊重自然、保护环境、与自然和谐相处。旅游者在旅游活动中，要尊重异类文化，努力营造相互尊重和相互信任的氛围，建立平等互助的新型人际关系。旅游者是旅游活动参与的主体，只有旅游者的素质提高了，旅游才能够更加有序、健康和文明。世界旅游组织在《全球旅游伦理规范》中提出，负责任的旅游要抱着对不同宗教信仰、哲学观点和伦理观念宽容和尊重的态度。其内涵可概括为，旅游者必须尊重目的地国家在政治、社会、道德、宗教文化方面已确立的秩序，遵守当地实行的法律，对当地的习俗和信仰做出最大限度的理解。还将旅游对促进人民和社会之间的相互了解与尊重的贡献放在第一条，要求“旅游活动的开展应该与东道地区和国家的特征与传统保持一致，并尊重其法律，惯例和习俗。”旅游者在旅游活动中要尊重历史，理解文化差异。如果爱护历史文物古迹和文化遗产可以视为对旅游者的基本道德实践，那么抱着尊重历史、更好地理解文化差异的目的进行旅游活动，则是旅游者道德的内在动力机制。同样，涉及到与旅游服务人员的关系时，旅游者要认识到“顾客总是对的”、“旅游者是上帝”等，只是为旅游者服务的旅游企业及其旅游从业人员的道德认识的形象化语言，而不能成为旅游者自我身份判断的依据。旅游者在充分享受旅游消费者权利的同时，应该尊重旅游服务人员的人格尊严和辛勤劳动。

（二）从旅游企业来看

员工应树立正确的价值观和人生观，旅游企业管理者应有强烈的社会责任感，从企业个体以及社会整体的角度衡量决策和行为的对与错，形成企业良好的道德标准，并有效地建立和保持企业的价值观，塑造企业文化。旅游企业不同，具体的伦理观念也有不同。旅游企业伦理道德的基本要求是承担社会责任和依法纳税；基本保证是公平竞争和诚实守信；关键是顾客至上，企业要崇尚高尚伦理，把企业制定的行为规范和规则标准化为员工的自觉行为，企业的伦理道德观才能得以贯彻。

（三）从旅游景区来看

旅游景区的开发、评估和规划中应尊重自然规律，不能急功近利、过度开发，应保持生态系统的完整性，不能因为短期的经济利益破坏生态环境，树立正确的环境伦理观是景区可持续发展的前提。景点的设计应顺应自然，追求人与自然的和谐统一，尊重生态多样性，保护当地特色文化，树立科学的生态伦理观。鼓励和支持东道地区的居民参与和景区相关的决策，分享旅游发展带来的收益，如果景区的开发需要上游居民付出代价，还应相应的给予生态补偿。景区管理应充分以游客的利益为出发点，主要体现在解说系统的设计和旅游个性化服务等方面。制定文明游览公约，引导游客增强环保意识和生态意识，进行文明游览。

（四）从旅行社来看

随着旅行社数量的增多，旅行社的竞争越来越激烈。有些旅行社采取降价竞争手段，以致出现零团费或负团费的现象，低廉的价格使旅行社经营环境更艰难，服务水平下降使游客的满意度降低，长此以往使旅行社陷入恶性竞争和恶性循环。旅行社之间应公平合理竞争，互相尊重，引导竞争向提高质量和提高服务水平等方面努力。旅行社自身应诚信经营，充分考虑游客的利益，提供真实透明的信息，合理安排旅游线路和项目，提高车队和导游的服务水平，按质按量完成合同的约定内容。

（五）从饭店来看

饭店从业人员要培养良好的职业道德，坚持“顾客至上”的服务理念，营造温馨如家的氛围，饭店管理人员要爱护员工，体会一线员工的辛苦并实行人性化管理，给员工和客人提供良好的服务。饭店之间应建立互惠互利的关系，本着“求同存异”的原则，努力提高服务水平，避免陷入削价竞争，使游客真正感受到物有所值或物超所值，饭店的软硬件设施应根据客人的需要建设，建设节约型绿色饭店，引导客人进行绿色消费。

（六）从政府来看

要加强旅游政策的伦理导向，从旅游业发展的长远利益出发，正确处理好旅游经济发展中，兼顾社会文化的关系，要突破经济利益的羁绊，以负责的态度考虑规划旅游景区的布局与开发，主动承担文化发展、生态环境保护和伦理教育的责任。

【案例】

今年春节以来，海南旅游基本实现“整洁旅游、畅通旅游、平安旅游、和谐旅游"的既定目标，尤其是金砖国家峰会和博鳌亚洲论坛的旅游接待工作得到了中央领导和国内外嘉宾的普遍赞誉。在 2011 全省旅游监管工作会议上，海南省旅游质监所所长王晓华总结了全省旅游市场出现的六个明显变化。

一是游客数量稳中有升，游客对海南旅游的信心增强。据统计，一季度全省接待国内外游客达到 613 万人次，同比增长 7%，1 月、2 月、3 月接待量都超过 200 万人次，保持相对稳定，春节黄金周延伸成为了黄金季。预计 4 月、5 月接待量将保持同等水平，呈现出淡季不淡的态势。

二是旅游企业更加诚信经营，高端旅游市场前景看好。旅游企业能够根据市场的变化，及时调整经营理念，开拓高端旅游产品或特色旅游产品，主动为国内外游客提供真实可靠的信息，严格按照合同约定提供旅游服务。大多旅行社都设立了内部质监机构，能够及时将矛盾化解在第一时间、化解在现场，投诉率明显下降。

三是酒店价格趋于理性，入住率稳中有升。春节以来，省物价部门采用限定涨幅和超标报核相结合的办法，对宾馆酒店实施价格备案和价格干预，酒店价格平稳，尤其是三亚地区的一些酒店持续保持较高入住率。

四是重点地区海鲜排档投诉率下降。省工商部门采取"一人一店，两人一组"的监管模式，对海鲜排档实行平均差价率管理，春节期间在三亚推出螃蟹裸称制度，原来投诉比较集中的三亚湾一带的海鲜大排档基本没有投诉。

五是旅游交通安全顺畅，无重大、特大涉旅交通事故。省交通部门加大运营旅游车辆投入，保障有力，尤其是东环高铁开通并投入近 30 队车辆，有效地缓解了交通压力。

六是城乡卫生干净整洁，旅游接待点面貌焕然一新。春节和博鳌亚洲论坛期间，各市县政府重点整治东环铁路和旅游接待点周边卫生，创建了干净、舒适、优美的环境。

【分析】

1. 根据材料，分析海南国际旅游岛的旅游市场呈现六大新变化的原因。
2. 根据材料，判断上述各变化属政府主导型还是市场主导型旅游管理模式。

【思考题】

1. 简述旅游制度文化的内涵。
2. 旅游行业标准的类别主要有哪些？
3. 简述政府主导型和市场主导型旅游管理模式的不同特征。
4. 如何建立良好的旅游伦理关系？

第十一章　旅游文化建设

【学习目标】

- 理解旅游企业的文化内涵，掌握其特点及建设原则
- 理解旅游景区文化建设的原则及其内涵挖掘的方法
- 理解旅游产品的文化内涵，了解其内涵挖掘的原则及策划方法
- 理解旅游商品的文化内涵，了解其内涵的挖掘及设计方法

【知识要点】

- 旅游企业文化的含义、性质、建设的原则及其内涵的挖掘
- 旅游景区文化建设的原则及其内涵的挖掘和文化品味设计
- 旅游产品文化的含义、性质、建设的原则及其内涵的发掘
- 旅游商品文化的含义、性质、建设的原则及其内涵的挖掘

第一节　旅游企业文化建设

从20世纪80年代开始，企业文化理论日渐风行全球，并掀起了企业管理理论上的一场革命。随着企业文化理论在我国的传播、渗透以及改革开放以来我国旅游企业的迅猛发展，旅游企业文化作为一种特殊类型的企业文化和旅游文化的一部分，开始引起我国旅游界的重视。越来越多的旅游企业家已意识到，塑造良好的企业文化，是旅游企业迎接市场挑战、追求卓越的前提和保证。

一、旅游企业的文化特征

（一）企业文化的含义及性质

当前，人们对企业文化有广义的和狭义的不同理解。狭义的企业文化是指一个企业在长期的生产经营过程中所形成的价值观念、行为准则和历史传统。国外的企业文化倡导者们基本上是从狭义的角度界定企业文化的。广义的企业

文化是指企业在建设和发展中所形成的物质文明和精神文明的总和，包括企业管理中硬件与软件、外显文化与隐型文化（或表层文化和深层文化）两部分。除了精神层面的内容之外，诸如企业人员的构成、企业生产资料的状况、企业的物质生产过程和物质成果特色、工厂的厂容厂貌等因素，都是企业文化的构成成分。相当一部分企业文化是同物质生产过程和物质成果联系在一起的，所以企业文化不可能把物质文化排除在外。但是这里所谓的物质文化，不是指企业的产品本身，而是指产品的文化特色；不是指企业的内外物质环境，而是指员工和顾客对企业物质环境的感情和审美意识。因此广义的企业文化概念以狭义的企业文化概念为主体，企业物质文化是企业思想、意识、习惯的外在表现和反映。

企业文化的性质，一言以蔽之，是微观经济组织的管理文化。

第一，企业文化是一种管理文化。企业是以人为主体构成的，人是生产力诸因素中最基本的因素，企业管理根本的任务就是管理人。企业文化是一种以人为中心的管理思想，它的目的在于利用文化的功能充分调动员工的积极性、创造性，发挥全体员工的内在潜力，形成企业内部的团结气氛和强大的凝聚力。因此企业文化本质上是一种管理文化。如果意识不到这一点，企业文化建设就会流于空泛，企业文化的效能就难以充分发挥出来。

第二，企业文化是一种经济文化。企业是从事生产经营活动的基本经济单位，企业文化反映的是企业这个经济组织的价值观、信念和行为规范。没有企业的经济活动，就不能生成企业文化现象。与其他组织文化不同，企业文化必须考虑到企业的盈利性特点，为企业的盈利服务；否则，它与企业政治思想工作就没有了本质的区别。企业文化的塑造、调整，受制于企业内外的经营环境。衡量一种企业文化的优劣，要分析它对社会文化的影响，但更主要的是看它对企业本身发展的作用。

第三，企业文化是一种微观组织文化。企业是国民经济的基本细胞，是微观的经济组织。企业文化是一种微观组织文化，它不能脱离社会文化和民族文化的影响和制约而独立存在，但与宏观的社会文化和民族文化有不同的形式和内容。当然企业文化作为一种微观文化也会反作用于社会文化和民族文化。

（二）旅游企业文化的含义及性质

旅游企业文化是指某一旅游企业在其发展过程中形成的价值观念、行为准则，及其在规章制度、行为方式、物质设施中的外在表现，其内核是精神文明与价值观念。

旅游企业是企业的一部分，因此旅游企业文化具有一般企业文化的特征，如无形性、软约束性、相对稳定性和历史的连续性、个性（独特性）、创新性等。同时，在产品性质、市场环境、经营管理过程、顾客群等基本条件上，旅游企业与工商企业之间存在着明显的差异，带有明显的行业特点。

1. 服务性是旅游企业文化的基本特征

与工商企业不同，旅游企业所提供的商品是满足游客多方面需要的商品，包括有形商品和无形商品，而其主要特点还是出售无形的商品即服务。服务是旅游企业的本质。旅游企业要为游客提供食、住、行、游、购、娱等多种项目的服务；旅游服务项目的综合性要求旅游企业之间相互协调、共同配合。如果某一种服务项目不能满足游客的需要，不仅会直接损害旅游者的消费利益，也会直接影响企业旅游服务的整体水平。对于旅游企业而言，就是要树立宾客至上的观念，热心为客人服务。旅游服务工作是“人对人”的服务，所以对旅游企业员工来讲，情感、心态和技术非常重要。

旅游企业文化的服务性特征，决定着旅游服务必须重视细节。在旅游服务中，往往会由于一个细节不到位而造成功亏一篑的结果，因此有人说旅游服务是“100-1＝0”、“细节决定成败”之说特别适合旅游行业。不重视细节的人是做不好旅游服务工作的。旅游服务应注重把每一个简单的事情做到位。关注小事，成就大事，应该成为旅游企业文化理念的重要组成部分。塑造优秀的旅游企业文化，能够帮助员工牢固地树立服务意识，以良好的精神面貌做好旅游服务工作。

2. 文化性是旅游企业文化的固有特征

我国学者于光远曾经指出：“旅游是带有很强的文化性的经济事业，也是带有很强的经济性的文化产业，感受和体验异地文化是大多数旅游者出游的主要目的。旅游经营只有体现出不同的文化特色才能吸引游客，从而提高旅游企业的经济效益。在一定意义上说，文化是旅游业的灵魂。”

正因为旅游的文化属性，要求旅游企业要具备浓厚的文化意识。一方面，旅游企业为游客提供具有一定文化品味的旅游产品。实践证明，旅游产品的文化性越强，文化品味越浓，就越受旅游消费者欢迎，社会经济效益也就越好。例如饭店本来是提供游客吃、住、娱的场所，主要是保证良好的服务设施和高质量的服务。另一方面，旅游企业形象塑造要体现文化内涵。良好的形象是旅游企业发展的生命线。旅游企业的形象不仅表现为有形的、看得见的外显事物，而且体现着无形的内在素质，是旅游企业的实物要素和情感要素留给社会公众的总体形象。虽然旅游企业形象的构成要素是多方面、综合的，但从这些要素的本质属性看，无一不是文化内涵的反映。

3. 涉外性是旅游企业文化的重要特征

随着国际旅游市场的形成，世界各国之间的文化交流更为广泛，旅游企业文化的发展趋势是世界文化一体化（主要是指管理文化方面）。旅游组织的等级化、国际性联号饭店的发展、旅游信用卡在世界范围的通用等，都是其世界性的体现。

在我国所有的行业中，旅游行业是较早与国际惯例接轨的行业之一。但应该看到，旅游企业文化的涉外性或世界性，使旅游企业文化营销更为困难。由于旅游企业的行业特殊性，面对的是来自世界各地的旅游者，文化环境的差异造就了旅游者在语言文字、审美情趣、价值取向、思维方式、道德风俗等方面的不同特点。旅游企业要想在经营活动中满足各国旅游者的不同需求，就必须树立开放意识和全球意识，善于进行文化的综合分析，培养跨文化交流的能力，根据各国文化的差异性判断各国旅游者需求的差异性，为游客提供有针对性的服务。

二、旅游企业文化建设的原则

（一）旅游企业文化建设的内容

旅游企业文化建设是指企业成员有意识地培育优良文化、克服不良文化的过程。主要内容有：①培育具有优良取向的价值观念，塑造杰出的旅游企业精神；②坚持以人为中心，全面提高旅游企业员工素质；③提倡先进的管理制度和行为规范；④加强礼仪建设，促进旅游企业文化的习俗化；⑤改善物化环境，塑造旅游企业的良好形象。

（二）旅游企业文化建设应遵循的原则

1. 人本原则

所谓“以人为本”就是以人为中心，以人为目的，注重人的生命与价值，将人置于至尊至重的地位。人类的一切活动创造，只有在为了人的时候才具有意义。“以人为本”的管理理念是旅游企业最成功的经验。一切从人出发，以人为根本，采用一切行之有效的手段和方法，深入发掘人的潜能，充分调动人的主动性、积极性和创造性，引导员工实现企业利益目标，实行企业与员工“双赢”的方针，即“员工为企业创造效益”、“企业让员工得到发展”。

2. 创新原则

追求新异是旅游的主要动机之一。创新是旅游企业文化建设的灵魂。旅游企业在企业文化建设中应具有创新意识和创新精神。在企业价值观念创新的同时，开展一系列有特色和有吸引力、有影响力的旅游活动，开发独特的旅游产品，开展有特色的旅游服务，使企业文化富有长久的生命力。

3. 独特原则

旅游企业在企业文化建设中要遵循独特性原则，根据自己的行业特点和该企业的实际，在形象塑造的理念识别、行为识别、视觉识别等各个层面都要保持特色和个性，使之具有吸引力、感召力和竞争力。

三、旅游企业文化内涵的发掘

（一）旅游企业文化发展趋势

1. 注意学习氛围的培养

20 世纪末最成功的企业是学习型组织，它不仅被视为业绩最佳、活力最强、竞争力最强、生命力最强，更重要的是使人们在学习的过程中，逐渐在心灵上潜移默化、升华生命的意义。所谓学习型组织，就是在发展过程中不断适应环境变化和具有持续变革能力的自适性组织。

具体讲，是指通过培养整个企业的学习气氛，充分发挥员工的创造性能力而建立起来的一种有机的高度柔性、符合人性并能持续创新发展的组织。企业竞争说到底是学习力的竞争。学习对组织的持续发展至关重要，新经济环境下最成功的企业仍然是学习型组织，学习型组织在旅游企业文化建设中必将进一步受到关注。这是由旅游的文化属性和旅游市场的多变特性决定的。优秀的旅游企业必须成为不断适应环境变化和具有持续变革能力的自适性组织。

2. 与生态文化有机的结合

生态文化是一种新型的管理理论。生态文化属于生态科学，主要研究人与自然的关系，体现的是生态精神。而企业文化则属于管理科学，主要研究人与人的关系，体现的是人文精神，但是本质上二者都属于一种发展观，运用系统观点和系统思维方法，从整体出发进行研究，以持续发展为目标。旅游企业文化发展的诸多方面，需要以生态文化来与之结合。因为：第一，有些旅游企业，如旅游景区景点、旅游饭店等，在发展中忽视了对周边环境的影响，为环境的恶化及末端治理付出了沉重的代价；第二，现代消费群更青睐于绿色产品，旅游企业应提高旅游产品的生态含量；第三，旅游企业要实现可持续发展，“生态化”是其必由之路，生态文化融入企业文化后不仅可扩大旅游企业文化的外延，而且有利于旅游企业树立良好形象。

3. 更加注重树立良好的企业形象

旅游企业形象直接与旅游企业的兴衰、优劣相联系，旅游企业的知名度与美誉度有机结合构成了企业的公众形象。良好的知名度与美誉度是旅游企业巨大的无形资产与软实力，如果声誉卓著，旅游企业就能招揽到更多的优秀人才和顾客，能吸引到更多的投资，得到社会的广泛支持和帮助。经济全球化使得竞争更为激烈，旅游企业要脱颖而出，形象战略尤为重要，它是旅游企业在市场经济中运作的实力、地位的体现。

4. 更加注重企业精神与企业价值观的人格化

价值观是企业文化的核心。旅游企业要努力培育“荣辱与共”的价值观，使全体员工增强主人翁意识，与企业同呼吸、同成长、同发展、共命运，注重旅游企业精神与旅游企业价值观的人格化，实现“人企合一”。对职工的工作赋予挑战性并不断激励，使他们对工作经常保持新鲜度，可使责任感在无形中得到加强。

5. 更加重视“人本管理”

旅游企业文化绝对不是片面的发掘职工体力和精力，更重要的是发掘职工的智力资源或发挥员工的聪明才智，更注重于人的因素。况且企业文化理论的本质特征是倡导“以人为中心”的人本管理哲学，反对“见物不见人”的理性管理思想，主张将培育进步的企业文化和发挥人的主体作用作为企业管理的主导环节。所以作为劳动密集型行业的旅游企业，不能再受商业化管理思维的束缚，在企业文化建设中，要把主要精力投向人，大力加强 “人”的建设，切实做到“以人为本”。

（二）旅游企业文化内涵的挖掘

1. 领导身体力行（领导垂范法）

旅游企业的领导者是旅游企业文化的倡导者和塑造者，更是旅游企业文化的实施者。旅游企业主要领导要重视企业文化建设，并在组织机构的建设上落实。在实际工作中，一方面领导通过归纳提炼，将旅游企业文化升华，并通过宣传鼓动，使企业文化精神在本企业得以落实；另一方面，旅游企业领导自己的作风、行为在企业文化建设过程中起着潜移默化、率先垂范的作用。大量事实说明，企业的价值观和行为规范真正成为企业员工观念和自觉行为，不是靠行政命令和强制性压力，而是在极大程度上依赖企业领导对员工的感染力。因此旅游企业领导言传身教、身体力行，是旅游企业文化建设中最关键的环节。

2. 典型示范引路（楷模带头法）

在塑造优秀旅游企业文化的过程中，英雄模范人物是“排头兵”，起着带头引导作用、骨干作用和示范促进作用。英雄模范人物是旅游企业文化的生动体现，他们为全体员工提供了角色模式，建立了行为标准。通过他们，向外界展示旅游企业的精神风貌，也给全体员工提供学习的榜样，如文枝花等优秀旅游工作者的英雄事迹等。英雄模范往往成为一个旅游企业文化的具体象征。在建设旅游企业文化中，要特别注意发现典型，培养、宣传企业自己的英雄模范人物。

3. 抓住关键事件（利用事件法）

旅游企业价值观的揭示、行为规范的形成以及企业成员间相互理解的产生，往往是通过一些关键事件。例如当旅游企业面临危机时，领导处理危机的方式、企业员工的反应，往往会导致新的判断准则、行为规范和工作程序的产生，并且由此显示企业最重要的基本价值观念。实践表明，不失时机地抓住关键事件，对于旅游企业文化的塑造和传播有着非常重要的作用。

4. 利用教育培训和“传说”、“故事”（广泛教育法）

旅游企业文化建设要实行广泛教育的方法，发挥教育培训和“传说”、“故事”的作用。旅游企业在招聘员工时要进行教育培训。首先是“入模子”的教育，采用丰富而有成效的形式让本企业的文化理念深入人心，即进行“洗脑”；其次才是业务知识的培训和操作技能的培训。旅游企业文化的价值观往往会反映在旅游企业的一些“传说”（口传事迹）和“故事”当中。在一个具有强有力的企业文化的旅游企业中，“传说”和“故事”往往很多，如旅游企业如何艰苦创业、如何对付竞争对手、如何在经济困境中走出低谷、如何发展新产品与开拓市场……每一个事件都会留下一串故事。旅游企业经历的事件越多，其企业文化就越成熟，留下的“传说”和“故事”也就越多。

5. 通过仪式强化（载体传播法）

旅游企业文化的生长不是空泛的概念演绎，而要通过各种具体的活动和一定的形式来催化，如表彰会、庆功会、职代会、团拜会、联谊会、运动会、歌舞会等，在这里旅游企业的仪式和典礼起着重要的作用。仪式或礼仪是价值观的载体，使价值观外在化。如日本旅游企业广泛实行的“朝礼”（在上班正式工作前15分钟由领班带领员工进行“店训”或“社训”朗诵等活动）；我国某些饭店、景区的“迎宾仪式”，都从某个方面昭示了本企业的文化。仪式是一种动态的文化，可将“道”转化为“行”，而且它有形、具体，具有很强的可操作性，便于旅游企业运作。一些大的庆典仪式具有戏剧化的特征，可对旅游企业文化起到强化作用。总之，可以借助规章制度（强化）、良好风气（定势化）、英雄模范人物（人格化）、群体活动（共识化）、仪式与器物（情境化）等途径，来培育优良的旅游企业文化。

此外，旅游企业文化内涵的挖掘还应突出民族特色、时代特色，坚持先进性，特别是以人为本，因为从现代经营的观点看，旅游企业文化不仅把旅游企业看成人们谋生的场所，而且把旅游企业看成是职工实现自己的抱负、社会责任感和社会历史使命的组织。人是旅游企业的中心，一切为了人、一切关心人、一切尊重人、一切引导人、一切塑造人，应是现代旅游企业文化的基本理念。

第二节　旅游景区文化建设

旅游景区是旅游业的重要组成部分，是旅游活动的直接目标和活动场所。旅游者的文化诉求主要是通过景区文化来满足的。旅游者对旅游景区的满意程度直接决定了整个旅游活动的体验。因此旅游景区文化的建设对旅游业和旅游景区的发展都有着重大意义。旅游文化建设必然包括旅游景区文化的建设。

一、旅游景区的文化特征

（一）旅游景区

旅游景区是指向人们提供观光游览休闲的一定范围内的风景区域，亦即以山川、河流等自然景观，或以社会历史文物、民居建筑等社会人文资源为主要内容所构成的可供游人游览、观赏、学习的区域。旅游景区连同旅游饭店、旅行社、旅游交通，并称为旅游业的四大支柱。

说到景区，我们可能马上就联想到景点，景区和景点是密不可分的。从根本上而言，旅游景区的基本前提条件必须以旅游景点为基础，才能构成对旅游者具有吸引力的旅游景区。景点是整个旅游业的核心，是人们出游的直接目的，没有景点就没有旅游业。

旅游景区是吸引旅游者的核心，是旅游者参观游览的目的地，也是旅游业重要的生产力要素和旅游创汇创收的重要来源，在旅游业发展中，具有重要的地位和作用。尽管旅游景区在实践中已经成为旅游必不可少的重要内容，但人们对于旅游景区的理论研究却十分薄弱，将旅游景区单列作为一门基础课只是近年来的事。基于旅游景区是旅游业中一个结构复杂、类型多样的组成部分，致使人们对旅游景区的认识和定义也不太统一。

国家质量技术监督检验检疫总局 2003 年发布的《旅游区（点）质量等级的划分与评定标准》中将旅游区定义为：具有参观游览、休闲度假、康乐健身等功能，具备相应旅游服务设施并提供相应旅游服务的独立管理区。旅游区应有统一的经营管理机构和明确的地域范围，包括风景区、文博院馆、寺庙观堂、旅游度假区、自然保护区、主题公园、森林公园、地质公园、旅游乐园、动物园、植物园及工业、农业、经贸、科教、军事、体育、文化艺术等多种类型。虽然上述标准中的概念都被称为旅游区，但后者中的旅游区实际上指的是旅游景区。一般而言，旅游区的相对规模和面积较大，属于大尺度空间范畴且大多不具备显著的边界。而旅游景区所包括的范围较窄、面积较小，属于中小尺度的空间范畴，并且空间范围具有明显的标志物，区域范围可感知。由上述概念可知，一方面，旅游景区的范围可以非常的广，由某些著名的特色景观串联而成的地区可以成为景区，此类景区通常地域跨度大，跨区、跨省甚至跨国的都有，旅游吸引力强，如地中海景区、长江三峡景区。其凭借的是同类或类似的吸引物，因此难免竞争激烈，管理难度较大，最重要的是开展地域合作，争取双赢局面。另一方面，景区的范围可以是小到只具有同一特征以某种纽带相联系起来的景点集合，如一个博物馆，一个主题公园，即单个的旅游景点也可以成为旅游景区。从这个角度而言，大旅游景点的概念和旅游景区所包含的内容并无太大差别。本书所指的旅游景区属于中小尺度的概念，由一个或一系列相对独立的景点组成，具有观赏、文化或科学价值，自然景物、人文景物比较集中，环境优美，可供人们游览、休息或进行科学、文化活动，满足旅游者观光、休闲、娱乐、科考、探险等多层次精神需求的地域空间。

（二）旅游景区文化

景区离不开文化，没有文化底蕴的景区是苍白的、不成熟的景区。景区生产的是文化，经营的是文化，销售的也是文化；旅游者购买的是文化，消费的是文化，享受的还是文化。顾客通过在景区的游历活动获得身心的愉悦，同时获取一定知识、经验，最终达到对所经历文化的理解和感悟。景区以人文景观、自然景观和社会景观为资源基础，深入挖掘地域文化内涵形成景区特色文化。景区文化是景区与文化的一种深层次的结合，是景区发展的灵魂之所在，是旅游活动中创造的全新专门文化，是旅游业实现可持续发展的原动力和新的生长点，是现代旅游的一个重要层面。景区要谋求不断的发展和完善，就要不断地进行景区文化内涵的深度挖掘和创新。

旅游景区文化是指旅游景区中所包含的丰富的文化因子、积淀的丰富的文化底蕴，它包括作为文化载体的文物古迹、民族服饰、节日庆典、组织制度和行为观念，还包括一种可以感觉但难以表达的气氛、感情和风格等。景区文化反映的是景区（点）历史、民族、宗教、建筑和自然等方面的旅游价值，正确而深刻地理解景区（点）的文化内涵对其进行科学的分类，是加强旅游景区文化建设的前提条件，它将使旅游景区文化建设更具有针对性、目的性和实际操作性。旅游景区文化包括以下三个层次。

（1）最外层是有形的旅游客体文化，也可以说是物质文化。如建筑、园林、器物、工具和服饰等，具有被人感受到的物质形态。

（2）中间层是中介体文化，包括制度和行为两个方面，制度文化是旅游者和旅游经营者处理个人与他人、个体与群体关系的产物，包括旅游活动参与者应遵守的法律、规章及职业道德等约束机制，它是旅游行为的定型化、程序化、道德化，主要由政府、集团和机构等运用强制手段制定和实施。行为文化主要是指旅游者和旅游经营者在旅游活动过程中约定俗成的习惯定式行为、礼俗、礼仪、民风、民俗、行为举止和服务方式等。它实际上是旅游者或旅游经营者个体的自发性行为，是其内在的价值观念、审美情趣和思维方式等因素在行动过程中的表现。

（3）核心层是旅游主体文化，即旅游者的精神、心态文化。它是旅游者的文化心态及其在观念形态上的表现，包括社会心理和社会意识形态，由价值观念、审美追求、道德情感和思维方式等主体因素构成。其中景区文化的核心层决定了景区的表层文化和中间层文化，而后两者的形成也是为景区文化的核心层服务的。

（三）旅游景区文化特征

1. 特色性

特色性是旅游文化对景区文化提出的要求，特色主要体现在文化的异质性上。旅游者离开久居环境到异地进行旅游活动，就是要感受、体验异质文化。现代都市人住惯了高楼大厦，想体验“小桥流水人家”的意境和情趣；看惯了车水马龙的喧嚣，想领略大自然的安闲与静谧；吃惯了山珍海味，想品尝农（渔）家饭。乡村旅游的生命力也在于此。同时特色性是景区的制胜法宝，拥有特色的景区才有生存空间，才能使景区在激烈的市场竞争中立于不败之地。

2. 概念性

特色文化在开发过程中经过提炼，浓缩为一个特定的主题，使之概念性，这一概念性的主题往往铸就了景区的灵魂所在。如果一个景区缺乏灵魂，就不能形成特色，不能形成个性，也就难以在竞争日益激烈的旅游市场中占据一席之地。

3. 适宜性

异质文化对大众旅游者来说是一把“双刃剑”。旅游者一方面对异质文化有新奇感，充满好奇心，从而刺激消费；另一方面对陌生文化存在着疑虑和不安，构成互相沟通和理解的障碍。因此旅游文化开发要考虑旅游者的双重心理，根据大众旅游者的接受能力和欣赏水平，站在大众旅游者的角度而非艺术家的角度，审视、加工、改造和创新景区所展示的旅游文化。

旅游景区的文化基调主要是根据文脉而定。所谓文脉，是指一个地域的地理背景，包括自然地理条件、社会人文背景以及文化氛围和文化脉承，是一种综合性的、地域性的自然地理基础、历史文化传统和社会心理积淀的三维时空组合。文脉是相对定格了的、物化了的和主题化了的文化，旅游者较易体会。而景区的众多无形文化，其展现可能就会存在一定的难度。由于大众旅游者对旅游中众多无形的需“感知”的文化存在捕捉与理解的障碍，将文化内涵外显转化，即以通俗易懂、简单明了的“物化”形式表现，也是十分必要的。文化的“物化”，本质上是将旅游者对旅游景区的认识中尚未有具体形态表示物的部分以物质的形式在景区中表现出来。

文化的“物化”一方面可以通过建立解说系统来进行，另一个方面也是最主要的方法，是通过对旅游景观、旅游设施和旅游商品的规划和设计，把相关的文化艺术和文化意境完美地表现出来。也就是说，通过设计旅游产品和构建景区整体格局，有意识地将携带主题文化内涵的因子以多种形式散布刻画于景区的每一个角落，如建筑格调及小品造型设计、标识系统设计、景区宣传品等方面，以利于引导旅游者从不同侧面认知景区的文化内涵。文化“物化”，即以一种直观的、可感的形式来展现文化内涵，将旅游地的文化进行推广和普及，如开展各种文化参与性项目。这样既可增强旅游活动的参与性和知识性，又可使各个层次的旅游者都能感悟和理解。同时只有将无形的文化内涵用具体的物化产品或某一动态的过程来加以外化，以一种独特的、直观的、可感的形式使其无形的文化内涵外显出来，能够为多种层次的旅游需求者所欣赏、所感受、所顿悟，才有可能将其转化为产品优势，才是成功的旅游景区文化。

二、旅游景区文化建设的原则、步骤和方式

旅游者需要的是既有秀美的景观，又有丰富文化内涵的综合性旅游景区。从某种意义上来说，文化已经成为旅游景区内涵的重要核心。宋城集团在杭州投资兴建的杭州乐园就依托杭州优越的区位条件、得天独厚的资源优势，以独具特色的荷兰文化为背景，获得了旅游者的认可。而坐落在开封的清明上河园则凭借着开封东京的“千年梦华”引来了八方宾客。

（一）景区文化建设的原则

1. 挖掘优势文化原则

景区的文化内涵可能是多层面、多类型的，如果对景区的文化内涵不区分

选择，而统统加以开发，就会导致景区文化形象的模糊和景区有限资源的浪费，有时还会导致一些不健康文化或者文化糟粕、落后文化、伪文化的蔓延和滋长。从宏观角度来看，各个景区的文化资源从类型上看都大同小异，但是它们的内涵和外延却千差万别。景区的文化建设要想在众多景区中凸显自己的风格，就必须选择一种最具有代表性和说服力、感染力的文化加以弘扬。因此在建设和传播景区文化的选择上必须考虑开发其中的优势文化。景区文化的优势，是在与其他景区进行比较后显现出来的。对于某个景区而言，也许其中某个文化要素具有非常明显突出的地位，但是与其他景区相比，尤其是与相邻或同类景区相比，其特征并不如其他景区明显，那么它的优势性就不突出。在开发利用景区优势文化资源时，还要考虑到该文化资源的优势是否可以在较长的时期之内具有稳定性。在众多的文化要素或文化特质中，可能会有一些是应时而生的，还有一些可能是即将过时的、没有发展前景的文化事项。如果开发这些文化资源，对景区的持续发展就会不利。景区的优势文化要素往往不是单一的，规模较大、历史文化积淀深厚的景区的优势文化资源可能很多。在进行文化开发时，这些优势文化资源如果处于同一文化层面上，还可以有机地组成一个整体，因此优势文化的发掘应当进行综合考虑，突出整体性。

2. 发展优秀文化原则

在景区文化建设的问题上，选择优秀文化加以宣传和培育，关系到景区以后的可持续发展。景区文化在某种程度上是一个地域文化的缩影。在长期的历史演变过程中，一个地域积累了独特的地域文化，一些优势的、优秀的文化保留了下来。但是由于文化具有相对的稳定性，已经产生，就保存下来，不易消失，因此一些落后的、糟粕的文化也有可能仍然在一定范围内存在。国内有很多以历史、传说、名人、典故、神话等为蓝本和原型而制造出的一大批仿古景点，建设者的本意是要表现“文化内涵”，只不过由于文化层次和文化背景等原因，有些景区反映的却是封建糟粕，甚至是迷信荒诞的东西，绝无文化可言，以致遭遇冷落，最终以失败为结局。优秀的景区文化代表先进的生产力和深厚的历史文化内涵，它能够给人以前进的力量，引发民族自豪感，能够启人深思，让人感受人生的美好，给人们注入生活的热情，并因此带来积极广泛的社会效益。这一点和旅游的功效是吻合的。景区的旅游，应该能让旅游者在旅游过程中体验河山的壮丽、自然的伟大和人类的坚忍不拔，并在愉悦中放松自己，增长知识。优秀的景区文化可以帮助景区树立正面积极的形象，同时带给旅游者文化的熏陶和美的享受。

3. 协调原则

文化的多元性和旅游者需求的多样化，要求景区的文化建设不是各文化要素的简单叠加，而是旅游各文化要素在宏观上、整体上的统一表现。景区文化系统内各文化要素构成的不同等级的子系统，在不同层次上彼此关联，相互作用，共同塑造了景区文化系统的整体特征。各子系统的发展都应围绕这一整体特征发挥作用。景区的发展也是一个系统的、动态的发展，各个要素都处于一种冲突、协调的动态变化过程中。协调的作用在此显得尤为重要。景区文化建设的协调性，首先表现在景区的文化与景区所处的社会环境、社区环境是协调一致的，而不是冲突、相悖的。景区具有保护和传承、发扬当地文化的责任和功能。文化不是凭空存在的，它需要一定的载体，必须与当地的民族文化和社会环境相适应。因此景区的文化应该真实地反映当地的地域特色、民族特色和历史特色，在此环境中与地方特色相映生辉，彼此促进。如果脱离当地文化根基，与当地情况背道而驰，那么景区文化就失去了生存的土壤，创造出的伪文化也就难以为继。其次，景区文化建设的协调性还表现在景区各文化要素的协调上，包括物质要素和非物质要素之间的协调。景区的文化应该沿着一条发展的主线，围绕一定的主题，有步骤地展开，所有文化要素的整合和发展都不能脱离既定的规则，以免出现自相矛盾的情况。例如在古运河上，旅游者乘坐雕龙柱、悬龙灯的“龙舟”；在中世纪的城堡中，用蜡烛照明，接待人员统一着古装、行古礼；在城郊绿地的茅屋，旅游者被蕉荷环护，可以竹楼宿鸳鸯等，这些做法都属合理协调。反之，如在举世无双的、用于祭天盛典的古建筑中搞商品交易会，使尘世的喧嚣破坏了天界的宁静与神秘；在优美的海滨兴建森林一般的高层建筑，阻断海洋和腹地的天然联系。再次，景区文化建设要区分主次，据此划分为重要景点和普通景点，合理设置线路，既要将自身优势资源完美地展现给旅游者，同时也要采取技巧，让景点的形象能够在旅游者的脑海中保持鲜活。景区内的景点组织要主次搭配，将旅游者的心理体验不断推向高潮，并在合适的时机设立令人印象深刻的记忆点。

4. 特色化原则

旅游开发的成功在很大程度上取决于资源的独特性。旅游景区的开发建设要突出当地的自然特色、民族民俗特色和历史特色，以自身独有的风格吸引旅游者，从而在竞争中取胜。首先这是由当地的自然与人文资源特点决定的。各个旅游地的自然资源与人文资源是不一样的，如杭州西湖山水的秀美；张家界武陵源峰林的奇险；井冈山是中国革命的摇篮，这些是其他旅游地没有或少有的。对这些景区进行开发加工时，越是围绕这些特点做文章，就越容易成功。

如果脱离了当地的特点，盲目模仿，就是放弃了自身优势，舍长而取短，最终导致失败。其次突出特色是由旅游者需求个性化所决定的。旅游消费本身属高层次消费，满足人的享受需要，因而旅游景点越是有特色，越能满足旅游者的个性化需求，从而越能吸引旅游者。再次突出特色是由旅游景区寻求竞争的差别优势所决定的。景区旅游产品的同质化将会把景区之间的竞争带入到同一层面上的竞争，是竞争策略中的下策。为了避免这种红海竞争的出现，要在概括自身优势资源的同时，做到以差异化取胜，大打景区竞争的蓝海战略。求差别优势就是一个重要的战略。一个景区与其他景区相比没有差别优势，就没有竞争力。这种差别优势既可以是自然景观方面的，也可以是人文景观方面的，还可以是自然与人文兼而有之的。要形成差别优势，就必须充分挖掘当地资源内涵，突出当地特色，概括自身优势资源以差异取胜。

5. 组合性原则

旅游景区的文化建设需要注意资源文化、管理文化等组合。某些景区在文化建设的修炼上，积极寻找自身“文脉”，并按图索骥，方向并没有错，但是范围还应该扩大。景区不仅仅是供人游览的旅游胜地，它还是一个处于市场竞争中的个体，需要在经营上提升效益、服务上创造优质，才能打造出旅游者乐于前往、生命力长久的旅游目的地。

6. 市场化原则

市场化原则是指景区在开发前一定要进行市场调查和市场预测，准确掌握市场需求及其变化规律，结合旅游资源特色，确定开发的主题、规模和层次。这就要求景区了解和掌握旅游市场的需求状况，包括需求的内容、满足程度、发展趋势及潜在需求状况和整个市场的规模、结构及支付能力，然后根据这些因素进行筹措工作。以满足大众消费为前提，体现个性化、多样化和创新性的特点，以满足各种文化层次旅游者的需要。在实际的景区文化建设中，建设者可能会因主观因素的影响致使作出的决定有失偏颇，忽视市场的实际承受能力或者市场的普遍文化发展趋势。某些文化内涵深厚的景区，在开发时具有明显的优势，但是这种优势有时反而成了开发者的包袱。如果找不到适合的表现形式和物质载体，景区文化内涵越深厚，文化色彩越厚重，开发时就越容易形成曲高和寡的局面，使得本应该轻松的旅游活动变得沉重、缺少生机，从而丧失市场的亲和力，逐渐走向边缘化。因此景区文化的建设，不能只顾为文化而文化却不考虑市场的适应能力和实际需求。同时，也应该考虑市场需求的瞬息万变，并以多变有趣的形式将文化内涵更好地展现出来。在遵照以上原则的同时，旅游景区文化的建设还要注意：景区既不能只追求高深的文化品位，也不能单纯地满足少数旅游者低层次的消费口味，要雅俗共赏；以真实性为核心，努力达到“假景真作”、“假景真文化”的程度；进一步挖掘文化特色，充实文化内涵，创造持续吸引力；不断注入新的文化内容以提高文化内涵。

（二）景区文化建设的步骤

1. 制订总体规划

旅游景区文化的建设，首先需要对景区文化建设的各个要素进行评价，搞好总体规划，确定建设的方向、标准以及重点。对不同类型的景区，其建设的侧重点也有所不同。一般来说，自然类景观为主的景区，主要从景观审美文化、历史文化、科学文化、文学审美内涵等几个方面入手；而人文景观资源文化内涵的发掘则要注意历史文化内涵、名人文化资源、古建筑文化内涵、民俗文化资源等方面。

2. 确定文化主题

在对旅游资源文化内涵的外化中，首先要根据分析确定出文化主题，即文化内涵的主要精神，然后各项旅游产品、项目的开发都围绕这一主题展开，体现该主题。这里文化主题的确定必须做到两点。第一，根据旅游景区文化内涵的挖掘和选择提炼出可开发的若干文化主题。第二，分析当前旅游发展的趋势，找到可供选择的几个文化主题与旅游发展趋势的内在契合点，如果文化主题无法与当前旅游发展趋势很好地契合，则该主题不能成为旅游区文化主题。如道教文化中心思想“返朴归真”与现代旅游提倡的“回归自然”有契合点，那么“返朴归真”就可作为文化主题；又如建筑文化中的“天人合一”与现代“生态旅游”有契合点，同样可作为文化主题。

3. 搞好景观开发

所谓景观开发，从旅游学的角度来看就是在一定的空间范围内整体考虑景观环境要素，发掘其内在文化要素，规划设计功能的区分和景观项目，使景观建设与自然环境相互协调，相得益彰，为旅游者提供一个旅游观赏和旅游体验的空间与过程。文化是景区持续发展的动力源泉和参与旅游市场竞争的成败关键，在景观开发中必须加强景观文化建设，充分发掘和展示旅游景观的文化内涵与文化表象，为旅游者提供一个多姿多彩、美妙动人的旅游体验空间。景区文化内涵发掘和展示可通过缀以美名以活化景点，神化景貌以增其灵性，“趣”化景区以愉悦性情，“动”化景区以增加体验乐趣等。

4. 树立景区形象

景区文化主题的选择要突出重要性、优势性、独特性，打造景区友好、积极向上、绿色、健康的良好形象。尤其是景区文化形象应以当地的地文、人文内涵和特色为基础，使景区文化形象与该地区文脉相协调，并通过项目设置更加凸显出来。

5. 营造文化氛围

旅游景区本身对旅游者的吸引力是十分有限的。要增强对旅游者的吸引力，除了要不断丰富旅游景区的文化内涵，努力提高旅游景区的文化品位外，还要注意营造景区文化氛围。如可以通过“现代化”展示景区文化，举办大型的群众性的民族节庆活动；借助宗教仪式，开展丰富多彩的庙会旅游活动；实行文化艺术团体与旅游业的结合，共同塑造地方文化的风格整体等来营造景区的文化氛围。如庐山举办庐山国际文化旅游节，通过在节庆期内举办纪念朱子诞辰870周年学术研讨会，近代历史名人在庐山展览，庐山道教文化研讨会暨笔会，乒乓球世界冠军赛暨中韩对抗赛，庐山之夜音乐会等文化活动，来大力挖掘千古名山丰厚的历史文化内涵，营造庐山景区的文化氛围。

（三）旅游景区文化建设的方式

1. 外延开发方式

外延开发方式是指采用扩展景区、景点，采取外延手段的文化建设，是各种景区景点在数量上得到有效扩展。我国有着悠久的历史和文化传统，而各地又都有各自的特色，因而增加景区景点的数量有着巨大的潜力。同时随着科学技术的进步，开发新的景区景点具有广阔的前景。

2. 内涵提升方式

内涵提升方式是指在现有景区景点的基础上，采用新的手段，提升其文化品位和功能的做法，亦可调节景区、景点的组合，提高文化资源利用的深度和广度，使其具有新的、更加丰富的表现形式和表现内容。美国迪斯尼公司推出的景区、景点，其生命周期之所以较长，就是因为它在文化内涵的更新过程中，重视科技文化新成果的引入，不断提升其文化内涵的结果。

从某种意义上说，内涵开发是无止境的。我们必须注重旅游景区、景点文化内涵的开发，不断向文化的高层次发展。

总之，要以充实文化内涵为经，扩大文化外延为纬，形成连环、交叉的良性循环，使景区文化开发建设得以扩展：外延景区、景点数量的拓展与原有景观、景点文化内涵的提升，是相辅相成的。具体应用时，要从景区的具体情况出发。

第三节　旅游产品文化建设

在旅游经济运行过程中，旅游业各要素在一定程度上反映和体现着对文化的应用、旅游产品的品位，反映了策划、规划、开发者对文化的理解。可见旅游产品文化是一个重要的环节。一般认为，旅游产品是旅游经营者凭借着旅游吸引物、交通和旅游设施向旅游者提供的用以满足其旅游活动需求的全部服务旅游产品，其核心价值是审美和愉悦。现在的旅游产品大多是经过旅游中间商用交通、餐饮、住宿、购物等组合后更突出其核心价值的产品，其效用取决于各单项产品的效用。

一、旅游产品的文化特征

（一）旅游产品

目前国内外学术界对旅游产品的概念尚有争议，由于使用的角度不同，界定的视角也就有了不同的标准。国外对旅游产品的界定中较有代表性的有如下两种。史密斯对旅游产品的概念提出了一种解释模型，这种模型在平面上为一圈层结构，核心为物质基础（P），依次向外第一层是服务（S），第二层为接待业（H），第三层是游客的选择自由（FC），最外层为游客的参与机会（I）。史密斯是在客观的物质条件上注重了旅游者的主观意愿。米迪兰敦则认为，旅游产品实际上分为两种情况，第一是综合概念，包括旅游者从出门旅游开始到旅游回家期间所有涉及的设施与服务所共同构成的综合体；第二是指某一特定的具有商业性的物品，如吸引物、接待设施、交通、服务等。

国内旅游学界关于旅游产品较为公认的定义主要是经济学家给出的。传统旅游经济学派依据旅游经济活动的参与主体从三个视角来界定旅游产品，即从旅游者来看，是自己花费了一定的时间、费用和精力所换取的一次旅游经历；景区旅游经营者认为是他们凭借旅游吸引物、交通和旅游设施，向旅游者提供用以满足其旅游活动需求的全部服务；旅行社则认为是以旅游资源为原料，以行、游、住、食、购、娱等诸要素及各个环节的服务为零部件，针对客源市场需求，按照一定的主题，设计、加工、制作、组合而成的旅游线路。而新兴旅游经济学派主要从功能上来界定旅游产品的概念，认为旅游产品是“旅游经营者为了满足旅游者在旅游活动中的各种需要，而向旅游市场提供的各种物品和服务的总和”。他们把旅游产品理解为“物品+服务”，旅游产品构成中既有有形的物品要素，又有无形的服务要素。当今旅游学界大多赞同这一定义。那么如果我们从旅游者的消费方式和特征来看，这个旅游消费和旅游供给同步实现的完整过程包含了旅游者旅游过程中所需的各项要素：旅游吸引物的文化蕴含与主题、旅游设施的文化内涵与风格、旅游服务与管理的文化指向、旅游产业的文化定位等等，其核心因素是旅游吸引物和旅游服务中所含的文化特征。而文化是旅游的内涵和深层表述，是旅游者的出发点与归结点，是旅游景观吸引力的渊源，是旅游业经营的灵魂。旅游者主要是出于了解异地文化的动机，既是文化的消费过程，也是文化的创造过程。而旅游则是实现文化的教化和娱乐功能的良好载体，是对文化的挖掘、提炼和弘扬，是两种不同地域文化的际遇与整合。因此我们认为，从文化学视角来看，但凡是能够吸引旅游者产生文化旅游动机，并可以被利用来开展文化旅游活动的各种自然、人文客体或其他因素，我们都可以称之为旅游产品。在产品形态上既有物化形态的实在物，也有非物化形态的模式或意境，主要体现为旅游目的地的物化景观文化、生活方式、制度和观念文化等。

（二）旅游产品的文化特征

根据旅游者的需求和消费指向，旅游产品的文化特征概括为八个方面。

（1）非物质性　这种非物质东西的实质、主要内容是一种服务。比如桂林的乐满地主题公园，旅游者只有亲自来到桂林，才能享受到该公园带给自己的快乐。

（2）不可转移性　文化旅游产品的不可转移性主要表现在旅游服务所凭借的吸引物和旅游设施无法从旅游目的地运输到客源所在地供游客消费，且只能以文化旅游产品的信息传递引起购买者的流动来实现。

（3）服务性　服务性产品是能为顾客创造价值的实体或过程，而服务仅是一种行为、一种活动、一种可以被用以交换的无形产品。

（4）异地文化特性　任何旅游产品都有自己特定的性质，不同性质的旅游产品的利用价值和功能、开发利用方向都不一样。

（5）文化创造特性　旅游产品大多是人类在其发展过程中自身创造的，不是天然固有的，即便是纯粹的自然旅游资源，在漫长的人类历史过程中也会不可避免的打上人类的标记。

（6）时代特性　由于文化是一个不断变迁的现象，旅游者的动机和需求也在不断变化，旅游产品也带有很大的不确定性。

（7）在产品形态上，文化旅游资源既有物化形态的实在物，也有非物化形

态的模式或意境 物化形态可以是显性的、具体的或可明确被感知的，如古迹、古物、建筑等。非物化形态主要是隐性的，但仍可以不同程度地感觉到它的存在，如民俗、表演、歌曲、制度等，并可以通过象征、渲染等手段，将其从精心营造的旅游文化场景中揭示和显现出来。

（8）旅游产品文化内涵的多元可变性 由于文化是一个不断发展、不断变化的人类物质和精神成就的总和，所以导致文化旅游的动机和需求也是在不断地发展和变化。同样，由于旅游者的个体差异，如需求差异、消费差异、感知差异等，旅游产品的内涵也带有较大的不确定性。

二、旅游产品文化内涵的发掘

（一）旅游产品文化内涵发掘原则

1. 不断丰富旅游资源文化内涵

在旅游产品文化内涵的发掘中，关键是如何把文化渗透、融合进各类旅游产品的开发中，使其有灵魂、有主线、有品位。针对有形文化旅游资源，产品在发掘时要使旅游资源的文化内涵在原有的基础上不断地丰富和发展，为旅游活动的发展注入新的血液和动力，使它“活”起来。针对无形文化旅游资源，特别是一些文化遗存，挖掘其文化深度内涵，可以通过一定的设施和活动，营造文化氛围，使文化内涵通过一定的“物化”载体展现出来，让游客能真实地感受到其中的品味，获得教益，从总体上增强对游客的感官冲击度、情景体验度、情绪调动度、信息接受度。

2. 以市场为导向原则，努力实现文化旅游产品的功能

这就要求开发者以市场为标准，根据游客需求，针对不同市场群体，结合文化旅游资源特征，以文化为导向，推出多层次、多样化的个性产品，开发出具有市场吸引力的文化旅游。因此在旅游产品文化的发掘中应针对市场不同层次的需求，创造能满足游客文化消费要求且能激发旅游者兴趣的旅游产品。

3. 体现特色和品位，突出文化主体

从发展的趋势上看，没有参与性文化内涵的旅游产品是难以吸引游客的。所以文化旅游产品的文化发掘应以鲜明的特色为形式，以丰厚的品位为内涵，以人本主义精神为本质。突出“文化为根，以人为本”，突出和强化文化旅游产品、文化旅游场景或环境的文化性。由于文化具有相对的民族性，因此文化旅游产品开发要注意突出文化主题，紧扣景区文脉，适当强化和突出，不能偏离、淹没其主流特色。

4. 综合性发掘原则

旅游产品文化的综合性发掘原则是由旅游活动的综合性和旅游需求的多样性决定的。根据旅游系统理论，旅游者的旅游活动涉及吃、住、行、游、购、娱等六大主要构成要素，对旅游者来说这些是一个整体，而为之提供服务的除旅游行业外，还涉及到文物、林业、建筑、交通、卫生、电信、教育等行业和部门。旅游活动的顺利开展需要这些部门和行业的协作、配合和支持。因此文化旅游对文化的发掘必须围绕旅游者的核心利益，提供与产品配套的设施和服务，做足文化氛围，以争取更火的客源市场。

5. 创新性原则

文化旅游是一项充满憧憬、创意的文化活动，树立创新意识对于发展文化旅游业显得特别重要。一方面，那些符合时代发展要求的文化理念的创新是很必要的；另一方面，深厚的文化内涵必须通过创新的文化表现手段和表现形式来展示，以适应当代旅游者审美的要求，符合当下科技社会发展水平。所以旅游产品文化在发掘时必须坚持不断创新。

（二）旅游产品文化内涵的发掘

1. 旅游产品文化的大众化挖掘是前提

随着国民经济收入的增加，以黄金周为代表的假日旅游使中国旅游进入了大众化消费的新阶段，国民对文化娱乐方面的需求也日益增加，国民休闲旅游需求大众化与旅游服务供给精英化“倒挂”矛盾日渐突出。要解决供应上存在的“错位”，就要把开发大众旅游产品摆在优先解决位置，扩大供给总量、增加产品种类、丰富产品层次，文化旅游产品的大众化开发是重要前提。

（1）内容

旅游产品文化大众化的实质是旅游产品核心内容的增容和质量的全面提高，让文化典籍走入大众旅游市场。在旅游产品开发中，应融娱乐性、参与性、知识性与文化性为一体，寓教于乐。将静态的景观与动态的项目、凝重的文物与多元的衬托、历史的内涵与现代的表现有机地结合在一起。在景区建设中，将服务设施的建筑风格和装修风格与当地的历史文化整体氛围相统一，使下榻游客感受到浓郁的文化味，而不是破坏建筑风格的多样性、美感或景区风貌的千篇一律的统一性产品。在餐饮产品开发中，从文物典籍和乡土民俗中寻找开发依据和灵感并使之大众化，开发出一批既能反映历史文化内涵，又有较高规模效益的旅游餐饮产品，如仿古自助餐、仿古方便套餐、仿古快餐馆等。通过多种形式变平面为立体，变传统的单向解读式观赏为双向互动式观赏，变信息单元诉诸于视觉为多元诉诸于视觉、听觉、触觉，使观赏活动成为一种轻松活跃的过程，成为一种最大限度激活一般旅游者的想象力、记忆力的过程。

（2）表现形式

我国许多旅游产品文化内涵挖掘不足，其关键问题是没有找到恰当的表现方式。在展现历史文化方面，出现了大量形式雷同、格调低下的“蜡像馆”；在展现民俗文化方面，又出现了大量的“地府冥殿”、“西游记宫”；在展现宗教文化时，竟开展占卜算命等封建迷信的项目。这些表现方式虽在短时间内有些市场，但必定是难以持续的。旅游产品文化的大众化既指旅游产品文化本身的大众化，也包含了对旅游产品文化传播手段恰当化的规定。表现方式要关注现代旅游开发与大众化的通俗文化的共振，即“古典、古色、古香”的高雅文化与追求“新、奇、特”的大众旅游的通俗文化有机结合。如深圳“世界之窗”和“民俗文化村”二者都以比较严肃的经营态度和比较多元的手段全面地展示了世界著名景观和中国历史民俗文化，融娱乐性、参与性、知识性与文化性于一体，在这两个品牌人造景观中既没有粗制滥造的景物，也没有穿凿附会的项目，都取得了良好的经济效益，其表现方式值得借鉴。

2. 旅游产品文化的多元化是重点

随着国内旅游需求的逐渐成熟，旅游需求的个性化、多元化趋势逐渐明显，多元化的文化旅游产品市场定位是旅游资源开发的前提和保障，因此要挖掘旅游资源的文化内涵。既注重对经典历史文化名胜的文化再开发，也注重对许多看似寻常实则蕴含丰富的文化资源的开发或再开发；既注重对以实物形式存在的人文旅游资源的开发或再开发，也注重对仅以信息形式存在的人文旅游资源的开发或再开发，使旅游产品文化呈现出一种具有市场号召力的多元化主题，重点如下。

（1）关注民俗民间文化

民俗风情是反映本土性的民俗生活、民族历史传统等，绝大部分内容都经过了千百年的代代传承，具有古朴、纯真、神秘的吸引力。许多有悠久传统的民俗，富含在当今都市中已经无痕迹的“乡土味”。而正是这久已陌生的“乡土味”使旅游者难以抗拒。旅游产品文化传播可以根据现有民俗民间文化资源的种类、特点以及市场需求状况进行规划。一方面，可以把这些民间艺术品展览出来供游客参观；另一方面，还可根据旅游目的地的传统文化和民俗民情，积极开发各地富有特色的旅游商品，重点突出地方特色文化，开发设计出独具特色的旅游商品，提高产品的档次和文化品位，设计新颖精美的外包装，尽量形成高、中、低三个不同的档次，在艺术性、制作工艺等方面加以区别，以扩大游人的选择余地，这样才能吸引游客的购买力，全面适应多样化、个性化的市场需求。

（2）关注科技化成果的展示

科技活动是一种科学理性的活动，而旅游休闲离不开感性的人文文化，以求得身心轻松随意，达到旅游休闲目的，因此在旅游产品文化中发展科技游乐项目融入人文知识就显得必要。在名胜风景区、自然保护区甚至无人居住区的传统山水旅游、地质旅游、森林旅游等生态旅游，可以挖掘历代文人雅士留下的山水审美文化、相关民俗文化和历史文化。历史文化和民俗文化资源中不仅蕴藏着多彩的人文素材，而且蕴藏着丰富的科技资源，包括传统科技、民间科技，需要从历史角度和现代眼光去解读，用现代科技或静态或动态地去展示。

（3）表现形式的多元化

在进行文化旅游产品开发时，应对旅游消费心理进行认真细致的研究，发现旅游者旅游行为的多元的文化心理依据，并据此进行旅游产品文化的表现。对旅游产品的市场定位既要有高雅的宫廷文化，也要有民俗、民间的市井草根文化，也完全可以被开发出类似国产卡通剧《喜羊羊与灰太狼》的市场效果，产生大量的衍生产品，如演艺、出版、影视和玩具，这样才能充分体现文化旅游产品的多元化。江苏的周庄、浙江的乌镇以一个多少年都默默无名的江南村镇一跃而成为旅游热点就是因为其较为完整的江南民俗文化生态面貌。峨嵋山之所以是天下闻名的胜景，不仅因其“天下秀”，也因其是中国佛教的著名圣地，可见文化产品的创新和市场结合才是实现多元化产品开发的有效途径。

3. 注重旅游产品文化的体验性

旅游是人们满足了基本生理需求和物质需求之后追求的更高的精神需求，实质上是旅游者经历体验的历程。现代社会旅游者不再只满足于传统的观光旅游，他们开始追求既满足个性化需要、提升旅游体验，又能满足环保要求的新型旅游产品和服务，这为文化旅游的发展创造了极好的发展机遇。在游客的旅游过程中，体验应该是整个活动的核心。游客在游览一些人文类景点如博物馆、历史遗迹、古建筑等地方时，其深厚的文化底蕴、悠久的历史传统、高超的建筑技术都会使旅游者有耳目一新的感觉。游客通过观看各类演出或参与各种娱乐活动使自己在工作中的紧张神经得以松弛，从而达到愉悦身心、放松自我的目的。

（1）旅游产品文化体验性的内容

随着旅游者自身素质、自由度的提升，旅游产品文化的体验化主题要和经济发展相适应，是旅游产品文化体验游内容的深度提炼。旅游者个人的受教育程度、文化阅历呈上升状况，这就对文化体验游的内容提出了高要求，那种泛泛而行的旅游产品无法充分满足“专家型”的旅游者。所以未来文化体验游的内容可能会非常专业化，参与者也许需要一定时期的前期教育才能真正实施旅游活动，这也是保证最终的旅游效用的必须之举。如维京公司设计开发了亚太空旅游，特殊的飞行器会一度接近太空，让乘客感受失重的体验，这种旅游产品对于那种经济富裕，而又富有冒险精神的旅游者来说无疑是有很大吸引力的。

（2）旅游产品文化体验性的表现方式

加强旅游产品文化的体验性，寻求有效的文化表现方式也很重要。要完善游客解说系统，包括丰富门票的设计，创新景点传播的形式，以感性的、动态的、全方位的方式传递给旅游者，让游客由被动变主动，增加其深入文化、体验文化的主动性，促进人员讲解与其他传播形式相结合，做到动静结合，使游客的文化体验由视觉向触觉、听觉、嗅觉、味觉，以至知性感觉全方位延伸，多方面激发和吸引游客的兴趣，增加游客停留时间和商家销售机会。另一方面文化体验游产品的表现模式会高度自由化，文化对于旅游者最好的体验方式也许不是接受旅游机构的安排，也不是时间有限的自由行，而是融入一种陌生文化背景的生活方式中，旅游者可能会被安排成某种角色，在不被周围人群知晓的状况下自然地体验与其自身习惯完全不同的全新文化。

4. 注重旅游产品文化的创新性

旅游产品文化创新是一项充满憧憬、创意的文化活动。文化中的精髓，是旅游产品取之不尽、用之不竭的资源，必须以观念创新推动旅游产品文化的挖掘。

首先具备创新精品意识。要树立符合时代特征和市场方向的文化旅游资源观、产业观和发展观，把观念创新提升到战略层面，形成思路、规划、项目、资金、建设、效益、发展的良性循环格局。特定旅游产品有其特定的文化内涵，但特有的文化审美意味并不是所有旅游者都能体验到的，这就需要在旅游产品文化大众化的同时，推出一批高品味、高价位、高舒适度的精品旅游产品。我国旅游产品的“高档”主要表现在交通、住宿和餐饮等方面，而未突出其文化内涵的高档，只有在静谧的环境中才能体味到的文化内涵荡然无存，这不仅降低了景观的文化品味，也不利于旅游产品的可持续发展。因此要坚持“先规划、后开发”和“统一规划、滚动开发”的方针，通过开展国内、国际合作等形式，提高开发项目规划的水平，为高水准开发文化旅游资源，建设文化旅游精品打好基础。

其次销售方式要创新。旅游产品文化要根据不同国家和地区不同市场需求，打造不同的文化特色，通过各种形式，如文化交流、形象推广、召开记者见面会、建立友好旅游城市等，进行旅游形象的整体促销，选取有国际影响力的明星大腕做旅游文化产品的形象大使。旅游企事业单位和文化企事业单位要强强联合，共同促成联合营销。在目前文化旅游产品供求不平衡的情况下，应在体现旅游产品的文化多层次性基础上推出一批精品文化旅游产品，古意悠远的意境只有在游人不多的前提下才能形成审美体验，即某些时间段只出售高档票或只允许高档旅游团队客人进入景区，一方面使高档消费旅游者能够得到物有所值的产品效用，另一方面景区也因为游客的阶段性减少而便于进行管理，在限量预售的同时，较大幅度地提高票价，以确保经营者在游客减少和销售成本提高的同时获得不低于以往的经济收益。

第四节　旅游商品文化建设

一、旅游商品的文化特征

（一）旅游商品概述

旅游商品是指供给者为满足旅游者的旅游需求以出卖交换为目的而提供的具有使用价值和价值的有形旅游劳动物品与无形的服务的总和。它既具有普通市场物质商品的属性，又具有不同于普通物质商品的特性。它既包含有形的旅游商品，更包含无形的旅游商品，而且以无形的旅游商品为主体。这种无形的旅游商品，主要表现为旅游服务。旅游商品概念应具有如下内涵。

（1）旅游业中无形的劳动服务，同有形普通的物质商品一样，都具有使用价值和价值，都是商品。

（2）旅游无形商品的生产和消费是同步进行的。

（3）普通有形的物质商品，随着交换购买过程的完成，是可以带走的。而无形的旅游商品，如饭店床位的享受、景点观赏和各种服务是带不走的，而且是旅游商品中的主体商品。

（二）旅游商品文化的内涵

在人类社会发展的过程中，人类不断从事改造自然、发展社会和陶铸自己的种种哲理活动，这是文化含义的一个方面、而人类所从事的种种活动结果的历史积淀，即人类在其活动的发展中所形成的各种固定行为模式、习俗、观念、制度，所生产的各种物质产品，从而构成人类群体的显著成就与社会精华遗产，这是文化含义的又一个更重要的方面。

人类社会的生产过程是创造文化的过程，表现在商品上，就形成了商品文化。商品文化就是人类在特定的历史条件下，为满足人们的物质和精神消费需要，进行商品设计、生产、交换、消费所形成的物质财富和精神财富积淀的总和。从生存层次来看，旅游商品文化是特定领域的商品文化，因为它们涵盖了人们的物质生活和精神文化生活消费需要方面的内容。从发展层次来看，旅游商品文化又不同于商品文化，它只是商品文化的一部分，是在特定条件下，人们产生旅游商品需求时，为满足和适应旅游者物质和精神的需求，而开发生产具有地方特色和民族特色，并具有一定品位的旅游商品文化形态，体现了一定的文化发展。原材料、生产技术和工艺等的地域性和民族性都是构成旅游商品文化的基础。

（三）旅游商品文化的特征

1. 旅游商品文化具有历史传承性

旅游商品文化的历史传承性，是指旅游商品文化所具有的继承性和演进性的特征：旅游商品文化既继承了本民族长期历史文化的沉积，又发展了本民族的历史文化，也吸收和融合了其他民族的历史文化。特色旅游商品一般沉淀着十分浓厚的历史底蕴，是一个地区、一个民族在长期的生活和生产中形成的传统商品。

2. 旅游商品文化具有民族性

旅游商品文化的民族性，是指旅游商品文化的民族特性，即每个民族的精神、性格、共同心理素质在旅游商品文化中的体现。世界各民族都有自己的历史，文化和艺术，在一定范围内形成了独特的生活习性、民族风俗、艺术风格和审美意识，并以生活消费品为载体历史地延续下来。如中国的唐装、旗袍、中山装，日本的和服等，表现了不同民族文化之间的差异性。

3. 旅游商品文化具有地域季节性

旅游商品文化的地域性，是指旅游商品文化在不同地区之间所表现的差异特征。旅游商品文化的地域季节性特征，是在不同地区的自然环境、地理差异、经济发展水平、文化素质、民俗风情等因素影响下形成的。同样一个民族，因所处地域、自然环境的不同，也会表现出消费文化差异。如热带、亚热带和温带地区，人们的服装相差很大，反映很强的地域季节性。在不同的自然环境中甚至会形成旅游商品颜色的不同特征。旅游商品文化地域季节性特征是形成旅游商品文化独特性、丰富性的基础。

4. 旅游商品文化形态的多样性

旅游商品文化形态的多样性是指旅游商品文化有多种形态，旅游商品文化是众多文化现象的复合体。旅游商品文化形态众多，其中包括物质文化形态，如积淀着饮食文化内涵的名菜名点，具有民族风格的民居民宅等；精神文化形态，如风景区的楹联碑刻、故事传说的商品化等；古代文化形态，如历代的历史商品文化；现代文化形态，如现代材料、现代工艺的运用等；民族传统文化形态，如戏曲、民族风俗在旅游商品上的体现等。

5. 旅游商品文化具有社会时代性

不同时代存在不同的消费风格，旅游商品设计受到一定时期内的社会中，经济、文化的影响，是社会制度和社会伦理规范的特定体现。旅游商品作为一定时代的产物，其形式往往选择最有时代代表性的艺术形式作为创作题材，也可以以往时代的商品形式或艺术作为今天旅游商品主题。现代旅游商品的设计生产常受现代科技、生活方式和环境等的影响，使旅游商品表现出一种文化与科技结合的新时代风格。如现代新材料的运用、与主题旅游相配套的旅游商品开发、传统旅游商品与现代包装相结合等，使旅游商品在造型、材料、色彩方面体现出强烈的时代性。

6. 旅游商品文化具有不可替代性

旅游商品文化是沉淀、积累、凝结前人的脑力劳动和创造性劳动的精髓，因而它在一定的历史阶段具有不可替代性。

二、旅游商品文化内涵的发掘

（一）发掘旅游商品文化的意义

在旅游市场飞速发展的今天，研究旅游商品文化，对扩大、发展旅游商品消费市场，推动旅游经济增长有十分重要的现实意义。

1. 可以深化旅游商品使用价值的内涵

随着社会的进步、人们收入水平的不断提高，人们不再以满足生存作为最大的需求，而是追求享受、安全、乐趣和自我体现，形成一种物质、精神与文化的综合需求状态。要实现旅游商品的使用价值，必须满足这种需求。目前，人们对旅游商品的要求，除了它本身有一定的使用特性以外，还包含更多的纪念性、艺术性等内容。对于某一旅游商品的拥有和使用，包含了旅游者对它在文化层次上的价值欣赏。在旅游商品交换的同时，客观上是一种物的交换，主观上是一种文化、心理、精神的交换，同时也是一种思想的交流。注重旅游商品文化的研究，可以全面地、更深层次地研究旅游商品的使用价值。

2. 进一步弘扬民族文化

旅游商品生产者在生产旅游商品的同时，也承担着文化生产的责任。旅游商品生产者的一切活动具有文化创造和文化传播的性质。通过这种文化创造和传播，一方面丰富了商品世界；另一方面在挖掘民族优秀文化的同时，也可以在潜移默化中改变人们的价值观念和行为准则。在旅游商品交换的同时，客观上是一种物的交换，主观上是一种民族文化的交换，在有形的物质交换过程中，无形的文化也在交换之中。

3. 适应旅游消费文化的变化

人们对旅游商品的需求是为了追求物质和精神复合性的满足。旅游商品消费需要，以及旅游商品消费满足行为都不是凭空想像出来的，而是有着特定的历史和文化背景。它的依据是特定历史条件下人们共同的价值观念体系。这种共同的价值观念体系在相当一段时期内左右着人们的旅游商品消费需要和旅游商品消费行为，反映了一定时期内人们的旅游商品消费文化。很明显，人们最基本的生存需要，也含有"文化上的生存"。如果说一种旅游商品不符合旅游消费群体的价值观念、文化传统、心理需要、生活习性等，尽管它的使用价值可能很高，也会被旅游消费文化所排挤，不可能被旅游者所接受，难以实现其价值和使用价值，也就可能造成积压，旅游商品市场难以搞活。

4. 可以提升旅游商品企业文化

在社会生产过程中，文化现象已引起企业界的重视，从某种意义来看，现在的市场竞争表现为文化的竞争。企业的最高目标、核心价值观和群体行为规范，在市场上则主要反映为企业的商品文化和市场文化。企业文化离市场较远，是企业的一种理念，具有相对稳定性。如果说较稳定的企业文化对变化市场直接作用不大的话，那么旅游商品文化则是企业在旅游商品市场中成败的关键。旅游商品文化是企业文化的反映，追求优秀的旅游商品文化，可以提升企业文化。

（二）发掘旅游商品文化的原则

1. 以研究旅游商品物质性为前提

文化的物质要素和物质层面，即物质文化，它是人类生产方式和产品的总和，是整个文化大厦的基石。旅游商品的其他属性都是在物质性基础之上产生的。旅游商品的物质性是人们追求其他满足的载体。旅游商品文化如果离开了商品的物质性，文化也将成为空谈。如果在研究旅游商品文化时忽视旅游商品物质性的研究，容易导致物质的有用性功能降低，而使伪劣商品横行。

2. 以弘扬民族商品文化特色为宗旨

特色是旅游商品的生命，而民族文化与旅游商品的结合是创造旅游商品永久特色的基石。在旅游商品设计、生产、销售和服务的各个环节，必须认真研究并弘扬民族文化，才能生产出极具市场潜力的特色旅游商品。

3. 以市场为导向

从现代市场观来看，作为一个产业，必须要有市场，作为一个旅游要素中弹性系数最大的要素，必须要以市场为导向，才能有存在的空间。旅游商品文化与地方旅游经济的关系是相互促进、双向互动的关系。旅游经济的发展为旅游商品文化的发展提供了优越的物质、市场条件，旅游商品文化为旅游经济的持续、高效发展提供了丰富的文化土壤。

4. 文化特色和标准化相结合研究

旅游商品文化的目的就是要创造出文化和艺术相结合的个性鲜明的旅游商品，而旅游商品标准化的本质是统一。在处理这对矛盾时，必须科学地、艺术地展现旅游商品文化。如对旅游商品包装上的文字、旅游商品的名称等，要在标准要求的前提下追求旅游商品的个性化。标准化中的“品种、规格系列化”的内容就是对旅游商品文化的科学肯定。研究旅游商品文化只有在商品标准化的规范内，才有可能设计出丰富多彩的特色旅游商品；才可能利用现代高科技手段，根据旅游商品的文化背景和审美特性设计出千变万化的旅游商品的造型和式样；才可能使旅游商品文化的信息准确地传达给消费者，使之准确地进行识别。

【案例】

海南是我国最大的经济特区和唯一的热带岛屿省份。建省办经济特区 20 多年来，经济社会发展取得显著成就。但由于发展起步晚，基础差，目前海南经济社会发展整体水平仍然较低，保护生态环境、调整经济结构、推动科学发展的任务十分艰巨。充分发挥海南的区位和资源优势，建设海南国际旅游岛，打造有国际竞争力的旅游胜地，是海南加快发展现代服务业，实现经济社会又好又快发展的重大举措，对全国调整优化经济结构和转变发展方式具有重要示范作用。为扎实推进海南国际旅游岛建设发展，现提出以下意见。

……

建设富有海南特色的旅游产品体系。依托优势资源，发展特色旅游产品，进一步优化旅游产品结构。大力发展热带海岛冬季阳光旅游、海上运动、潜水等旅游项目，丰富热带滨海海洋旅游产品。积极稳妥推进开放开发西沙旅游，有序发展无居民岛屿旅游。积极发展邮轮产业，建设邮轮母港，允许境外邮轮公司在海南注册设立经营性机构，开展经批准的国际航线邮轮服务业务。研究完善游艇管理办法，创造条件适当扩大开放水域，做好经批准的境外游艇停泊海南的服务工作。加强林区基础设施建设，加快发展森林生态旅游。合理开发温泉资源，发展康体保健服务。积极发展自驾车观光游、特色房车游和体育休闲项目，完善相关配套服务。在符合土地利用总体规划和城乡规划、不占用耕地特别是基本农田、有效保护森林和生态环境、维护农民合法权益并依法办理用地手续的前提下，科学规划，总量控制，合理布局，规范发展高尔夫旅游。大力发展红色旅游和民族、民俗风情文化旅游。

打造精品旅游景区，科学规划和布局景区景点，精心设计旅游线路，优化时间、空间配置，逐步形成区域特色明显、山海互补的旅游格局，塑造“阳光海南、度假天堂”的整体旅游形象。进一步完善亚龙湾国家旅游度假区、万宁兴隆温泉度假区、琼海博鳌亚洲论坛永久会址等主要景区景点的旅游服务功能。高水平开发建设海棠湾、清水湾、棋子湾、尖峰岭、霸王岭、五指山等一批精品景区。高标准规划建设海洋、热带雨林等旅游主题公园。

（**资料来源**：《国务院关于推进海南国际旅游岛建设发展若干意见》国发[2009]44号）

【分析】

1. 根据上述材料，分析文化建设对国际旅游岛旅游产品体系和精品旅游景区的重要性。

2. 结合本章内容，谈谈你对海南国际旅游岛建设富有海南特色的旅游产品体系和打造精品游景区的建议和意见。

【思考题】

1．旅游企业文化具有哪些特点？

2．塑造旅游企业文化的基本方法有哪些？

3．谈谈你对旅游景区文化内涵的理解。

4．为什么说旅游景区文化建设有重要意义？

5．旅游景区文化建设需要遵照哪些原则，为什么？

6. 旅游产品文化和商品文化具有哪些特征，如何发掘旅游产品文化和商品的文化内涵？

参考文献

[1] 俞慈韵. 论旅游文化[J]. 东疆学刊，1986（2）：109-111.

[2] 谢春山. 旅游文化——中国旅游业参与国际竞争成败的关键[J]. 北京第二外国语学院学报，2011（3）：31-35.

[3] 马波. 现代旅游文化学[M]. 青岛：青岛出版社，1998.

[4] 喻学才. 近七年旅游文化研究综述[J]. 旅游经济，1997（2）：121-123.

[5] 关维. 旅游文化新解[J]. 重庆科技学院学报，2009（1）：170-171.

[6] 李学江. 旅游文化论[J]. 东岳论丛，2004（6）：85-87.

[7] 沈祖祥. 旅游与中国文化[M]. 北京：旅游教育出版社，1996.

[8] 肖洪根. 国内外旅游文化研究述评[J]. 华侨大学学报，1994（1）：86-88.

[9] 王德刚. 试论旅游文化的概念和内涵[J]. 桂林旅游高等专科学校学报，1999（4）：39-42.

[10] 刘敦荣. 旅游文化学[M]. 天津：南开大学出版社，2007.

[11] 马勇. 中国旅游文化史论纲[J]. 湖北大学学报，2007（5）：90-93.

[12] 钟贤巍. 中国旅游文化发展的历史及与传统文化的关系[J]. 社会科学战线，2008（12）：195-199.

[13] 马惠娣. 休闲问题的理论研究[J]. 清华大学学报，2001（6）：71-75.

[14] 马惠娣. 休闲：人类美丽的精神家园[M]. 北京：中国经济出版社，2004.

[15] 杨秀丽，李淼焱，毛惠媛. 中国传统休闲文化与西方休闲价值观[J]. 沈阳大学学报，2004（3）：67-69.

[16] 何平香，张秋芬，孙众. 中西方休闲观念比较研究[J]. 北京体育大学学报，2009（7）：39-42.

[17] 于光远. 论普遍有闲的社会[M]. 北京：中国经济出版社，2005.

[18] 李金龙，胡晓飞. 中国传统地理环境养生思想研究[J]. 山西体育科技，2000（3）：8-10.

[19] 冯胜刚. 中国传统养生文化与现代生活[J]. 体育学刊，1998（2）：41-42.

[20] 王燕. 国内外养生旅游基础理论的比较[J]. 技术经济与管理研究，2008

（3）：109-110.
[21] 田广增. 中国医疗保健旅游的发展研究[J]. 安徽师范学院学报，2007（5）：93-96.
[22] 张一龙. 论休闲时代背景下传统养生文化的价值[J]. 广州体育学院学报，2007（4）：29-31.
[23] 孙慧，倪依克. 传统养生文化与现代休闲理念的契合[J]. 体育文化导刊，2007（1）：58-60.
[24] 贾龙标. 儒家的养生思想及其现代价值[J]. 河南师范大学学报，2005（6）：76-78.
[25] 魏军，张春花. 生态养生旅游产品开发初探[J]. 资源开发与市场，2008（9）：58-60.
[26] 张健. 用创新精神推动生态文化发展[N]. 天津日报，2007-12-17（3）.
[27] 杨桂华，王跃华. 生态旅游保护性开发新思路[J]. 经济地理，2000（1）：88-92.
[28] 李娟，王军. 建设旅游生态文化的思考[J]. 保定师范专科学校学报，2005，18（2）：56-59.
[29] 郭家骥. 生态文化论[J]. 云南社会科学，2005（6）：80-84.
[30] 卢丽，李海军. 生态旅游的文化内涵[J]. 焦作大学学报，2008（2）：49-51.
[31] 王桂忠. 生态旅游在起步阶段，科学管理是关键[J]. 河北旅游职业学报，2007（6）：18-20.
[32] 李玉华. 旅游文化学概论[M]. 北京：对外经济贸易大学出版社，2009.
[33] 高玉玲. 旅游文化[M]. 成都：电子科技大学出版社，2008.
[34] 刘敦荣. 旅游文化学[M]. 天津：南开大学出版社，2009.
[35] 曹诗图，查俊峰. 试论旅游企业文化的特征、发展趋势与建设[J]. 武汉科技大学学报，2008（2）：33-36.
[36] 袁鹏. 关于旅游产品的文化特征及其可持续开发对策研究[J]. 企业导报，2009（1）：15-17.
[37] 严宽荣. 论旅游产品文化的传播主题[J]. 市场营销，2011（2）：27-28.
[38] 钟志平. 旅游商品学[M]. 北京：中国旅游出版社，2005.
[39] 伍立杨. 旅业沧桑：从驿站到近代旅馆[N]. 海南日报，2010-11-22(3).
[40] 肖鸿燚. 唐宋时期旅馆业研究[D]. 郑州：河南大学历史文化学院，2006.
[41] 郑本法，曾敏. 中国古代的旅游活动[J]. 甘肃社会科学，1996（5）：94-97.
[42] 颜节礼. 我国环境养生旅游发展探讨[J].安徽农业科学，2011（1）：337-339.

[43] 汪克会. 浅析旅游娱乐中突出文化因素的重要性及途径[J]. 辽宁经济职业技术学院学报，2004（2）：43-44.
[44] 付淑礼. 长沙市旅游娱乐市场及其开拓研究[D]. 长沙：湖南师范大学，2008.
[45] 杨丽娟. 论民俗节庆活动与当代娱乐文化的关系[D]. 成都：四川师范大学，2006.
[46] 郭叶. 解析中国传统体育的娱乐价值[J]. 中北大学学报，2007（3）：73-75.
[47] 郭鲁芳. 关于完善我国旅游生产力体系的思考[J]. 北京第二外国语学院学报，2001（3）：28-30.
[48] 宝贡敏. 论现代旅游创新的方向[J]. 贵州社会科学，2006（1）：9-11.
[49] 王凯霞. 旅游产品构成要素与山西旅游业的发展[J]. 旅游经济，2006（10）：255-256.